BIRGIT EBBERT

Falsches Zeugnis

UNTERTAUCHER Karina Bessling erhält von einem Unbekannten eine E-Mail mit einem seltsamen Anhang. Als sie ihn öffnet, kommt ihr die Anrede darin seltsam bekannt vor. Es scheint sich um unveröffentlichte Passagen des Tagebuches von Anne Frank zu handeln. Der Unbekannte sucht bei Karina Rat, denn er ist im Besitz des Buchs und will es nun gewinnbringend veräußern. Karina zweifelt an der Echtheit des Niedergeschriebenen, willigt dennoch ein zu helfen. Wenige Tage später steht die Polizei vor ihrer Tür, weil Karina erst kürzlich E-Mail-Kontakt mit einem im Schwimmbad Ertrunkenen hatte. Als der Unbekannte sich wider Erwarten erneut an Karina wendet, ist ihr Spürsinn erwacht. Sie muss wissen, wie alles zusammenpasst.

Birgit Ebbert, geb. 1962 in Borken/Westfalen, studierte in Bonn und Münster Erziehungswissenschaften, Psychologie und Soziologie. 1993 promovierte sie über Erich Kästner. Nach Stationen in Stuttgart und Bochum lebt sie heute in Hagen und ist als selbstständige Unternehmerin und als freie Autorin tätig. Sie kann auf eine Vielzahl an Veröffentlichungen im Bereich Jugendbuch, Ratgeber und Lernhilfen zurückblicken. »Falsches Zeugnis« ist ihr zweites Buch im Gmeiner-Verlag.

Bisherige Veröffentlichungen im Gmeiner-Verlag:
Brandbücher (2013)

BIRGIT EBBERT

Falsches Zeugnis

Kriminalroman

GMEINER SPANNUNG

Besuchen Sie uns im Internet:
www.gmeiner-verlag.de

Im Ehnried 5, 88605 Meßkirch
Telefon 07575/2095-0
info@gmeiner-verlag.de

1. Auflage 2015

Lektorat: Sven Lang
Herstellung: Mirjam Hecht
Umschlaggestaltung: U.O.R.G. Lutz Eberle, Stuttgart
unter Verwendung eines Fotos von: © Roger Viollet/Getty Images
Druck: GGP Media GmbH, Pößneck
Printed in Germany
ISBN 978-3-8392-1696-5

Personen und Handlung sind frei erfunden.
Ähnlichkeiten mit lebenden oder toten Personen
sind rein zufällig und nicht beabsichtigt.

AUGUST 2014

KAPITEL 1

»Fuck«, entfuhr es ihm, als die alte Frau seinen Händen entglitt. Das war ihm nie zuvor passiert.

Der kurze Moment, in dem er zögerte, Hilfe zu rufen, entschied über das Leben der Greisin und über seins. Er musste nicht einmal fest drücken. Er musste die Frau nur sanft unter den Badeschaum schieben und warten. Und hoffen, dass seine Chefin nicht in der Tür erschien. Schon war er diese lästige Person los, die ihn zu ihrem persönlichen Betreuer auserkoren hatte. Nie wieder ihre Windeln wechseln. Nie wieder hören, dass ihr längst verstorbener Mann ihr Leben zerstört hatte. Nie wieder dieses lauernde: »Beim nächsten Mal zeige ich dir das Tagebuch!« Eine Frechheit, dass sie ihn einfach duzte.

Er überlegte, ob er es wagen konnte, die Frau loszulassen, um die Badezimmertür abzuschließen. Da hörte die Alte auf zu zucken. Als wüsste sie genau, dass er vor Neugier fast zerplatzte, seit sie ihn mit ihren Andeutungen über das Tagebuch geködert hatte.

Probehalber ließ er ihre Schultern los. Keine Reaktion. Der leblose Körper rutschte lediglich ein paar Zentimeter nach oben, als wolle er sein Gleichgewicht herstellen.

Er wischte seine Hände an dem hellgrünen Kittel ab, der ihn vom Pflegepersonal unterschied und als Aushilfskraft kennzeichnete, und sah sich um. Wo bewahrte sie das Tagebuch auf?

Draußen auf dem Flur ertönten Stimmen. Sie kamen näher. Er konnte Renate Lansmann, seine Chefin, ausmachen. Sie stritt mit einer Frau. Die andere klang jung. »Ich will sofort zu meiner Großmutter!«, herrschte sie.

Die beiden Frauen blieben vor der Tür des Apartments stehen, in dem er sich aufhielt.

»Bitte, lass sie weitergehen«, schickte er ein Stoßgebet zum Himmel. Er wusste, dass er nicht umhinkam, den Unfall zu melden. Oder das, was wie ein Unfall wirkte. Vorher brauchte er dieses Tagebuch.

Auf Zehenspitzen schlich er zur Tür, die vom Badezimmer zum Etagenflur führte, froh, dass es statt eines Schlüssels einen Knauf gab, der kein Geräusch von sich gab, während er ihn langsam drehte.

An seinem ersten Tag, noch als Buftie, als er seinen Bundesfreiwilligendienst hier abgeleistet hatte, hatte er sich gewundert, dass es in diesem Seniorenheim nirgendwo Schlüssel gab. Stattdessen besaßen die Türen nur diese Knöpfe wie in Restaurant-Toiletten. Inzwischen hatte er mehrfach erlebt, dass ein solcher Knauf Leben rettete. Der Türknopf erlaubte es, mit einem Ein-Euro-Stück das Zimmer von außen zu öffnen, selbst wenn die Tür von innen verriegelt wurde. So hatten die Bewohner ihre Privatsphäre und das Pflegepersonal konnte im Notfall seiner Aufsichtsfunktion nachkommen. Im Notfall.

Niemand wusste, dass die alte Frau Goldmann in ihrem Appartement war. Sie hatte sich mit ihrer nörgelig-fröhlichen Kleinmädchenstimme im Gemeinschaftsraum verabschiedet, um mit ihrer Enkelin einen Ausflug zu unternehmen. Dann war ihr vor Aufregung beim Warten ein Missgeschick passiert und sie hatte ausgerechnet ihn aufgefordert, ihr beim Baden zu helfen, statt eine Pflegerin zu rufen.

Jemand rüttelte an der Badezimmertür. »Meine Oma muss hier sein«, erklang die Stimme der jungen Frau, schrill und nervös, als könnte sie durch die Tür den leblosen Körper ihrer Großmutter in der Wanne sehen.

Er huschte in den Wohnteil des Appartements und drehte lautlos auch diesen Knauf an der Tür, die zum Flur führte, um die Frauen erst einmal auszusperren.

»Ich habe Ihnen gesagt, Ihre Großmutter hat sich verabschiedet und wartet draußen auf Sie!« Wider Willen musste er über den resoluten Ton seiner Chefin lachen. Nicht, dass er ihn besonders mochte, aber jetzt kam er ihm gerade recht. Zumal er seine Wirkung nicht verfehlte und die Schritte der beiden Frauen, das Klackern von Pumps und das Schlurfen der Gesundheitslatschen des Personals, sich entfernten.

Erleichtert atmete er auf und begann, das Zimmer systematisch zu durchsuchen. Im Kleiderschrank fand er lediglich diese rosa und hellblauen Synthetik-Pullover, die die alte Frau sich mit Vorliebe über ihre mit einem altertümlichen Korsett justierte Brust zog. Diese merkwürdigen Stoffhosen, die weder Leggings noch Jeans waren. Alte-Frauen-Hosen eben. Er schüttelte sich, als er die riesigen beigefarbenen Unterhosen mit den Spitzen anhob. Nichts! Im Nachtschrank lagen eine Bibel, eine Mappe mit Sparbüchern, die er unberührt ließ, und ein kleines schwarzes Büchlein. Er frohlockte, bis er es aufschlug und sah, dass es lediglich Adressen und Telefonnummern enthielt. Sogar unter der Matratze, hinter dem Bett und in ihrer Handtasche forschte er nach.

Nirgendwo lag etwas, das nur annähernd als Tagebuch durchgehen konnte. Das Tagebuch, von dem die alte Marianne in lichten Momenten erzählt hatte, war nicht vorhanden. Er hörte noch ihre Piepsstimme, die berichtete, dass sie sich wie Anne Frank vor den Nazis versteckt und dass sie ebenso wie die junge Jüdin ein Tagebuch geschrieben hatte.

Seit sie den Film über Anne Frank im Fernsehen gesehen hatte, sprach sie von nichts anderem. Anfangs hatte er aus Höflichkeit zugehört und aus Bequemlichkeit. In der Zeit, die er mit Marianne Goldmann verbrachte, konnte er nicht anders eingeteilt werden und musste keinem Opa den Hintern abwischen. Dann hatte er diese Idee gehabt und genauer nachgefragt. Die alte Frau schien zu spüren, dass hinter seiner Frage mehr stand als höfliches Interesse. Sie begann, ihn mit dem Versprechen zu ködern, ihm das Tagebuch zu zeigen.

Zornig schüttelte er jedes Rätselheft aus, zog sogar das Laken von der Matratze, um nichts zu übersehen. Nichts. Gar nichts. Wo bewahrte die alte Frau das Tagebuch auf?

Ein Blick auf die Uhr zeigte ihm, dass er das nicht mehr klären konnte. In wenigen Minuten würden seine Chefin und die nervöse Enkelin die Einrichtung erfolglos durchsucht haben. Renate Lansmann würde zweifellos zur Notfall-Maßnahme greifen und die verschlossenen Türen von außen öffnen. Besser, er trat die Flucht nach vorn an.

Leise entriegelte er beide Türen. Von der Badezimmertür aus starrte er ein letztes Mal auf die tote Frau in der Wanne. Mit einem entsetzten Schütteln des Kopfes schob er seine Brille hoch und zog die dämliche Haube ab, die er bei der Arbeit tragen musste. Er zerrte das Gummiband weg, mit dem er seine langen Haare zusammenhielt, und fuhr sich mit beiden Händen durch die dunkelblonde Mähne. In dem Wissen, dass er wild wie sein Kindheitsidol Catweazle wirkte, lief er schreiend auf den Flur.

»Hilfe!«, brüllte er und sah zufrieden, wie aus allen Ecken die Pflegekräfte in ihren weißen Kitteln herbeirannten. »Sie wollte, dass ich ihr beim Baden helfe und dann hat sie sich auf einmal nicht mehr bewegt!« Er verlieh seiner Stimme den hysterischen Ton, den er von jemandem in einem solchen Moment erwartete. Dankbar schickte er einen Gruß an den Leiter der Theatergruppe seines Gymnasiums, der ihm diesen Trick beigebracht hatte. Ob es übertrieben war, die Haare noch einmal wild zu zerzausen?

Von Weitem sah er die Heimleiterin mit der Enkelin der Toten über den Flur laufen, so schnell die Pumps der jungen Frau das erlaubten.

Auf diese Begegnung konnte er gut verzichten. Hier waren ohnehin genug Profis am Werk. In einer Stunde würde niemand mehr so genau wissen, wer die Tote entdeckt hatte.

Zeit, sich dünnzumachen und darüber nachzudenken, wo die Alte dieses Tagebuch versteckt hatte. Sie war so überzeugend in ihrer Schilderung gewesen. Es musste einfach irgendwo sein. Sie brauchten es dringend. Wo nur hatte sie es versteckt?

Freitag, 4. August 1944

Liebe Kitty!

Nun ist es also so weit. Ich verabschiede mich von dir, weil ich nicht weiß, ob ich noch einmal Gelegenheit habe, dir zu schreiben. In letzter Minute konnte ich Bleistifte, einige leere Hefte, die Bep vor Kurzem besorgt hat, und ein Buch in meine Tasche packen. Eines der Hefte trägt noch die Aufschrift ›Markenfrei erhältlich‹. Das Papier ist grau, leider nicht so schön weiß wie meine Hefte früher. Und die Linien sind eng und schief, aber ich bin froh, dass ich es habe. Das Tagebuch habe ich zurückgelassen. In der Aufregung.

Was geschehen ist? Um halb elf hörten wir, wie jemand von der Opekta aus den Drehschrank öffnete. Pim war oben bei van Pels, um mit Peter Englisch zu lernen. Wir wussten gleich, dass etwas nicht in Ordnung war. Wenn Miep, Bep, Herr Kleiman oder Herr Kugler kamen, waren sie immer leise und besorgt, dass niemand sie bemerkte. Jetzt waren unbekannte Männerstimmen zu hören, die herumbrüllten. Wie eine Horde Elefanten trampelten sie die schmale Treppe hinauf. Wir konnten nichts machen. Wohin sollten wir auch fliehen. Ich kam mir vor wie die Maus, die Moortje vor langer Zeit in eine Ecke unseres Speisezimmers gedrängt hat. Was wohl aus Moortje geworden ist? Ob sie es bei ihrer neuen Familie gut hat?

Vier Männer kamen herein, drei waren von der Polizei, der andere trug die Uniform der Gestapo. Sie brüllten uns an und wir mussten uns ruhig verhalten. Ein Mann ging weiter zu van Pels. Wenig später kam er mit Vater und Peter zurück. Er hielt eine Pistole in der Hand und fragte, wo die Wertsachen seien. Vater zeigte auf den Wandschrank, in dem er seine Kassette aufbewahrte. Der Mann nahm Papas Aktentasche, in der ich immer mein Tagebuch versteckte, schüttete sie aus und tat die Wertsachen aus der Kassette hinein. Mein Tagebuch und alle meine Notizen flogen herum.

Was mag aus dem Tagebuch werden? Der Nazi hat es nicht beachtet, er hat die Tasche ausgeleert und ist mit seinen Stiefeln über die Hefte und Blätter gegangen. Er hat mein Leben mit Füßen getreten. Ob Miep oder Bep das Tagebuch retten können? Von anderen Untertauchern wissen wir, dass nach der Verhaftung die Wohnung von einer

Nazi-Spedition geräumt wird. Ach, Kitty, wenn sie meine Gedanken an dich lesen!

»Fertig machen!«, riefen die Männer und wir hatten nur wenige Minuten Zeit, unsere Sachen zusammenzusuchen. Zum Glück hatten wir schon lange ein Notköfferchen mit den wichtigsten Dingen gepackt. Und Brustsäckchen hatten wir uns genäht, um unser Geld mitzunehmen.

Als wir fertig waren, sah einer von den Männern die Kiste, die Vater noch aus dem Krieg besaß. Pim unterhielt sich mit einem Mann und erzählte, dass wir seit zwei Jahren im Hinterhaus lebten. Der Gestapo-Mann wollte das nicht glauben. Vater hat ihm die Stelle gezeigt, an der er markiert hat, wie viel ich gewachsen bin.

Meine Sammlung von Filmpostern und mein Tagebuch interessierten sie zum Glück nicht. Was heißt zum Glück? Ich musste alles zurücklassen und im Augenblick sieht es nicht danach aus, als würde ich meine Schätze jemals wiedersehen.

Wir mussten in einen Polizeiwagen ohne Fenster steigen. Die ganze Fahrt über hat keiner etwas gesagt. Jetzt sind wir im Hauptquartier des Sicherheitsdienstes in der Euterpestraße. Das hat mir einer der Polizisten zugeflüstert, als sie uns hier in einem Raum eingeschlossen haben. Von ihm weiß ich auch, dass wir besonders hart bestraft werden sollen, weil wir uns den Nazis vorenthalten haben. Was soll das heißen? Und was geschieht mit Herrn Kleiman und Herrn Kugler? Sie haben uns alle zusammen hier eingeschlossen – mit anderen Gefangenen.

Pim flüstert Herrn Kleiman zu, wie leid es ihm tut, dass er unseretwegen hier sitzen muss. Herr Kleiman beruhigt ihn und sagt, dass er es nicht bereut, dass er uns geholfen hat. Doktor Dussel sitzt da wie eine Statue und starrt vor sich hin. Ich kann ihn verstehen. Seine Frau weiß nicht, wo er ist, und er weiß nicht, was aus ihr wird. Van Pels und wir sind zusammen. Er ist allein. Und keiner weiß, was werden wird.

Ich habe Angst, aber ich bin froh, dass wir hier alle zusammen sind.

Deine Anne

Karina zögerte kurz, den Anhang der merkwürdigen E-Mail zu öffnen. Ein fast anonymes Fanschreiben, wenn sie von dem Kürzel ›TH‹ neben dem Abschiedsgruß absah, das Karina nur überflogen hatte.

Wie eine Spam-Mail wirkte das Schreiben nicht, selbst die anhängende PDF-Datei hatte eine sinnvolle Dateibezeichnung. Tagebuch_1. Sie beschloss, das Risiko einzugehen, und klickte auf den Anhang.

Ein Textdokument erschien. »Liebe Kitty«, las sie. Die Anrede kam ihr vage bekannt vor. Ein früherer Freund hatte sie so genannt. Cornel, der die Straßenköterfarbe ihrer Haare stets als gülden bezeichnete und ihr nach der Schilddrüsen-OP den Tipp mit dem Nicki-Tuch gegeben hatte, um die Narbe zu verdecken. Sie hatte ewig nichts von ihm gehört. Schade eigentlich. Es wäre interessant zu wissen, was aus ihm geworden war. Aber warum sollte er ihr anonym schreiben?

Die nächsten Zeilen des Textes machten sie noch ratloser. Was hatte sie mit einer Firma Opekta zu tun? Oder ihre ehemalige Mitschülerin Anne? Wieso sollte sie ihr eine solch unsinnige Nachricht schicken? Mit dieser mysteriösen Begleitmail?

Karina druckte E-Mail und Anhang aus und überflog beides erneut. Sie bedauerte, dass sie in Düsseldorf war, 100 Kilometer entfernt von ihrem Lebensgefährten Martin. Mit ihm als Sparringspartner fand sie häufig schneller eine Antwort als allein. Aber er war nun einmal Pfarrer im Münsterland und sie arbeitete in Düsseldorf als Bauingenieurin. Und wenn er seine Pflichten bei Presbyter-Treffen oder im Seniorenkreis erfüllte, konnte sie genauso gut in der Rheinmetropole bleiben. Bei 30 Grad im Schatten war die Autofahrt ohnehin kein Zuckerschlecken und im Münsterland war die Hitze nicht weniger anstrengend als in Düsseldorf. Zumal sie in Gemen nie entspannt im Garten sitzen konnte, weil sie ständig damit rechnen musste, dass ein Gemeindemitglied unangemeldet hinter den Sträuchern auftauchte.

Sie sah auf den Ausdruck. ›TH‹ sagte ihr gar nichts, und woher Anne, die sie seit ihrer Schulzeit nicht mehr gesehen hatte, von Cornels Kosename für sie wissen sollte, erschloss sich ihr erst recht nicht. Das war so lange her, dass selbst Cornel vermutlich nicht mehr wusste, dass er ihr beim Sex immer »Kitty« ins Ohr geflüstert hatte.

Und warum trugen die Begleit-E-Mail und das PDF unterschiedliche Anreden?

Die E-Mail war eindeutig an sie gerichtet. »Liebe Karina Bessling«, las sie. »Ich bin sehr beeindruckt, was Sie über Ihre Großtante herausgefunden haben. Ich war bei der Veranstaltung am 10. Mai. Vielleicht können Sie mir helfen. Ich habe wie Sie Briefe gefunden, allerdings keine Ahnung, von wem sie sind. Auf jeden Fall sind sie von 1944. Haben Sie einen Tipp für mich? Herzlichen Dank im Voraus, TH.«

Am 10. Mai hatte sie in Martins Pfarrgemeinde aus dem Buch mit den Postkarten ihrer Großtante Katharina gelesen, die ihr die Bekanntschaft mit ihrem Lebensgefährten eingebracht hatten.

Die Veranstaltung vor drei Monaten war mäßig besucht gewesen. Natürlich waren ihre beiden alten Beraterinnen Josefa Reinermann und Elisabeth Oenning anwesend. Selbst Albrecht Krämer, der bei der Recherche über ihre Großtante so zugeknöpft gewesen war, hatte sich eingefunden. Sie musste Martin fragen, ob jemand mit den Initialen ›TH‹ dort gewesen war.

Sie war ein großer Fan sämtlicher digitalen Medien und ihrer Möglichkeiten und weit vom Jammer-Alter entfernt, dennoch nervte Karina diese Unsitte, die sich in die Kommunikation eingeschlichen hatte. Diese Angewohnheit vieler Leute, ihre E-Mails nur noch mit den Initialen oder gar mit kryptischen Fantasienamen zu unterschreiben. Meist konnte man zumindest an der E-Mail-Adresse, am Absender der Mail oder der Signatur erkennen, von wem die Nachricht stammte. Hier stand überall ›TH‹, th1982@netzpost.de. Kein Hinweis auf die Identität des Absenders. Die Mail-Adresse ließ zwar darauf schließen, dass ›TH‹ Jahrgang 1982 war, also 32 Jahre alt. Sie konnte jedoch kaum alle Menschen weltweit suchen, deren Namen mit T und H begannen und die 1982 geboren waren.

Sie wandte ihre Aufmerksamkeit erneut dem Anhang zu.

»Liebe Kitty«, sie wusste genau, dass ihr das kürzlich begegnet war. Spontan fiel ihr nur Hello Kitty ein, aber die Katze in dem rosa Kleidchen hatte es 1944 sicher noch nicht gegeben.

Mit einem kleinen Seufzer rief sie den Browser auf. Sie hatte nur eben kurz ihre Mails checken wollen, ehe sie ins Schwimmbad fuhr, um sich einen freien Nachmittag zu gönnen. Die Neugier hatte ihr schon als Kind oft den Zeitplan durcheinandergebracht.

Sie strich ihre Haare aus dem Gesicht und ärgerte sich, dass sie der Idee ihrer Freundin Jenny gefolgt war, den Pony wachsen zu lassen. Ständig fielen ihr die dunklen, halb langen Fransen ins Gesicht. Da konnte sie noch so oft den Haarreif zurechtschieben. Wieso musste sie ausgerechnet im Sommer auf diese Idee kommen?

Energisch schob sie alle Haarsträhnen hinter die Ohren und gab ›Opekta‹ in das Suchfeld bei Google ein. Vielleicht brachte sie das weiter.

»Ein Geliermittel?«, entfuhr es ihr, als sie die Suchergebnisse für ›Opekta‹ las. Was hatte sie mit einem Frankfurter Unternehmen, das Geliermittel produzierte, zu tun?

»Dann eben nicht«, grummelte sie und beschloss, einige Schlüsselbegriffe aus dem Brief in die Suchmaschine einzugeben. ›Kitty‹, ›Tagebuch‹, begann sie.

Gleich als zweites Suchergebnis, umrahmt von Werbung für ein Hello-Kitty-Tagebuch, sprang ihr der Hinweis auf das Tagebuch der Anne Frank ins Auge.

Klar, dachte sie und wusste nun, wo sie den Namen kürzlich gehört hatte.

Anlässlich des 85. Geburtstags von Anne Frank hatte sie bei einer Feierstunde aus Tante Katharinas Karten gelesen und vorher hatten Schülerinnen und Schüler Auszüge aus dem wohl berühmtesten Tagebuch rezitiert.

Sie überflog den Artikel über Anne Frank und stutzte. Dort war davon die Rede, dass Anne bis zum 1. August 1944 Tagebuch geführt hatte. Der Text aus der E-Mail war auf den 4. August 1944 datiert. Wenn sie dem Wikipedia-Artikel glaubte, dann konnte es sich nur um eine Fälschung handeln. Wieso sollte ihr ein Unbekannter einen gefälschten Tagebuch-Eintrag schicken? Oder hatte sie einen Fehler in einem Wikipedia-Beitrag gefunden und es gab tatsächlich weitere Aufzeichnungen?

KAPITEL 2

»Nun lass dich nicht so hängen, Knolle!«, fuhr er den Freund an, der in seinem kleinen Zimmer im Seniorenheim saß und sich über das Leben beklagte. Der Spitzname Knolle hatte sich wie sein Nickname Spocky über die Schulzeit hinaus gehalten. Jeder, der sie zusammen sah, wusste, wie es zu den Namen kam. Die Knubbelnase seines Freundes war ebenso markant wie seine eigenen Ohren, die denen von Mr. Spock locker Konkurrenz machen konnten. Als Kind hatte es ihn genervt, wenn sie ihm »Spocky« nachgerufen hatten, inzwischen fand er es witzig. Im Gegensatz zu seinen Eltern, die jedes Mal zusammenzuckten, wenn ihn jemand so ansprach, und sich Gedanken darüber machten, wie das sein würde, wenn er Kinder hätte. Als ob er jemals Kinder haben wollte. Er hatte ein großes Ziel und daran arbeitete er gerade. Zusammen mit Knolle, wenn der nicht seine depressiven fünf Minuten hatte.

»Du hast gut reden«, fauchte Knolle ihn an. »Du hast ein Dach über dem Kopf, das nichts kostet außer ein paar Schnacks mit den alten Knackern, und du verdienst genug, um dir eine Konzertkarte für die Toten Hosen zu leisten.« Knolle wies auf die Pinnwand, an der die Karte für das Konzert in Münster hing, auf das er sich seit Langem freute. Das hatte er sich redlich verdient. Der Job mit den Alten war echt kein Zuckerschlecken, auch wenn ihn diese alte Kuh nicht mehr belästigen konnte. Stattdessen nervte seine Chefin, und zu allem Überfluss war die Polizei auf der Bildfläche erschienen.

»Wir werden bei jedem Todesfall gerufen, der keine natürliche Ursache hat«, hatte der Beamte versucht, seine aufgebrachte Chefin zu beruhigen.

»Für unser Personal lege ich meine Hand ins Feuer«, hatte sie in diesem beißenden Ton verlauten lassen, den sie sonst nur anschlug, wenn es galt, die Bufties zurechtzuweisen.

»Du hättest mich wenigstens fragen können, ob ich mit will!«, nörgelte Knolle weiter. Manchmal konnte der einem fast so auf die Nerven gehen wie die Alten. Dabei war er sonst ganz in Ordnung und hatte gute Ideen.

»Ey, Alter!« Er hoffte, dass ein Anranzer Knolle zur Ruhe bringen würde. »Erst laberst du mir die Ohren voll, dass du pleite bist, und dann nölst du, weil ich dich Pleitegeier nicht gefragt habe, ob du mit zu den Hosen gehst. Was willst du?«

»Wenn du so fragst: Knete!«, entgegnete Knolle mit einem Grinsen. »Meine Eltern haben mir mitgeteilt, dass ich von ihnen keine Puseratze mehr zusätzlich bekomme. Du kannst bei uns wohnen und brauchst kein Zimmer in Münster, haben sie mir erklärt. Und meinen Bock halten sie ohnehin für überflüssig.«

»Wie wär's mit arbeiten?« Er starrte Knolle herausfordernd an. »Für einen Psychostudenten wird sich ja wohl ein Job finden.« Er schuftete schließlich auch nicht zum Vergnügen in diesem Heim. »Oder sparen. Du bist es doch, der die Kohle nur so raushaut. Teures Motorrad, Marken-Klamotten, vom Gras nicht zu reden. Hast du ein Pferdchen am Start oder woher kommen die Moneten?«

Knolle grinste. »Ganz so ist es nicht.« Was musste er jetzt wieder so rätselhaft tun? Der Typ ging ihm heute echt auf den Sack. »Aber damit ist jetzt Schluss. Es gab

Probleme.« Knolle schüttelte sich, als wollte er die Probleme zurechtrücken.

Sollte er doch sehen, wie er damit klarkam. Sein Leben war auch kein Ponyhof. Nach dem Abi hatte er in dem Pflegeheim hier als Buftie gearbeitet und als er später Geld und eine Bleibe in Münster gebraucht hatte, hatte er gefragt, ob er dort arbeiten konnte. Renate Lansmann war ihm fast um den Hals gefallen vor Begeisterung und Dankbarkeit. Seither wohnte er oben unter dem Dach und übernahm vor allem Nacht- und Wochenendschichten. Das sparte die Miete und er konnte in der Woche die nötigsten Vorlesungen besuchen und seine Jobs durchziehen. Er wollte endlich fertig werden, um an das ganz große Geld zu kommen. Als Moderator. Er sah sich schon als neuer Thomas Gottschalk auf allen Kanälen, süße Mäuse um ihn herum und Knete in Massen.

»Was ist eigentlich mit der Alten? Hat die sich gemeldet?« Von wem sprach Knolle da. Er starrte seinen Freund verständnislos an.

»Na, du weißt schon, der wir die E-Mail geschickt haben?« Knolle schüttelte den Kopf, als zweifelte er am Verstand seines Freundes.

Durch das Theater mit der Toten und der Polizei hatte er die E-Mail völlig vergessen, die Knolle vor ein paar Tagen von seinem Rechner aus an Karina Bessling geschickt hatte.

»Sie hat noch nicht geantwortet«, sagte er, da war er sich ganz sicher. Seine Mails hatte er erst vor ein paar Stunden gecheckt. Er musste schließlich prüfen, ob Renate Lansmann sich meldete. Sie hatte ihn nach dem Tod der alten Frau vorläufig in den Urlaub geschickt. So ein Aufriss um die alte Schrapnelle, die ohnehin kurz vor dem Grab stand, fand er deutlich übertrieben. Es schürte aber auch seine Angst.

Seit dem Tag hatte er kein Seminar mehr besucht. In den Semesterferien war ohnehin wenig los an der Uni, er hatte jedoch zwei wichtige Block-Veranstaltungen, die er ziemlich schleifen ließ. Die meiste Zeit lag er auf dem Bett und ging in Gedanken das Zimmer der Alten durch. Gab es versteckte Kameras, die ihn gefilmt hatten?

»Hey, was ist? Sollen wir das Ganze canceln?« Knolle riss ihn aus seinen Sorgen. Der hatte gut reden. Dem fehlte nur ein bisschen Geld.

»Lass mich in Ruhe!«, fuhr er Knolle in einem Ton an, dass dieser zurückzuckte und eine abwehrende Bewegung mit den Händen machte.

»Ist ja gut!«, versuchte Knolle, seinen Freund zu beruhigen. »Dann lassen wir das eben. Du bist ja völlig durch den Wind. Was ist denn?«

Er konnte sich nicht entschließen, Knolle einzuweihen. Ein Mitwisser war ein Mitwisser zu viel. Noch durfte er darauf hoffen, dass die Polizei den Tod Marianne Goldmanns als Unfall deklarierte.

»Was ist eigentlich aus dem Tagebuch der Alten geworden?« Knolle lehnte sich zurück und sah ihn neugierig und beruhigend zugleich an. »Wenn wir das nicht haben, kommen wir ohnehin nicht weiter. Der erste Brief hat mich Stunden gekostet.«

Ein Themawechsel war ja okay. Aber musste Knolle ausgerechnet das Tagebuch ansprechen? Er hatte ihm vor einigen Wochen davon erzählt. Kurz nachdem er Marianne Goldmann kennengelernt hatte. Immer wieder hatte sie darauf herumgeritten, dass sie im Krieg Tagebuch geschrieben habe.

Er hatte nachgerechnet. Sie war 89 Jahre alt gewesen, 13, als der Krieg ausbrach. Unmöglich war es nicht, dass sie in dem Alter ihre Erlebnisse aufgeschrieben hatte.

Inzwischen glaubte er allerdings nicht mehr daran. Er hatte ihr Appartement in der Nacht nach ihrem Tod erneut auf den Kopf gestellt. Da war nichts.

Letztlich hatte das Tagebuch ihn auf die Idee mit den Briefen gebracht. Er hatte Knolle eingeweiht, weil er zufällig mitbekommen hatte, dass er sich für diese Zeit interessierte. Bei der der Lesung der Postkarten aus den 30er-Jahren war er damit herausgerückt, weil er total begeistert von dem Buch war.

Als er Knolle die Idee mit den Briefen schilderte, hatte dieser einen Brief verfasst, den er nie hinbekommen hätte. Sie hatten ihn an die Autorin geschickt, die sie bei der Lesung kennengelernt hatten. Doch die ließ mit einer Antwort auf sich warten.

Er suchte nach einem Thema, mit dem er Knolle auf eine andere Fährte locken konnte. »Was ist eigentlich mit deinen Eltern?«

Knolle verdrehte die Augen. »Frag lieber nicht. Sieht so aus, als wollten sie sich trennen, nachdem die Agentur nicht mehr richtig läuft. Die Leute sind knickerig geworden und schließen nicht mehr für jedes Pillepalle eine Versicherung ab.«

Er sah seinen Freund mitleidig an. Kein Geld war das eine, Trennung, Streit und kein Geld, das war verschärft. Wie gut, dass er sich früh darum gekümmert hatte, unabhängig zu sein.

Ein Grinsen schlich sich auf Knolles Gesicht. Er zog einen Zettel aus der Hosentasche. »Guck mal hier!«, verlangte er und hielt seinem Freund das Papier unter die Nase.

Er beschloss, das Geldthema ebenso wie das Elternproblem ruhen zu lassen und stattdessen lieber das neuste Werk aus Knolles Feder zu lesen.

Sonntag, 6. August 1944

Liebe Kitty!

Schnell ein Gruß. Wir sind inzwischen ins Gefängnis an der Weteringschans verlegt worden. Keiner sagt uns, was als Nächstes kommen wird und wie es mit uns weitergeht.

Manchmal holen sie Pim und verhören ihn. Sie wollen wissen, ob er andere Untertaucher kennt, und ihre Adressen haben. Er hat ihnen erklärt, dass er in den 25 Monaten im Hinterhaus keinen Kontakt hatte. Aber sie glauben ihm nicht.

Wir sitzen meist eng bei einander. Manchmal lese ich den anderen aus ›De dochter van Joop ter Heul‹ vor. Das neuste Buch von Cissy van Marxveldt. Das durfte ich behalten. Ich bin so froh. Die ersten vier Bände habe ich verschlungen. Ich hätte es nicht ertragen, wenn ich das fünfte Buch verpasst hätte.

Ich liebe Joop ter Heul und alles, was Cissy van Marxveldt schreibt. Allein den Band ›Sommertorheit‹ habe ich bestimmt viermal gelesen. Wenn ich Kinder habe, gebe ich ihnen die Bücher. Ganz sicher. Wenn ich je Kinder haben werde. Wir wissen nicht, wie es weitergeht. Wir hoffen. Die Russen sind schon weit in Polen vorgedrungen. Der Krieg kann bald zu Ende sein. Mit dem Buch geht es mir im Augenblick gerade trotz der ungewissen Zukunft gut.

Hoffentlich bis bald

Deine Anne

Karina saß an ihrem Büro-Schreibtisch und blickte auf die Düsseldorfer Skyline. Der Job in diesem Ingenieur-Büro war ein Glücksfall. Sie war in überschaubarer Entfernung von Borken, wo ihr Lebensgefährte Martin Kleine sein Pfarramt bekleidete, und sie konnte Großstadtluft schnuppern. In Stuttgart aufgewachsen tat sie sich mit dem Leben in der Kleinstadt schwer, und sie war froh, dass sie gelegentlich in die Anonymität Düsseldorfs abtauchen konnte. Selbst die Arbeit stimmte. Ihr Chef zog interessante Projekte an Land und ließ ihr freie Hand bei der Umsetzung. Und wenn sie Privates zu erledigen hatte, war das kein Problem. »Mir ist wichtig, dass gut gearbeitet wird, wann und in welcher Zeit ist mir egal«, lautete das Motto ihres Vorgesetzten. Das ließ ihr Raum, um die Lesungen aus den Briefen ihrer Großtante zu organisieren und tagsüber zwischendurch ohne schlechtes Gefühl die privaten E-Mails abzurufen.

Da war wieder eine E-Mail dieses ominösen TH1982. Was sollte das? Karinas Finger schwebte über der Entfernen-Taste, dann beschloss sie, einige Minuten in das Schreiben zu investieren. Die Daten für das Projekt, mit dem sie betraut war, ließen ohnehin auf sich warten. Statt den vierten Kaffee an diesem Tag zu trinken, konnte sie eine Runde surfen.

Sie lehnte sich gemütlich in ihrem Schreibtischsessel zurück und zog die Tastatur zu sich heran. Sie überflog den Anhang der E-Mail und gab ›Weteringschans‹ und ›Anne Frank‹ in die Suchmaschine ein.

»Na super, alles auf Holländisch«, stöhnte sie kurz darauf. Die wenigen Daten, die sie finden konnte, zeigten ihr, dass Anne Frank tatsächlich mindestens zwei Tage im Amsterdamer Gefängnis an der Weteringschans gewesen war. Wenn sie alles richtig verstand, war das vom 5. oder 6. bis zum 8. August 1944.

Ihr Blick fiel auf das Datum des Schreibens, das wieder als PDF in Computerschrift der E-Mail beigefügt war. ›6. August 1944‹. Konnte das Zufall sein?

Sie las die E-Mail genauer.

»Liebe Karina Bessling,

vielleicht ist meine erste E-Mail nicht angekommen oder Sie haben den Brief für eine Fälschung gehalten. Hier ist ein weiterer. Inzwischen glaube ich, es handelt sich um Tagebucheinträge von Anne Frank. Die Texte hat mir eine inzwischen verstorbene Frau gegeben, als ich in einem Pflegeheim gearbeitet habe. Sie kam aus Norddeutschland. Keine Ahnung, wie sie daran gekommen ist. Deshalb würde ich mich freuen, wenn Sie mir helfen könnten.

Herzlichst Ihr TH«

Immerhin vermutete der Absender selbst, dass die Briefe von Anne Frank stammten. Merkwürdig blieb das Ganze. Andererseits, das veröffentlichte Tagebuch endete am 1. August 1944. Was, wenn Anne danach weitere Aufzeichnungen gemacht hatte?

Karina spürte, wie sich der Neugier-Virus in ihr ausbreitete. Wenn sie die Mail nicht unverzüglich löschte, würde sie sich nicht davon lösen können. So sehr sie sich bemühte, es gelang ihr nicht, die Entfernen-Taste zu drücken.

Ergeben sandte sie eine E-Mail an ihre kleine Buchhandlung und bestellte die Gesamtausgabe der Anne-Frank-Werke, die, wie sie mit Erstaunen feststellte, erst im letzten Jahr erschienen war. Sie war sich sicher, dass bei ihnen zu Hause ein Exemplar des Tagebuchs herumstand. Wieso eine neue Ausgabe?

Diese Antwort fand sie schnell. Wie konnte es anders

sein – wenn nicht Drugs, dann wenigstens Sex. Der Vater von Anne Frank hatte vor der Herausgabe einige Zeilen aus den Tagebucheinträgen gestrichen. Das kam ihr bekannt vor. Als sie die Postkarten ihrer Großtante für das Buch zusammengestellt hatte, hatte sie genau überlegt, was Tante Katharina posthum schaden könnte und was nicht. Sicher war es Otto Frank genauso ergangen. Mit Staunen las sie, dass er aus diesem Grund in den Verdacht geraten war, er hätte die Tagebücher gefälscht.

Sie suchte, was sie darüber finden konnte. Würde angesichts dieser Vermutung, die lange im Raum gestanden hatte, wirklich jemand wagen, Briefe von Anne Frank zu fälschen?

Karina las die beiden Texte, die sie erhalten hatte, ein weiteres Mal. Die Daten stimmten ohne Zweifel mit der Lebensgeschichte der Familie Frank überein. Sogar die Katze Moortje hatte es gegeben.

»Hier sind die Unterlagen!« Karina sah überrascht, dass ihr Kollege René Oberländer vor dem Schreibtisch stand und einen Stapel Papier neben die Tastatur legte.

»Danke!«, antwortete sie leicht verwirrt.

Ihr Kollege grinste und beugte sich über ihren Schreibtisch. »Was machst du denn gerade? Du hast auf mein Klopfen nicht reagiert. Gib es zu, du kannst dich in andere Welten versetzen.«

Wie gut, dass sie ihren Schreibtisch strategisch geschickt gegen neugierige Kollegen ausgerichtet hatte. René konnte lediglich die Rückseite ihres Bildschirms sehen und müsste sich schon auf den Schreibtisch werfen, um einen Blick darauf zu werfen, woran sie arbeitete. Eigentlich war das ein Schutz vor Betriebsspionage, man konnte nie wissen, wer durch die Glaswände schaute, die das Büro vom Flur trennten. Gegen aufdringliche Kollegen half die Möblierung ebenso gut. Sie war eine der wenigen, die mit dem Gesicht zur Glaswand saß. Die meisten fühlten sich von dem Gewusel auf dem Flur gestört. Ihr machte das nichts aus. Eben weil sie beim Arbeiten äußere Einflüsse gut ausblenden konnte.

Karina lachte. Wenn du wüsstest, wie recht du hast, dachte sie. Sobald sie in einem Projekt steckte, vergaß sie alles um sich herum. Sie dankte ihrem Kollegen und griff nach dem Aktenstapel, um ihm zu signalisieren, dass sie keine Zeit hatte.

»Bis später«, verabschiedete er sich, nicht ohne einen letzten Versuch, etwas auf ihrem Bildschirm zu lesen.

Ehe sie sich den Akten widmete, suchte sie rasch, was die Suchmaschine zu ›Anne Frank Joop de Heul‹ ausspuckte. Ohne dass sie eine der Seiten öffnen musste, sah sie, dass Anne Frank ein großer Fan der Romanfigur von Cissy van Marxveldt gewesen war. Der Gedanke, dass sie das neueste Buch ihrer Lieblingsreihe zu retten versucht hatte, war nicht abwegig.

Sobald Karina die Daten zu ihrem Bauprojekt eingearbeitet hatte, würde sie weitere Nachforschungen anstellen.

Dunkel erinnerte sie sich daran, dass sie die Premiere eines Films besucht hatte, den die Film-AG ihrer Schwester über Anne Frank gedreht hatte. Je länger sie über Anne Frank nachdachte, umso mehr fiel ihr zu dem Mädchen ein. Sogar die Talkshow am Sonntagabend, die anlässlich des 85. Geburtstages das Leben der jungen Frau beleuchtete und bei der auch eine Freundin des Mädchens zu Gast war. Sollte sie wirklich dank ihrer Großtante mehr über Anne Frank erfahren, als bisher bekannt war?

Tante Katharinas Postkarten hatten Jahrzehnte auf dem Dachboden gelegen. Hätte ihr Vater ein Unternehmen mit der Haushaltsauflösung beauftragt und hätte sie nicht zwischen Studienabschluss und erstem Job den Nachlass gesichtet, hätte keiner jemals von den Postkarten erfahren.

Warum sollten nicht irgendwo in einem Koffer oder Keller unbekannte Briefe von Anne Frank liegen?

KAPITEL 3

Als er das Seniorenheim durch den Personaleingang verließ, bemerkte er die Einsatzwagen der Polizei vor der Tür. Was wollten die hier? Die alte Marianne war längst unter der Erde. Er hatte sich davor gedrückt, an der Trauerfeier teilzunehmen. Sehr zum Unmut der Heimleiterin, aber er hasste Beerdigungen. Sie waren nicht echt, fand er. All die Menschen, die sonst in der Kirche davon sangen, dass der Tod die wahre Erlösung sei und dann jammerten sie, wenn jemand diese wahre Erlösung erreicht hatte. Pah! Das brauchte er nicht. Erst recht nicht in diesem Fall.

»Da sind Sie ja!«, erklang in dem Augenblick die Stimme der Heimleiterin. »Frau Uphoff möchte Sie gerne sprechen.«

Neben Renate Lansmann stand eine Frau mit einem dunklen Pagenschnitt in einem modischen, türkisfarbenen Kostüm. Sie wirkte trotzdem wie eine Polizistin in Zivil. Als umgebe sie eine Aura der Macht oder als trüge sie einen Polizeistempel auf der Stirn. War es diese lockere Selbstgewissheit, die ihr diese Aura verlieh?

»Hauptkommissarin Petra Uphoff«, stellte sich die Frau vor. »Können wir uns ein paar Minuten unterhalten?«

Was sollte er darauf sagen? Nein, mit Ihnen spreche ich nicht? Er nickte nur und folgte der Kommissarin zurück ins Haus. Vor dem Aufenthaltsraum verabschiedete sich Renate Lansmann. »Sie melden sich, wenn Sie etwas brauchen?«, bat sie die Kommissarin und nickte ihm aufmunternd zu. Immerhin. »Das ist alles nur Routine«, sagte sie beruhigend. Für sie vielleicht.

»Dann erzählen Sie genau, wie das war, als die alte Frau Goldmann unter Ihren Händen gestorben ist«, forderte Kommissarin Uphoff ihn auf.

Wie sich das anhörte? Unter Ihren Händen? War er ein Chirurg, der an der Frau herumgeschnippelt hatte?

Er schwieg und überlegte, was er sagen konnte, ohne in Verdacht zu geraten. Sein Blick fiel auf Packpapier, das die Küchenmitarbeiterinnen achtlos in den Aufenthaltsraum geworfen hatten. Es sah alt aus. Wie oft das wohl genutzt worden war?

»Ja?« Die Kommissarin schwieg ebenfalls, bis auf das fragende Ja, mit dem sie ihm signalisierte, dass sie notfalls bis Mitternacht auf seine Antwort warten würde.

Er holte tief Luft und berichtete, wie die Frau sich eingekackt und von ihm verlangt hatte, sie sofort zu baden. Als er das Gesicht der Kommissarin sah, wusste er, dass er das Einkacken nicht hätte erwähnen sollen. Nicht so.

»Das Waschen der Bewohner ist nicht Ihre Lieblingstätigkeit hier, was?«, fragte die Ermittlerin und sah ihn an, als wolle sie seine Gedanken lesen.

Was sollte er darauf sagen? »Das machen sonst die Pflegerinnen.« Eine sehr gute Antwort. »Vor allem die Frauen genieren sich vor uns jungen Männern.« Oh, er lief zu Hochform auf. »Nur Frau Goldmann wollte immer, dass ich sie bade. Sie mochte mich.« Perfekt. Es gab wirklich keinen Grund, dass er der Frau etwas antat.

»Und Sie, mochten Sie Frau Goldmann?«

Puh, diese Kommissarin wusste, wie man Leute in die Enge trieb. Aber darauf hatte er sich vorbereitet. »Sie war nett, manchmal etwas anstrengend, sie hat mir jedoch oft

Trinkgeld gegeben.« Das stimmte sogar, selbst wenn es meist ein kärglicher Betrag gewesen war. Er hätte jedenfalls keinen Grund gehabt, sie beiseitezuschaffen.

Die Kommissarin schien das genauso zu sehen. Sie nickte und notierte etwas in ihrem iPhone. »Wenn Sie mir Ihre Heimatanschrift und Ihre Mobilnummer geben würden, dann können Sie gehen!«, bat sie zum Abschied.

Lass dir deine Erleichterung nur nicht anmerken, dachte er und diktierte der Kommissarin die Mobilnummer und die Anschrift seiner Eltern. Zufrieden sah er der Frau nach, als sie mit wippenden Schritten auf hohen Absätzen, die er bei einer Polizistin nicht erwartet hätte, den Aufenthaltsraum verließ.

Er ging zu dem Papier, das sich vor der Durchreiche zur Küche häufte. »Was ist das, Leonie?«, erkundigte er sich bei dem blonden Küchenmädchen, das ihn wie immer durch die Öffnung zur Küche anstrahlte, als wäre er sein Lebensretter. Eine süße Maus.

»Die Verwandten eines Bewohners haben uns Kisten voller Geschirr gespendet!«, berichtete das Mädchen. »Das ist uralt. Die haben das im Keller gefunden. Stammt wohl aus dem Krieg.«

Aus dem Krieg? Das ließ ihn aufhorchen. Papier aus dem Krieg, das war genau das, was sie für ihr Projekt brauchten. Bisher hatte sich diese Autoren-Tusse nicht gemeldet, aber er hatte einen Plan B, falls sie nicht antwortete. »Kann ich das Papier haben?«, fragte er rasch und lachte, als er in Leonies verständnisloses Gesicht blickte. »Meine Mutter arbeitet gerade an einem Kunstprojekt mit Papier. Du weißt doch, sie ist Künstlerin.« Wenn seine Mutter das gehört hätte, wäre sie vor Stolz geplatzt. Sie wollte gerne Künstlerin sein, über ein paar Basteleien für

Advents- oder Ostermärkte brachte sie es allerdings nicht hinaus. Das Papier erinnerte ihn an eine Kunsthausaufgabe in der Schulzeit, ganz aus der Luft gegriffen war die Ausrede also nicht.

»Das ist mir echt egal, wofür du das brauchst«, antwortete Leonie und strahlte ihn an. Ein Grübchen zeigte sich auf ihrem Kinn, das ihn fast seine Idee vergessen ließ. »Wir sind froh, wenn wir das nicht entsorgen müssen«, rief das Mädchen ihn in die Wirklichkeit zurück. Er nahm sich vor, Leonie zu treffen, wenn er wieder einen Überblick hatte. Die blöde Geschichte mit der Alten und die aufregende Geschichte mit den Briefen – mehr verkraftete er gerade nicht. Er faltete das Papier zusammen, nicht ohne Leonie gelegentlich einen Blick zuzuwerfen, klemmte es unter den Arm und trug es hinauf in sein Zimmer. Was Knolle wohl zu seiner neuen Idee sagen würde?

Dienstag, 8. August 1944

Beste Kitty!

Entschuldige, wenn meine Schrift nur schwer lesbar ist! Wir sitzen im Zug. Das Abteil ist ziemlich voll, aber wir sind alle zusammen. Draußen ziehen die Getreidefelder an uns vorbei.

Wie lange habe ich keine Felder, Kühe und Schafe mehr gesehen? Und wann habe ich zum letzten Mal in den endlos weiten Himmel geschaut? So sehr ich meinen Kastanienbaum vor dem Fenster geliebt habe und so sehr ich mich sorge, wie es mit uns weitergeht, freue ich mich über die Felder. Wie die Halme sich wiegen. Die ersten zarten Ähren sind zu erkennen. Es ist so schön, wieder die Natur zu sehen. So lange musste ich darauf verzichten.

Ich muss dankbar sein für das, was ich habe. Viele unserer Freunde leben nicht mehr. Nie wieder können sie den Himmel betrachten. Wir haben uns und die Natur.

Deine Anne

»Martin, guck mal, da ist wieder eine Mail!« Aufgeregt rief Karina ihren Lebensgefährten. Sie saß in seinem Wohnzimmer und arbeitete, während Martin in seinem Büro eine Predigt vorbereitete.

»Moment!«, erklang seine Stimme aus dem Nebenraum, und Karina erinnerte sich an das erste Mal, als sie die Stimme in dem Café im Vennehof gehört hatte. Was seither alles geschehen war. Die Briefe ihrer Großtante waren als Buch erschienen und sogar die Münsterlander Morgenpost war über ihren Schatten gesprungen und hatte darüber berichtet.

Der kleine Laden des jüdischen Buchhändlers Weizmann, den ihre Großtante zurückgekauft hatte, war abgerissen worden, an der Stelle wurde eifrig gebaut. Das Elternhaus ihres Vaters wartete auf eine Entscheidung, zu der sie sich nicht durchringen konnte. Da kamen diese E-Mails des unbekannten TH1982 gerade recht.

Martin hatte verschiedene ›TH‹ in Borken ausfindig gemacht, ob die 1982 geboren waren oder ob das Jahr eine Finte war, wussten sie nicht. Unter den jungen Männern, die bei ihrer Lesung anwesend gewesen waren, war immerhin ein Thomas. Der Enkel einer Frau aus dem Seniorenkreis von Martins Gemeinde. ›TH‹ konnte für alles stehen, sogar für die Toten Hosen, deren Konzert in Münster sie in wenigen Tagen mit Martin besuchen würde. Sie lachte leise.

»Warum lachst du?«, fragte dicht neben ihrem Ohr Martins warme Stimme.

»Warum schleichst du dich an?«, gab sie zurück und wandte sich ihm zu. Nach einem langen Kuss drehte Karina den Laptop so, dass Martin mitlesen konnte.

»Liebe Karina Bessling, schade, dass Sie mir nicht geantwortet haben. Ich dachte, Ihnen könnte ich vertrauen. Da habe ich mich wohl getäuscht. Ich schicke Ihnen einen weiteren Text, wenn Sie sich dann nicht melden, suche ich nach einer anderen Hilfe. Viele Grüße TH«, las Martin laut. »Das ist ja ein Herzchen«, kommentierte er die E-Mail.

Karina rief die alten Nachrichten auf, die sie samt Anhang abgespeichert hatte.

»Wirklich merkwürdig, der Typ!«, murmelte Martin, als er die anderen Texte überflog. »Äh, oder die Typin. Das könnte ja genauso gut eine Frau geschrieben haben.«

Karina sah ihn an. Irgendwie hatte sie bei ›TH‹ automatisch an einen Mann gedacht. Martin hatte recht. Theresia, Tina H-irgendwas, Tanja ... Da fielen ihr auf Anhieb mehrere Frauen ein, sogar mit den Initialen T und H, Tonja Hellberg, zum Beispiel. Die Journalistin, die sie für den Fernsehbeitrag über ihre Großtante interviewt hatte.

»Stimmt.« Doch im Augenblick war ihr der Absender nicht so wichtig wie der Inhalt. »Ich habe diese Informationen geprüft. Anne Frank wurde wirklich am 8. August 1944 von Amsterdam nach Westerbork verlegt«, erklärte Karina. »Was meinst du? Sind die Aufzeichnungen echt?«

Martin zog die Schultern hoch. »Die historischen Daten kann jeder nachprüfen. Und das Ganze ist auf einem Computer getippt, der Anne Frank wohl kaum zur Verfügung stand.«

Karina nickte. Das war ihr natürlich klar. »Ich hätte die Briefe vielleicht ebenfalls abgetippt«, sagte sie dann langsam.

Martin lachte. »Du hättest nicht nur, du hast, wenn ich dich daran erinnern darf.«

Karina wusste genau, woran Martin dachte. Auch sie hatte die Postkarten ihrer Großtante abgeschrieben, ehe sie sie an die Zeitung weitergegeben hatte.

»Weißt du, was mich am meisten irritiert?«, riss Martin Karina aus ihren Erinnerungen. »Dass das alles in Deutsch geschrieben ist. Anne Frank war doch Holländerin. Glaubst du, sie hätte ihr Tagebuch auf Deutsch geschrieben? Mit den judenfeindlichen deutschen Nazis im Nacken?«

Daran hatte Karina bisher nicht gedacht. Wenn die Briefe echt waren, wieso schickte man ihr nicht einfach Scans? Wieso gab sich jemand die Mühe, den Text abzutippen und zu übersetzen?

Entschlossen zog sie das Notebook zu sich heran. Mit einem »Das will ich wissen!« begann sie zu tippen und dem Absender genau diese Fragen zu stellen.

»Hallo, TH,

es tut mir leid, dass ich mich nicht eher gemeldet habe, inzwischen habe ich ein wenig recherchiert. Ich bin ebenfalls zu dem Schluss gekommen, dass es sich um Notizen von Anne Frank handeln könnte.

Allerdings gehe ich davon aus, dass sie gefälscht sind. Wer würde sich die Mühe machen, handschriftliche Briefe abzutippen und aus dem Niederländischen ins Deutsche übersetzen zu lassen? Ich glaube, Sie sind da einem Betrüger aufgesessen. Sollte es Erklärungen für die deutschen Computerfassungen geben, bin ich gerne bereit, Sie im

Rahmen meiner Möglichkeiten bei der weiteren Recherche zu unterstützen.

Viele Grüße Karina Bessling«

Martin hatte mitgelesen. »Da bin ich gespannt, was TH1982 antworten wird. Ich wette, dass du von ihm nichts mehr hören wirst.«

»Dann ist das auch okay«, fand Karina. »Ich hätte große Lust, wieder einmal zu recherchieren, aber da gibt es sicher andere Projekte.« Sie wandte sich dem Laptop zu.

»Was machst du nun?«, wollte Martin wissen.

»Fragen kostet ja nichts«, entgegnete Karina. »Bei meiner Recherche bin ich auf das Anne-Frank-Haus in Amsterdam, eine Stiftung in Basel und das Familie-Frank-Zentrum in Frankfurt gestoßen. Die können mir sicher etwas dazu sagen, ob Briefe von Anne Frank als verschollen gelten und wie sie einen solchen Fund einschätzen.«

Martin nickte. »Dann schreib mal schön«, sagte er und stand auf. »Ich schaue, dass ich mit meiner Predigt vorankomme.«

Karina nickte nur. Sie tippte die E-Mails an die Institutionen. Würde sich herausstellen, dass sie einem Betrüger oder einem geheimen Fund auf der Spur war?

KAPITEL 4

»Och nee, diese Alte nervt!« Er hielt Knolle sein Smartphone hin, damit er die Antwort-Mail von Karina Bessling lesen konnte. Er hätte wissen müssen, dass sie sich nicht einfach so ködern ließ. Sie hatte schon bei der Lesung einen ziemlich cleveren Eindruck hinterlassen.

»So eine blöde Kuh!«, schnaubte Knolle, nachdem er die E-Mail zweimal gelesen hatte. »Was glaubt die denn, wer sie ist?« Er warf sich in den Sessel, legte polternd seine Stiefel auf den Couchtisch in vorgetäuschtem Marmordekor, der zum Bestand des Zimmers im Seniorenheim gehörte, und starrte seinen Freund auffordernd an.

»Ich habe dir gleich gesagt, dass du mich die Briefe übersetzen lassen sollst«, entgegnete dieser und schubste Knolles Stiefel vom Tisch. »Pass doch auf!«, fauchte er. Er erinnerte sich gut an den Tag, als Knolle den ersten Brief geschrieben hatte. Knolle wusste einiges über Anne Frank. Die restlichen Daten hatten sie im Nu aus dem Internet gefischt. Er war es gewesen, der das Tagebuch aus der Heimbibliothek geholt und ein paar Basics korrigiert hatte. Diese Anne hatte ihre Briefe immer an Kitty adressiert. Eine Freundin, die sie erfunden hatte. Wie blöd. Typisch Mädchen. Ihm war es zu verdanken, dass ihre Briefe mit korrektem Wochentag und Datum versehen waren wie die Einträge im Tagebuch.

»Was denkst du?«, unterbrach Knolle die Gedanken seines Freundes. Er setzte sich gerade in den Sessel und ließ seinen Blick durch das Zimmer schweifen. »Was ist mit dem Papier da?« Er zeigte auf den Stapel Packpapier in einer Zimmerecke.

»Was meinst du wohl?«, fuhr sein Freund ihn an. »Einer muss ja weiterdenken!«

Knolle sah ihn entgeistert an. Klar, er hatte sich bisher als Kopf des ganzen Vorhabens gesehen. Nur, weil ihm das Tagebuch von Anne Frank eingefallen war, als er ihm von der alten Marianne erzählt hatte. Aber er, Spocky mit den langen Ohren und dem klugen Köpfchen, er war es, der sich an die Sendung über den Fälscher der Hitler-Tagebücher erinnert hatte und daran, dass der richtig abgesahnt hatte, ehe er aufgeflogen war. Sie mussten sich nur etwas cleverer anstellen.

»Ohne mich läuft das gar nicht«, plusterte Knolle sich sofort auf. »Du wärst allein niemals auf die Idee gekommen, das Tagebuch der Alten für viel Geld zu verscherbeln.«

Als ob sie bereits einen Cent gesehen hätten. Bisher tat sich in die Richtung nicht nur nichts, sondern gar nichts. Niets, wie seine holländische Mutter sagen würde.

»Mensch, dieser Kujau hat das geschafft, da werden wir das locker hinkriegen!« Das war immerhin ein Friedensangebot von Knolle. Da wollte er nicht einfach Nein sagen. Allein konnte er das wirklich nicht realisieren. Knolle hatte das nötige Sprachgefühl und kannte sich gut aus in der Zeit. Ihm flossen die Zeilen nur so aus den Fingern.

»Solange wir das Tagebuch der Alten nicht haben, müssen wir eben selbst kreativ sein«, meinte Knolle und grinste, während er in dem Jutebeutel kramte, den er immer bei sich trug. Erbstück einer großen Liebe, behauptete er stets. Er musste mindestens 30 Jahre alt sein, solche Dinger gab es heute nicht mehr. ›Jute statt Plastik‹, das war eine Aktion aus den 80er-Jahren. Echt ein Spinner, dieser Knolle. Jetzt holte er mit der Bemerkung »Alles über Anne Frank!« einen Stapel Bücher hervor. »Ich habe gedacht, wir gehen das Ganze systematisch an.«

Er betrachtete zuerst die Bücher und dann das Packpapier. Ihr Plan ging in eine neue Phase. Vielleicht war das sogar besser als einfach die Tagebuchschwafeleien der alten Marianne zu nutzen, wenn es die überhaupt gab.

»Geil!«, entfuhr es ihm, als er weiterdachte. »Vielleicht werden wir sogar berühmt!«

Knolle zeigte ihm einen Vogel. »Ey, wir wollen Kohle. Von Berühmtheit kannst du dir nichts kaufen.«

Da hatte er recht. Dieser Fälscher der Hitler-Tagebücher war zwar auf den Titelseiten gelandet, aber auch im Knast. Sie würden das geschickter anstellen als der damals. Er dachte an Karina Bessling, die ihnen mit den Postkarten ihrer Großtante eine Steilvorlage gegeben hatte.

Knolle vertiefte sich in eines der Bücher. Plötzlich sprang er auf, holte vom Schreibtisch ein Blatt Papier und einen Stift und begann hektisch zu schreiben. »Dann übersetz mal schön«, forderte Knolle ihn wenige Minuten später auf.

Übersetzen fiel ihm leicht. Als Kind hatte er sich daran gewöhnt, spontan die Sätze seiner Mutter aus dem Holländischen für die Großeltern ins Deutsche zu übertragen. Das war eine seiner leichtesten Übung.

»Was ist mit der Handschrift?«, fragte er mehr sich selbst als Knolle. Diese Karina hatte recht. Um die Echtheit eines Briefes zu prüfen, brauchten sie einen handgeschriebenen Text. Das war genau der Reiz, den das Tagebuch der alten Marianne gehabt hätte. Sie hätten einfach Seiten aus dem Buch gerissen, so geschickt, dass das Datum nicht mehr lesbar wäre.

»Das lass mal meine Sorge sein«, beruhigte Knolle ihn. Er wedelte mit einem Buch. »Ich habe eine geniale Idee. Dafür brauchen wir allerdings jemanden, der Steno kann.«

»Steno?«, echote er. Was sollte das nun wieder bringen?

Knolle lachte. »Hier steht es. Anne Frank hat in ihrem Unterschlupf Steno gelernt. Da ist es denkbar, dass sie auf dem Weg ins Lager oder später im KZ ihre Aufzeichnungen in Kurzschrift gemacht hat.«

Da war etwas dran. Er warf Knolle einen bewundernden Blick zu. Das waren genau die Gedanken, auf die er niemals gekommen wäre. Seine Packpapier-Idee war allerdings auch nicht von schlechten Eltern. »Das ist genial«, sagte er aufgeregt. »Und so logisch. Sie hat unterwegs jedes Fitzelchen Papier, das sie bekommen konnte, genutzt, um an diese Kitty zu schreiben.«

»Und keiner weiß, wie ihre Steno-Schrift aussah«, fügte Knolle mit einem triumphierenden Lächeln hinzu. »Ganz sicher nicht die Alte, die du wegen der Briefe angemailt hast.«

Zufrieden warf er sich auf das Bett und las Knolles Werk. Nicht ohne eine Spur von Neid. Wieder einmal fragte er sich, ob er das richtige Studienfach gewählt hatte. Kommunikationswissenschaften, das war weit weg von seinen Talenten. Quatschen konnte er, das kam ihm bei den Alten im Heim zugute. Aber schreiben! Da war Knolle ihm um Klassen überlegen, und dieser Text war einfach genial.

Mittwoch, 9. August 1944

Liebe Kitty!

Der gestrige Tag begann fürchterlich. Männer verlangten von uns früh am Morgen, sofort unsere Sachen zu packen. Als hätten wir uns in dem Gefängnis für Wochen eingerichtet. Wir durften uns nicht einmal mehr umziehen. In unseren Trainingsanzügen mussten wir den Männern folgen.

Als wir mit anderen Häftlingen an der Centraal Station warteten, fuhr auf dem Nebengleis der CNL ein. Am liebsten wäre ich eingestiegen und damit zu meiner Oma nach Basel gefahren. Die Männer ließen uns nicht aus den Augen. Sie forderten uns auf, in den Zug mit Abteilen zu steigen. Auf dem Schild stand Westerbork. Das ist das große Judenlager in Drente. Wir waren noch nicht lange im Hinterhaus, da hat Miep von einem Mann berichtet, der aus Westerbork geflohen war. Sie sagen, das sei ein Lager für jüdische Flüchtlinge, aber das ist es nicht nur. Es ist außerdem ein Durchgangslager, von dem aus unsere Leute in Konzentrationslager transportiert werden. Das Leben dort muss schlimm sein, hat Miep gesagt. Hoffentlich hat sie sich verhört. Nachrichten können sich wie bei dem Spiel Stille Post verändern. Angeblich bekommen die Menschen dort nichts zu essen und zu trinken, Tausende müssen sich ein Waschbecken und ein Klo teilen.

Ich hoffe, dass Mieps Erzählung, wie so vieles, was wir gehört haben, nicht wahr ist. Ich schiebe die Gedanken beiseite und komme mir vor wie auf einer Reise. Endlich wieder andere Menschen und Landschaft. So lange durften wir nicht hinaus in die Welt. Früher sind wir manchmal nach Basel gefahren oder nach Aachen. Weit weg, um Verwandte zu besuchen. Etwas anderes zu sehen, schärft den Geist und öffnet das Herz.

Draußen ziehen Wiesen und Felder vorbei, sogar kleine Dörfer kann ich sehen, wenn ich aus dem Fenster schaue. Vielleicht wird alles ganz anders.

Wenn es geht, werde ich dir berichten, wie es in Westerbork ist. Vielleicht brauchen wir nicht lange dort zu bleiben. Die Deutschen haben ihre erste Niederlage erlitten. Hauptsache, wir bleiben zusammen, Vater, Mutter, Margot, du und ich.

Deine Anne

»Bessling«, begann Karina ihr Telefongespräch und drehte sich in ihrem Schreibtischstuhl, um in den blauen Himmel über Düsseldorf zu blicken. »Erinnern Sie sich an mich, Herr Henningsen?«

Ihr Gesprächspartner antwortete: »Natürlich. Auch wenn wir uns nicht persönlich begegnet sind, weil mich diese blöde Grippe im Griff hatte, als Sie hier waren. Sie glauben gar nicht, was Sie mit Ihrer Lesung bei uns angerichtet haben.«

Karina hörte, wie er erzählte, dass seit ihrer Lesung an seiner Schule die Schüler ganz wild auf Postkarten waren.

»Heißt das, die Filmplakate sind out?«, erkundigte sie sich. Bei ihrem Besuch an der Schule vor den Ferien hatte die 8b für die Projektwoche über Anne Frank eine Ausstellung mit Filmplakaten organisiert. Weil Anne Frank Filmplakate gesammelt hatte, hatten sie ihr erklärt. Langsam erinnerte sie sich wieder an Einzelheiten der Veranstaltung.

»Wie ist das mit der Namensänderung weitergegangen?«, erkundigte sie sich. Als sie in der Schule war, lief der Antrag auf Umbenennung in Anne-Frank-Realschule gerade an. Der Rektor hatte ihr sein Leid über den enormen Verwaltungsaufwand geklagt.

»Das hat geklappt. Seit Beginn des neuen Schuljahres dürfen wir uns Anne-Frank-Realschule nennen«, hörte sie den Lehrer. Der Stolz in seiner Stimme war nicht zu überhören. Sie erinnerte sich, dass er bei ihrem ersten Kontakt davon berichtet hatte, wie aufwendig das Verfahren war. »Die Nachricht kam so kurzfristig, dass wir die Feier auf den Herbst verschoben haben«, erklärte er mit einem bedauernden Unterton in der Stimme.

»Aufgeschoben ist nicht aufgehoben«, versuchte Karina ihn zu trösten. »Bis dahin können Sie mir vielleicht helfen. Ich habe hier gerade eine interessante Anfrage zu Anne Frank«, kam sie endlich auf den Grund ihres Anrufes zu sprechen.

Ein Klopfen an der Glaswand hinter ihr unterbrach sie. Sie drehte sich um. Ihr Kollege René stand davor und signalisierte mit hektischen Gesten, dass er eine dringende Frage hatte. Ihr blieb nichts anderes übrig, als das Gespräch abzukürzen.

»Wann kann ich Sie denn am besten erreichen? Ich könnte auf dem Weg ins Münsterland vorbeikommen«, bot sie an.

Es schien ihr, als zögere der Lehrer kurz. Vermutlich hatte er keine Lust, sich in seiner Freizeit mit ihr zu treffen. Schließlich sagte er: »Ich muss ohnehin in der Schule bleiben, dann kann ich Ihnen gleich zeigen, was sich hier getan hat, und ich kann Sie endlich persönlich kennenlernen.«

Karina warf einen Blick auf die Unterlagen auf ihrem Schreibtisch. Hier konnte nichts anbrennen und wenn sie Renés Anliegen bis zur Mittagszeit in den Griff bekam, konnte sie von Bochum direkt nach Borken weiterfahren.

»Bis später dann«, versprach sie und winkte ihren Kollegen herein, während sie den Hörer auflegte.

»Hast du mit den Berechnungen schon angefangen?« Renés Stimme überschlug sich fast, als er sie seinem Körper voran in ihr Büro poltern ließ.

»Ich wollte jetzt anfangen«, erklärte Karina. »Die Zahlen habe ich eingegeben, aber nicht gegengecheckt.«

»Ein Glück!« Der übergewichtige René blieb schnaufend neben ihrem Schreibtisch stehen. »Die Firma hat gerade mitgeteilt, dass sie falsche Daten geschickt hat.« Er holte tief Luft, ehe er weitersprach. »Da hat wohl jemand eine Datensicherung vergessen und ein anderer hat an der falschen Datei weitergearbeitet.«

Karina seufzte erleichtert. In diesem Stadium war das kein Problem, höchstens zusätzlicher Aufwand. Hätte sie allerdings bereits mit den Daten gearbeitet, die von einem Partner kamen, auf den sie sich sonst immer hundertprozentig verlassen konnte, hätte das ins Auge gehen können. Kein Wunder, dass René so aufgeregt vor ihrer Glaswand gestanden hatte. Ein bisschen wie ein Stehaufmännchen, das hin und her wackelte, wenn man es anstupste. Sie tat rasch so, als ob sie etwas aus ihrer Schreibtischschublade holte, damit er ihr Grinsen nicht bemerkte. Wegen seiner eher quadratischen Figur war er ohnehin einigen Hänseleien ausgesetzt, da musste sie ihm nicht ins Gesicht lachen, wenn er mit hochrotem Kopf vor ihr stand. »Danke für die Info, du hast mir echt viel Arbeit erspart«, sagte Karina und lächelte ihren Kollegen an.

Er strahlte, als wäre sie die Erste, die an dem Tag nett zu ihm war. Kein einfaches Los, einen solchen Körper zu haben.

Karina schüttelte den Gedanken rasch ab. Sie musste lernen, dass sie sich nicht um alles und jeden kümmern konnte. Ein guter Gedanke, dem sie gerade zuwiderhandelte, weil sie sich mit diesen merkwürdigen E-Mails beschäftigte. Weshalb sollte sie sonst extra nach Bochum fahren, um sich mit diesem Lehrer zu treffen? Sie schüttelte den Kopf über sich, ein Mittel gegen den Neugier-Virus, das fehlte der Welt wirklich.

Nachdem René ihr Büro verlassen hatte, fuhr sie ihren Computer herunter und warf einen Blick auf den Schreibtisch. Jetzt, wo die Zahlen fehlten, hatte sie nichts zu tun, außer alte Akten zu sortieren und abzulegen. Das konnte sie an einem Abend erledigen, an dem Martin arbeiten musste. Sie griff nach ihrer Umhängetasche, nahm das Smartphone aus der Ladeschale und meldete sich mit einem breiten Grinsen bei der Kollegin am Empfang ab. Sie freute sich über den unerwartet arbeitsfreien Sonnennachmittag.

Karina genoss die Fahrt auf der A 46 und A 43 ins Ruhrgebiet bei strahlend blauem Himmel. Als sie den Kemnader See links liegen sah, spielte sie kurz mit dem Gedanken, nach ihrem Treffen mit der MS Schwalbe eine Fahrt auf der Ruhr zu unternehmen. Martin hatte jedoch signalisiert, dass er am Nachmittag keine Termine hatte, und sie hatten so selten Zeit, etwas miteinander zu unternehmen.

Voller Vorfreude auf den gemeinsamen Nachmittag stellte Karina ihr Auto auf dem Lehrerparkplatz der Anne-Frank-Realschule ab. Ein jüngerer Mann mit langen Haaren und einer Sonnenbrille, der so völlig anders aussah als die Lehrer, die sie aus ihrer Schulzeit kannte, winkte ihr aus einem Fenster im ersten Stock zu und rief: »Ich eile!« Das musste Herr Henningsen sein, etwa dort befand sich das Lehrerzimmer, daran erinnerte sie sich. Es war das erste Lehrerzimmer, das sie betreten hatte.

»Schön, dass Sie gekommen sind. Seit ich Sie bei Ihrer Lesung erlebt habe, wollte ich Sie kennenlernen. Als Sie bei uns an der Schule waren, lag ich ja leider mit einer Grippe im Bett.« Leicht kurzatmig und mit einem Leuchten im Gesicht gab der Lehrer Karina die Hand, ohne sich vorzustellen.

Karina überlegte fieberhaft, welche Lesung er besucht haben mochte. Noch hatte sie einen Überblick über ihre wenigen Veranstaltungen und über die leider überschaubare Zahl der dort anwesenden Besucher. Die meisten Zuhörer waren zu der Lesung in Borken gekommen.

Ehe sie nachfragen konnte, setzte er bereits zu einem Monolog über die Akzeptanz der Lehrer und Schüler ein und schilderte ihr, wie enttäuschend es oft war, wenn die Ergebnisse seiner Arbeit mit den Schülern nicht gewürdigt wurden. Für ihn waren Projekte wie das über Anne Frank eine Gelegenheit, um allen Schülern Erfolgserlebnisse zu verschaffen.

Sein Lamento versetzte Karina in ihre Schulzeit zurück. Es gab wenige Lehrer, die sich wirklich engagiert hatten. Viele spulten ihr Programm ab, einige ließen nicht locker, bis auch der Letzte den Stoff verstanden hatte. Sie schätzte ihren Gesprächspartner auf Anfang 30, hoffentlich würde sich das Engagement nicht wie bei manchen älteren Lehrern legen, die ihr früher oder in den letzten Wochen und Monaten begegnet waren.

Als sie das Foyer betrat, konnte Karina sich ein Lachen nicht verkneifen. Die Wände, an denen bei ihrem letzten Besuch die Filmplakate gehangen hatten, waren mit blauem Stoff bespannt.

»Das sind Pinnwände, die die Schüler selbst gebastelt haben«, erklärte der Lehrer und schob seine dunkle Hornbrille von der opulenten Nase auf den Kopf. »Bitte entschuldigen Sie, dass ich eine Sonnenbrille trage. Es ist die einzige Brille mit Stärke, die ich noch habe«, sagte er. »Meine eigentliche Brille ist heruntergefallen, als ich bei einem Freund in Zürich war. Ziemlich blöd, sie wird gerade repariert. Selbst wenn sich das eigentlich nicht lohnt, weil sie völlig überholt ist.«

Karina betrachtete die Postkarten, die mit Heftzwecken auf dem blauen Stoff befestigt waren. Dieser Lehrer war eine echte Plaudertasche. Da sollte noch einer sagen, Frauen würden viel reden. Was ging es sie an, dass er eine Allergie gegen das Kontaktlinsenmittel hatte und nun mit seiner abgefahrenen Hornbrille unterwegs war.

»Die sind nicht alle beschrieben, oder?« Karina trat näher an die Wand heran und entdeckte Postkarten, die mindestens so alt waren wie die ihrer Großtante.

»Doch!« Der Lehrer freute sich sichtlich, dass er Karina mit dieser Wand überrascht hatte. »Die Schüler haben nach Ihrer Lesung Eltern und Großeltern gefragt, ob sie alte Postkarten haben.« Sein Blick glitt suchend über die Wand und er löste eine Heftzwecke. »Sehen Sie, diese Karte ist sogar in Sütterlin geschrieben. Die Schülerin hat sich aus dem Internet eine Übertragungstabelle herausgesucht und den Text der Karte ihrer Urgroßmutter gelesen und übersetzt.«

Karina sah, dass ein eng beschriebener gelber Zettel hinten auf der Postkarte klebte. »Das ist ja irre!«, entfuhr es ihr. Sie war beeindruckt davon, was sie mit ihrem Besuch in der Schule ausgelöst hatte.

Der Lehrer führte sie an eine Vitrine, in der lauter Schulhefte lagen, deren Deckblätter mehr oder weniger geschmückt waren. Sie erkannte Kopien einiger Postkarten wieder.

»Die Schüler der 5. und 6. Klassen haben als Projektarbeit Geschichten zu den Karten verfasst«, erklärte der Lehrer. »Manche Hefte sind ganz voll geschrieben.«

»Wahnsinn!« Karina kam aus dem Staunen nicht heraus. »Da habe ich Ihr Anne-Frank-Projekt wohl ziemlich durcheinandergebracht, was?«, erkundigte sie sich mit einem schlechten Gewissen bei dem Lehrer.

Dieser lachte nur. »Das kommt wieder. Im nächsten Jahr ist der 70. Todestag von Anne Frank. Nach den Herbstferien fangen wir mit den Vorbereitungen an. Da gibt es genug zu tun.«

»Und was planen Sie?« Karina folgte dem Lehrer in das Lehrerzimmer und freute sich über den Kaffee, den er ihr anbot. Er führte sie an einen Platz in der Ecke des Raumes.

»Anne Frank. Geschichten aus dem Hinterhaus«, las Karina den Titel des obersten Buches eines hohen Bücherstapels.

»Meine Klasse hat sich zum Ziel gesetzt, alle Bücher von und über Anne Frank zu beschaffen. Die Schule plant ein kleines Dokumentationszentrum«, berichtete der Lehrer, als er Karinas Blick sah.

Ehe Karina fragen konnte, fuhr er fort: »Einige Unternehmen aus dem Ort haben ein Budget zur Verfügung gestellt, sonst wäre das nicht realisierbar. Allerdings sind viele Bücher nur antiquarisch erhältlich. Es ist daher viel Arbeit, die Titel zu recherchieren, günstige und zugleich gut erhaltene Bücher zu finden und zu bestellen.«

»Eine tolle Idee, so lernen Ihre Schüler, mit dem Internet sinnvoll umzugehen, Preise zu vergleichen und zu recherchieren.«

»Stimmt, das ist ein Nebenprodukt der Arbeit, das manche Schüler erkannt haben. Hauptsächlich geht es ihnen jedoch um das Projekt. Sie können sich nicht vorstellen, wie sich manche darin verbeißen, das älteste erhältliche

Tagebuch zu bekommen oder an eine Übersetzung aus ihrer Heimatnation zu gelangen.«

Daran hatte Karina nicht gedacht. Das Tagebuch war in über 70 Sprachen übersetzt worden, das hatte sie bei ihrer Recherche gelesen. Ihr fiel etwas ein. »Anne Frank hat sicher auf Niederländisch geschrieben, oder?« Als sie die Frage aussprach, war sie ihr direkt peinlich.

Der Lehrer nahm sie ernst, wie er vermutlich alle Schülerfragen ernst nahm. »Davon darf man ausgehen, und in den Niederlanden ist das Tagebuch eine Pflichtschullektüre. Allerdings konnte Anne Frank Deutsch, schließlich war sie Deutsche und in Deutschland geboren. Es gibt einige Postkarten an ihre deutsche Großmutter, die sie auf Deutsch geschrieben hat.«

»Ich habe immer gedacht, Anne Frank wäre Holländerin.« Karina war überrascht, sie hatte einiges über das Tagebuch und seine Schreiberin gelesen, aber nie weiter über ihre Herkunft nachgedacht.

»Sie ist in Frankfurt geboren und hat dort die ersten vier Jahre ihres Lebens verbracht«, berichtete der Lehrer. »Da das Tagebuch aus dem Niederländischen übersetzt wurde und sie aus Amsterdam schreibt, denken viele, sie wäre Niederländerin gewesen.«

»Haben Sie schon einmal davon gehört, dass es außer dem Tagebuch ähnliche Briefe von Anne Frank gibt?« Karina wusste, dass der Lehrer sich intensiv mit Anne Frank beschäftigt hatte. Sie sah, wie er die Stirn runzelte und mit der Antwort zögerte.

»Bekannt sind wirklich nur die Briefe an Kitty in dem Tagebuch, das Anne Frank vom 12. Juni 1942 bis zum 1. August 1944 geführt hat. Sie hat in Hefte geschrieben, allerdings fehlt das Heft mit den Eindrücken von

Dezember 1942 bis Dezember 1943. In den Veröffentlichungen wird dieser Zeitraum ersetzt durch die korrigierten Abschriften, die Anne Frank noch selbst erstellt hat.« Er wies Karina den Weg durch die Schule und deutete auf weitere Schülerarbeiten, die an den Wänden hingen, während er sprach. »Es existieren neben dem eigentlichen Tagebuch nämlich über 300 Blätter, auf denen die überarbeiteten Fassungen standen. Nachdem sie erfahren hatte, dass es eine Möglichkeit zur Veröffentlichung nach dem Krieg gab, hat sie die Tagebucheinträge neu geschrieben. Außer diesen Texten sind Briefe an Verwandte und die Geschichten aus dem Hinterhaus überliefert.«

Der Lehrer machte eine Pause, die Karina hastig für einen Einschub nutzte: »In einem Buch habe ich gelesen, dass Anne Frank auch vor dem ersten Tagebucheintrag geschrieben hat. Sie hätte, so sagte eine Augenzeugin, immer geschrieben und das Geschriebene vor den Freundinnen geheim gehalten. Sie selbst hat in dem Tagebuch allerdings gesagt, sie hätte früher nie geschrieben und es gäbe keine weiteren Schriftstücke.«

Der Lehrer zuckte mit den Schultern. »Vielleicht sind sie verschwunden, als sie kurzfristig untertauchen mussten, nachdem Margot die Einberufung zum Arbeitsdienst erhalten hatte.«

Das war Karina neu. So intensiv hatte sie sich nicht in das Leben der Familie Frank eingearbeitet.

»In der Gesamtausgabe der Werke Anne Franks wird im Vorwort darauf verwiesen, dass das Buch die derzeit bekannten Texte enthält«, überlegte er, während er ihre Tassen nahm und zur Spüle neben der Tür brachte. »Man weiß nicht, ob es nicht irgendwo Briefe, Tagebücher oder Notizzettel gibt. Die Familie wurde von Anfang August bis zum Tod der Frauen durch halb Europa gekarrt. Es ist nicht ausgeschlossen, dass in einem Keller Schriftstücke liegen.«

Karina dachte an die Karten ihrer Großtante, die 80 Jahre unentdeckt auf dem Dachboden gelegen hatten. Vielleicht waren bei einer Haushaltsauflösung wirklich Briefe oder Seiten eines Tagebuchs aufgetaucht? Sie erkundigte sich bei dem Lehrer, für wie wahrscheinlich dies seiner Meinung nach war.

»Nach allem, was ich in den letzten Jahren im Zusammenhang mit dem Zweiten Weltkrieg erfahren habe, würde mich das nicht wundern. Viele der Überlebenden haben ihre Aufzeichnungen zusammen mit den Erinnerungen weggepackt, um ein neues Leben zu beginnen«, meinte er. »Sie können sich gerne melden, wenn Sie einen Anhaltspunkt oder eine Frage haben«, bot er Karina an. Er zog eine halb zerfledderte Brieftasche aus der Gesäßtasche seiner Jeans, nahm eine Visitenkarte heraus und überreichte sie Karina. »Unter dieser E-Mail-Adresse erreichen Sie mich immer«, sagte er und fing erneut an, ihr seine halbe Lebensgeschichte zu erzählen. Wollte er sie anbaggern? Oder warum berichtete er ihr, dass er im Referendariat erkannt hatte, dass der Schuldienst nicht sein Ding war, dass er nebenher in Münster studierte, um sich mehr wissenschaftlich oder journalistisch zu betätigen. »Ein Teil meiner Studienleistungen in Deutsch und Geschichte wird anerkannt«, setzte er Karina auseinander. Den starren Ausdruck, den ihr Gesicht bekam, als sie vor lauter Langeweile die Visitenkarte intensiv las, bemerkte er nicht.

Beim Namen Tibor Henningsen stutzte Karina. ›TH‹! Sie sah den Lehrer an, der weiter von seinen Zukunftsplänen berichtete, bis der Schulgong sie erlöste.

»Ich sollte dann wieder in den Unterricht«, meinte Tibor Henningsen

Erleichtert ergriff Karina die Hand, die der Lehrer ihr zum Abschied reichte. Rasch schob sie die Karte in ihre Umhängetasche und verließ mit ihm zusammen das Lehrerzimmer. Beim Hinausgehen warf sie einen Blick auf den Stapel mit Büchern von und über Anne Frank. Sie ärgerte sich, dass sie von seinem Sermon nur die Hälfte aufgenommen hatte.

KAPITEL 5

Die Bullen-Tusse war wieder da. Langsam begann sie zu nerven.

»Erzählen Sie noch einmal, wie der Vormittag ablief, als Frau Goldmann in der Badewanne ertrunken ist«, forderte sie ihn auf und stiefelte durch sein Zimmer, als wäre sie bei einer Wohnungsbesichtigung. Zum Glück hatte er das Packpapier unter das Bett geschoben. Die alten Bleistifte, die sie bei einer Wohnungsauflösung aufgetrieben hatten, sahen nicht viel anders aus als die heutigen Stifte und seine Notizen steckten in einer Mappe. Man konnte nie wissen, wer spontan vorbeischneite.

Trotzdem wollte er die Frau so schnell wie möglich loswerden. Er wartete auf eine E-Mail von Karina Bessling und auf die ersten Übertragungen in Steno, die Knolle beschaffen wollte.

»Ich habe alles gesagt«, versuchte er Petra Uphoff abzuwehren. Dabei sah er auf die Uhr, um zu zeigen, dass er keine Zeit hatte.

Das schien die Kommissarin nicht zu beeindrucken. Sie nahm den Bücherstapel aus dem Sessel und setzte sich hin. Den Bücherstapel legte sie auf ihren Schoß. »Ach, Sie lesen eine Biografie über Anne Frank?«, fragte sie mit einem Blick auf das obere Buch.

Das fehlte gerade noch, dass sie ihn ausgerechnet in ein Gespräch über Anne Frank verwickelte. Dann lieber über die alte Marianne.

Mit der Bemerkung »Für eine Seminararbeit« wischte er

die Frage beiseite und erging sich in einer ausführlichen Darstellung des Vormittags, an dem Marianne Goldmann starb.

»Sie haben bei Ihrer ersten Aussage erklärt, Sie hätten Frau Goldmann beim Ausziehen geholfen«, unterbrach die Kommissarin ihn.

Mist. Da hatte er sich vertan. Wieso musste diese Frau auch unangemeldet bei ihm auftauchen? Sonst hätte er seine Notizen durchlesen können, dann wäre ihm dieser Fehler nicht passiert. Fieberhaft überlegte er, wie er aus dieser Falle herauskam. »Ich habe nur die Knöpfe auf dem Rücken geöffnet. Und den Reißverschluss, weil der sich verhakt hatte«, antwortete er schnell. Die Alte trug immer diese komischen Pullis mit Knöpfen auf dem Rücken und Röcke mit Reißverschluss. Seine Rettung.

»Und warum haben Sie das nicht erwähnt?«, hakte die Kommissarin nach, die heute ganz in Rot gekleidet war und mit den hohen Absätzen ihrer Schuhe fast Löcher in seinen PVC-Boden bohrte.

»Für mich ist das Routine«, erklärte er wieder sicherer. »Was glauben Sie, wie viele kleine Handgriffe ich Tag für Tag machen muss, die kann ich inzwischen im Schlaf. Diese alten Leute tragen Klamotten, die möchte ich nicht geschenkt. Bis man die ausgezogen hat, ist die Nacht vorbei. Hier ein Knöpfchen, da ein Schleifchen.«

An Petra Uphoffs überraschtem Blick erkannte er, dass er zu weit gegangen war. »Sie mögen Ihre Tätigkeit wohl nicht besonders, was?«, erkundigte die Kommissarin sich prompt. Dabei sah sie ihn mit diesem Blick an, den sie schon bei ihrem ersten Gespräch aufgesetzt hatte. Ihm kam es vor, als läge ein Misstrauen darin, gepaart mit erhöhter Aufmerksamkeit, damit ihr nichts entging. Zum Glück lagen die Motive für den Job auf der Hand.

»Ich war hier beim Bundesfreiwilligendienst und Frau Lansmann hat mir den Job angeboten«, erklärte er. »Wir haben beide was davon. Ich muss kein Zimmer in Münster suchen und bezahlen und sie hat jemanden, den sie nach Herzenslust als Springer einsetzen kann.«

»Praktisch«, bemerkte Petra Uphoff. »Und sicher bekommen Sie gelegentlich von dem einen oder anderen Bewohner ein kleines Trinkgeld, oder?«

Hatte sie das nicht schon einmal gefragt? Was hatte er darauf geantwortet? Wenn er nur auf seinen Zettel schauen könnte. Zum Glück klingelte das Handy der Kommissarin, ehe er etwas von sich geben konnte.

»Ich komme sofort!«, sagte die Kommissarin ins Telefon und »Ich melde mich!« zu ihm, dann war sie verschwunden und hinterließ nichts außer einem Parfümhauch und dem unguten Gefühl, dass diese Frau ihm gefährlich werden konnte. Es wurde Zeit, dass sie mit ihrem Projekt vorankamen und er von der Bildfläche verschwinden konnte.

Er setzte sich an seinen Computer und rief die E-Mails ab. Kein Wort von Karina Bessling, dafür eine Mail mit vielen Anhängen von Knolle. »Guck mal, hier sind die ersten fünf Briefe übersetzt in Steno«, las er. »Fleur wollte wissen, woher die Briefe stammen. Ich habe ihr die Story mit der alten Frau aufgetischt, die du mir erzählt hast. Hoffe, das war okay!«

Wie konnte Knolle derart eigenmächtig handeln? Seine Story einer wildfremden Person zu erzählen oder womöglich zu mailen? Man wusste nie, wer die Mails las. Er konnte sich zwar nicht vorstellen, dass die NSA ernsthaft Interesse an seinen E-Mails hatte, aber die Berichte über das staatliche Auslesen von Daten im großen Stil verunsicherten ihn doch. Dieser Versager. Außer gut schreiben konnte der nichts. Vermutlich war er gerade stoned gewesen, als er mit dieser Fleur gemailt hatte. Wie war überhaupt der Kontakt zustande gekommen? Er hatte doch wohl keine Suchanzeige im Internet gepostet?

Um sich zu beruhigen, öffnete er die Anhänge der E-Mail. Lauter JPGs von wunderschönen Steno-Briefen. Die musste er nur mit den alten Bleistiften auf das alte Papier übertragen und fertig.

Seine Laune besserte sich auf der Stelle. Er hatte die Internetartikel über die gefälschten Hitler-Tagebücher ausführlich gelesen. So stümperhaft würde er sein Projekt nicht angehen. Er war sich sicher, dass Karina Bessling irgendwann anbeißen und ihm die richtigen Türen öffnen würde. Er druckte eines der Bilder aus. Spätestens, wenn sie diese E-Mail erhielt, würde sie sich melden.

Er stand auf und schloss die Zimmertür ab. Einen weiteren Überraschungsbesuch wie den der Kommissarin konnte er nicht gebrauchen. Er zerrte das alte Papier unter dem Bett hervor und riss sorgfältig ein Stück ab.

Langsam übertrug er mit dem alten Bleistift Zeichen für Zeichen der Steno-Vorlage auf das Papier. Er hatte keine Ahnung, was er da schrieb, und hoffte, dass diese Fleur sich an Knolles Vorgaben gehalten und nichts geändert hatte. Zufrieden scannte er das fertige Werk ein und schickte das Bild an Karina Bessling.

Samstag, 12. August 1944

Liebe Kitty!

Ich konnte nicht eher schreiben. Wir sind in Westerbork und alles, was ich darüber gehört habe, stimmt und stimmt nicht. Die anderen haben es besser. Wir hier in Baracke

67 sind im Gefängnis. Baracke S. Die Strafbaracke. Das einzig, wirklich einzig Gute: Ich kann weit sehen. Das ist auch das Schlechte: So weit ich sehen kann, ist nur Feld und Wald. Kein Mensch wohnt hier. Nur wir und all die anderen Juden.

Als wir hier ankamen, sahen wir als Erstes nur Landschaft. Ein starker Wind blies uns Sand und Staub ins Gesicht und Fliegen umschwirrten uns.

Da waren viele Baracken. Über 100, von denen ich nun weiß, dass es Männer- und Frauenbaracken gibt und Strafbaracken. Innen sind Holzpritschen, auf denen wir schlafen.

Zunächst kamen wir in einen Empfangsraum, wo Vera Cohn unsere Personalien aufnahm. Vater hatte uns eingeschärft, ruhig zu sein. Das war nicht schwer, weil wir hofften, dass wir nur kurz bleiben mussten. Wir hatten im Hinterhaus Radio gehört und wussten, dass die Engländer, Russen, Amerikaner und Franzosen näher kamen. Bestimmt sind sie bald hier und befreien uns.

Vater ist in einer anderen Baracke als wir. Margot, Mutter und ich konnten zusammenbleiben. Ich kann die beiden kaum erkennen. Wir müssen blaue Anzüge tragen. Hose und Oberteil am Stück. Auf unseren Anzügen ist ein roter Flicken, damit alle sehen können, dass wir ins Gefängnis gehören. Hier sind noch mehr Untertaucher wie wir, aber auch Juden, die in nicht-jüdischen Geschäften eingekauft oder – stell dir das vor – auf der falschen Bank gesessen haben.

Es gibt so vieles, was Juden nicht mehr dürfen. Das kann sich doch keiner merken. Nicht mit dem Auto und der Straßenbahn fahren, nicht einmal ein Fahrrad besitzen. Juden werden in ihren Häusern fast eingesperrt, sie dürfen nur von sechs bis acht Uhr draußen unterwegs sein, nicht ein-

mal bei Freunden dürfen sie sich aufhalten. Und Einkaufen ist nur mittags von drei bis fünf Uhr möglich. Bloß nicht früher oder später! Wer sich nicht daran hält, wird verhaftet und landet hier in Baracke S.

Uns wirft man einen Verstoß gegen antijüdische Gesetze vor. Wir sind die schlimmsten, weil wir uns vor den Nazis versteckt haben. Untertaucher!

Ach, Kitty, das ist nicht das Schlimmste. Meinen Vater sehe ich manchmal von Weitem. Aber meine Haare. Die sind weg. Sie haben sie einfach abgeschnitten. Meine schönen Haare, auf die ich immer so stolz war. Selbst im Hinterhaus habe ich sie täglich gepflegt und dafür gesorgt, dass sie glänzen.

Wie wird das weitergehen?

Deine Anne

Karina starrte das Bild an, das in die E-Mail eingebettet war. ›So sieht das Original aus‹, schrieb der Absender, der nicht mehr von sich preisgab als ›TH‹ und seine E-Mail-Adresse. Oder doch? »Ich habe die Briefe in Reinschrift übertragen lassen und ins Deutsche übersetzt«, las Karina. ›Übertragen lassen‹, das hieß, er konnte selbst kein Steno, doch er hatte sie übersetzt, er beherrschte also Niederländisch. Das half ihr derzeit kaum weiter, aber vielleicht konnte diese Information nützlich sein. Bei der Arbeit an den Karten ihrer Großtante hatte sie gelernt, auf jeden kleinen Hinweis zu achten.

Was sollte die Anmerkung, dass ›TH‹ Verwandte in Celle hatte? Damit würde sie sich später beschäftigen. Zunächst interessierte sie die Übersetzung dieses handschriftlich in holländischem Steno verfassten Textes. Dass es sich um einen Brief handeln musste, vermutete sie, weil oben rechts ein lesbares Datum stand. ›12. August 1944‹. Ein Blick in die Vita von Anne Frank zeigte Karina, dass die Familie zu dem Zeitpunkt im Lager Westerbork war. Und tatsächlich in einer Strafbaracke, in die Juden gelangten, die eines doppelten Vergehens schuldig waren, weil sie Juden waren und gegen Gesetze verstoßen hatten. Sollte dies wirklich ein Brief aus dem Lager sein?

Während das Dokument gedruckt wurde, begann sie auf dem Bildschirm zu lesen. Langsam scrollte sie nach unten. Ihre Haut auf dem Rücken spannte sich, die Härchen auf den Armen stellten sich auf, als sie den Text las. Sie erinnerte sich daran, was ihre Tante über die Judenverfolgung im Münsterland geschrieben hatte. Genau das hatte Anne Frank erlebt und Schlimmeres vermutlich, von dem sie bisher nichts wusste. Die Gesamtausgabe ihrer Werke lag ungelesen neben ihrem Bett. Es war immer etwas anderes dazwischengekommen.

Nach den letzten Worten ließ Karina sich in ihren Schreibtischstuhl zurücksinken und atmete aus. Erst jetzt spürte sie, dass sie sich beim Lesen völlig angespannt hatte. Sie stand auf und schüttelte ihre Arme und Beine aus. Wenn der Brief wirklich echt war, war das eine Sensation. Der Anne-Frank-Fond in Basel und das Anne-Frank-Haus hatten sich bisher nicht gemeldet. Lediglich vom Familie-Frank-Zentrum in Frankfurt hatte sie die freundliche Rückmeldung bekommen, dass man ihr gerne bei der Recherche zur Seite stünde.

Entschlossen suchte Karina die E-Mail, öffnete sie und wählte die Telefonnummer, die dort angegeben war.

»Familie-Frank-Zentrum, Gerstenberg«, meldete sich eine Frauenstimme.

»Guten Tag, mein Name ist Karina Bessling. Wir hatten vor einigen Tagen gemailt. Es geht um das Tagebuch der Anne Frank.«

Ehe Karina weitersprechen konnte, unterbrach die Frau sie. »Moment, ich verbinde Sie mit dem zuständigen Referenten.«

»Familie-Frank-Zentrum, Jäger. Was kann ich für Sie tun?«, erklang kurz darauf eine junge männliche Stimme.

Karina wiederholte ihr Anliegen.

»Und wie kann ich Ihnen helfen?«, erkundigte sich der Mann am anderen Ende der Telefonleitung.

Eine gute Frage, dachte Karina. Darüber hatte sie nicht nachgedacht, als sie spontan die Nummer des Zentrums gewählt hatte. Sie hatte das Bedürfnis gehabt, mit jemandem über die Mail zu sprechen, und Martin war nicht erreichbar, weil er zwei Tage mit einer Jugendgruppe unterwegs war.

»Ich würde gerne wissen, ob Anne Frank nach der Verhaftung weiterhin Tagebuch geschrieben hat«, sagte Karina. Eine bessere Frage fiel ihr so rasch nicht ein.

»Zumindest sind keine Einträge bekannt«, sagte ihr Gesprächspartner. »Man weiß nicht, ob es Notizen gibt. In den letzten Kriegsmonaten wurden viele Unterlagen geschmuggelt und versteckt. Wer weiß, vielleicht liegen irgendwo zwischen Westerbork, Auschwitz und Bergen-Belsen Texte, die Anne aus dem Zug geworfen hat oder die Überlebende retten konnten.«

Karina nahm sich vor, den Weg im Internet zu verfolgen.

»Wieso interessiert Sie das?«, erkundigte sich der Mitarbeiter des Familie-Frank-Zentrums.

Eine berechtigte Frage. Karina entschied, ihm ihre Situation in groben Zügen zu schildern. »Ich hatte kürzlich eine Lesung im Münsterland und da behauptete ein Besucher, er hätte im Nachlass seiner Großmutter Aufzeichnungen von Anne Frank gefunden.«

Sie hörte, wie ihr Gesprächspartner die Luft einsog und anhielt. »Haben Sie die Briefe gesehen?«, wollte er wissen und seine Stimme kippte vor Aufregung beinahe über. »Ich suche gerade nach einem Thema für meine Dissertation«, fuhr er fort. »Das wäre ein Wahnsinnsthema! Wissen Sie, es gibt immer wieder Vermutungen, dass weitere Notizen existieren, und nicht alle Aufseherinnen der Lager wurden lebenslänglich eingesperrt oder zum Tod verurteilt worden. Wer weiß, was diese Frauen retten konnten.«

Unter diesem Blickwinkel hatte Karina die Notizen bisher nicht betrachtet. Der anonyme Absender hatte sie irritiert, den Mitarbeiter des Familie-Frank-Zentrums anscheinend nicht.

»Es ist nicht ungewöhnlich, dass Echtheitsanfragen zunächst anonym erfolgen«, erklärte der junge Mann Karina, als sie ihre Gedanken äußerte. »Seit der Fall Gurlitt durch die Presse gegangen ist, haben viele Angst, dass ihnen Kunstwerke oder Dokumente weggenommen werden.«

Auf die Idee wäre Karina nicht gekommen. Sie erinnerte sich vage an den Fall. Was der Mann sagte, ließ den anonymen Absender in einem anderen Licht erscheinen.

»Ich promoviere übrigens in Münster, wenn Sie also wieder einmal eine Lesung dort haben, melden Sie sich doch«, berichtete der Mann.

Karina schmunzelte. Noch eine männliche Plaudertasche. Sie zog diese Männer anscheinend an. Gerade breitete er sein halbes Leben vor ihr aus. »Den Job hier mache ich zur Aushilfe, ich muss nicht mehr täglich in die Uni und habe in Münster nur abends einen Job. An drei Tagen bin ich in Frankfurt und arbeite am Aufbau des Familie-Frank-Zentrums mit.«

Karina war beeindruckt, was der Mann neben dem Studium leistete. Andererseits hatte sie neben der Uni auch auf einigen Baustellen gearbeitet, um jeden Handgriff selbst zu beherrschen.

»Ich würde Ihnen gerne etwas mailen«, sagte sie spontan. »Geben Sie mir doch Ihre direkte E-Mail-Adresse, dann schicke ich Ihnen ein Beispiel.«

»Oh ja. Thorsten Jäger. Alles klein geschrieben und ohne Punkt«, diktierte er. »Jäger mit ae und Thorsten mit th.«

Karina notierte die E-Mail-Adresse und starrte sie an. Ein Name mit ›TH‹! Schon wieder!

Sie verabschiedete sich von Thorsten Jäger und versprach, sich in den nächsten Tagen zu melden. Das verschaffte ihr ein wenig Luft, sie musste die Identität dieses Mail-Schreibers herausfinden.

Inzwischen hatte sich der Routenplan von Westerbork über Auschwitz nach Bergen-Belsen in Google Maps aufgebaut. Sie vergrößerte die Ansicht, um die Stationen besser erkennen zu können, und sah, dass die Strecke an Celle vorbeiführte. Jener Stadt, in der der ominöse ›TH‹ Verwandte hatte. Sprach das dafür, dass die Briefe echt waren und Verwandte des Mailschreibers sie verborgen oder auf dem Dachboden liegen hatten? Thorsten Jäger hielt das für möglich. Aber steckte er als Aushilfskraft wirklich so im Thema, dass er das sagen konnte? Oder hatte er andere Interessen?

Sie schüttelte den Gedanken ab. Wenn sie jeden, dessen Name die Buchstaben ›th‹ enthielt, verdächtigen wollte, käme sie kaum voran. Interessanter war doch, wo und wie Anne Frank Gelegenheit gehabt hätte, ihre Notizen zu retten. Die Schilderungen über das Lager Westerbork klangen so, als hätte sie dort vor der Abreise etwas weitergeben können. Das würde sogar passen, wenn der Mailschreiber, wie sie vermutete, aus den Niederlanden stammte oder niederländische Verwandte hatte. Aber warum erwähnte er in seiner E-Mail die Beziehung zu Celle? In der Nähe befand sich Bergen-Belsen. Anne Frank war von Westerbork zunächst nach Auschwitz und dann nach Bergen-Belsen deportiert worden.

Karina prüfte, wie weit Auschwitz und Bergen-Belsen voneinander entfernt waren. Die Fahrt mit dem Auto dauerte gut sieben Stunden. Die Entfernung betrug 839 Kilometer, das konnte man mit den heutigen Autos locker an einem Tag schaffen. Damals wurden die Menschen in Güterwaggons gepfercht, das hatte sie bereits recherchiert. Sie waren mehrere Tage mit dem Zug unterwegs.

Karina rief die Internetseite der Bahn auf, um zu prüfen, wie lange eine solche Zugfahrt heute dauern würde. »Wir können Ihnen leider keine Verbindung vorschlagen«, las sie. Eine Verbindung von Auschwitz nach Düsseldorf wurde angezeigt. Vermutlich lag Bergen-Belsen so weit vom Schienennetz, dass es nicht einmal einen Bahnhof gab. Sie änderte den Startpunkt. Es gab eine Zugverbindung von Auschwitz nach Celle. Die Fahrt dauerte 15 Stunden. Aber wie waren die Menschen damals weitertransportiert worden?

Ehe sie prüfen konnte, ob einer der Briefe die Antwort darauf enthielt, klopfte es an der Glastür zu ihrem Büro. Karina blickte auf und sah, dass die Sekretärin ihres Chefs mit einem Mann vor der Tür stand. »Einen Moment«, sagte sie und wandte sich ihrem Computer zu. Die E-Mail ihres anonymen Briefeschreibers war noch geöffnet, sodass sie nur auf ›Antworten‹ klicken musste.

Sie tippte rasch: »Sehr geehrter TH, vielen Dank für das Bild des Briefes. Das alles klingt sehr interessant und ich würde gerne mehr darüber erfahren. Allerdings möchte ich nicht anonym mit Ihnen kommunizieren. Ich sichere Ihnen zu, dass ich keinen Kontakt zu einer Behörde habe, die Ansprüche stellen könnte, und Ihre Identität nicht weitergeben werde. Sie können mich gerne anrufen.« Sie zögerte kurz und fügte dann ihre dienstliche Telefonnummer hinzu. Noch wusste sie nicht, wer hinter den Mails steckte, da wollte sie nicht gleich ihre Mobilnummer weitergeben.

Zufrieden drückte sie auf ›Senden‹. Mit Mühe gelang es ihr, die Gedanken an Anne Frank und die Briefe beiseitezuschieben, um sich dem Kunden zu widmen, dessen Bauprojekt sie federführend leiten durfte. Würde ›TH‹ ihr antworten? Waren die Briefe, die er gefunden hatte, wirklich von Anne Frank?

KAPITEL 6

»Was soll das heißen?« Er starrte Knolle an und versuchte, Ruhe zu bewahren. Das war ihr gemeinsames Projekt und nun wollte sich sein Freund von ihm bezahlen lassen? Ja, sie hatten seinen ersten Gedanken zwar zusammen weiterentwickelt. Die Idee stammte allerdings von ihm. Er hatte sich das Gelaber der Alten angehört, wegen der ständig diese Papageien-Bulette vor der Tür stand. Er hatte den Bericht über die gefälschten Hitler-Tagebücher gesehen. Dabei war ihm das Geschwafel der Greisin eingefallen. Knolle hatte nichts anderes getan, als die Briefe zu schreiben. Er hatte sie ins Holländische übersetzt. Notfalls wären sie ohne diese Fleur ausgekommen, die die Briefe in Steno übertragen und Knolle anscheinend den Kopf verdreht hatte.

»Spinnst du!«, fauchte er seinen Komplizen an. »Wieso lässt du dich mit der Frau ein?« Er kochte und benötigte all seine Kraft, um nicht auf Knolle einzuprügeln. Merkte dieser denn nicht, wie dicht sie am Ziel waren, nachdem Karina Bessling sich für ihre Briefe interessierte? Es konnte nicht lange dauern, dann hatten sie Geld in rauen Mengen. Fast 10 Millionen hatte dieser Kujau damals dem Stern aus der Tasche gezogen. Sein Pech, dass man ihm auf die Schliche gekommen war. Das würde ihm nicht passieren.

»Das ist egal, oder? Ich brauche Geld, meine Alten nerven total und ich habe keine Lust, Fleur gleich am Anfang zu hintergehen«, unterbrach Knolle seine Gedanken.

»Was heißt hier hintergehen!«, brauste er auf. »Mich kannst du in die Pfanne hauen, aber der Tusse gegenüber kannst du nicht ein paar Tage die Klappe halten?«

Er versuchte, sich zu beruhigen. Es war wichtig, dass er Knolle wieder auf seine Seite zog. Was hatte er kürzlich gehört: Wenn du jemanden überzeugen willst, entwickle eine Vision. Seine Vision war ein Leben in Florida. Den ganzen Tag am Strand liegen, zwischendurch die eine oder andere Show moderieren und nur das tun, worauf er Lust hatte.

»In ein paar Wochen schwimmen wir im Geld«, begann er. »Ich sehe uns am Strand sitzen, die Mädels anbaggern und das Leben genießen.« Er ging vor seinem Freund in die Hocke und sah ihm von unten in die Augen. »Mensch, Knolle, nicht mehr lange und wir haben ausgesorgt.«

Fast sah es so aus, als hätte er seinen Komplizen überzeugt. Ihm fehlte ein letztes Argument, dann hätte er ihn in der Tasche. »Was sind da die fünf Mille, mit denen du dich abspeisen lassen willst.« Er sah am Zucken von Knolles Augen, dass dies der falsche Ansatz war.

»Besser fünf Mille in der Hand als zehn Millionen auf dem Dach«, sagte Knolle und beugte sich nach vorn, bis ihre Köpfe sich fast berührten. »Ich bin raus, hörst du. Von mir aus kannst du diese Nummer durchziehen. Ich halte dicht und denke mir für Fleur eine Story aus. Aber ich will umgehend mein Geld.«

Ein Pfeifen zeigte an, dass eine SMS eingegangen war. Knolle zog sein Smartphone hervor. Ein Strahlen ging über sein Gesicht. Das musste eine Nachricht dieser dämlichen Fleur sein. Knolle hackte wie wild auf sein Smartphone ein, um die SMS zu beantworten.

Wütend betrachtete er seinen Freund. Er hatte das

Geld nicht. Woher auch? Er war trotz seiner Jobs und der mietfreien Wohnung im Pflegeheim ständig klamm und seine Eltern unterstützten ihn nicht, weil sie wollten, dass er den Friseurladen übernahm. Den ganzen Tag in Haaren herumwerkeln. Nein, danke! Da war es immer noch besser, Telefongespräche entgegenzunehmen, ein bisschen zu recherchieren und zu unterrichten, wie er es jetzt schon tat, um sich ein paar Annehmlichkeiten zu erlauben. Diese Briefe waren seine Chance, das alles hinter sich zu lassen. Die ließ er sich von Knolle nicht kaputtmachen.

»Okay, ich brauche ein paar Tage, bis ich das Geld auftreibe«, sagte er. Er hatte keine Ahnung, wie er so viel Geld beschaffen sollte. Und eigentlich wollte er das auch gar nicht. Er brauchte eine Idee, wie er Knolle auf andere Weise ausschalten konnte.

»Ich wusste, dass wir zusammenkommen.« Knolle stand auf und schlug ihm lachend auf die Schulter. Er sah auf die Uhr. »Mist, ich muss los. Das Seminar darf ich nicht sausen lassen, sonst lässt der Prof mich durchfallen.« Er sprang auf und zog seine Jacke über. »Wir sehen uns, wenn du die Kohle hast.«

Er nickte nur und war froh, dass er in Ruhe die nächsten Schritte überdenken konnte. Knolle zog die Apartmenttür hinter sich zu und ließ ihn allein zurück. Er spürte die Anspannung, die sich in ihm ausbreitete, wenn er vor einem Problem stand, für das es scheinbar keine Lösung gab. Schon als Kind hatte er Spiele gehasst, in denen man sich in solche Situationen manövrieren konnte. Das Geld zu beschaffen war keine Option. Es gab niemanden, der ihm 5.000 Euro leihen würde, und das Geld auf seinem Konto reichte gerade, um die Versicherung für seinen Fiat zu bezahlen. Nicht einmal die Kosten dafür wollte sein Vater übernehmen.

Um sich abzulenken, las er die E-Mails von Karina Bessling. Sie nervte mit ihrer Neugier. Wenn er gewusst hätte, dass sie sich so in das Thema verbeißen würde, hätte er sich selbst an die Medien gewandt. Noch besser, Knolle hätte das getan, dann säße er jetzt mit im Boot und könnte nicht wegen einer Tusse und 5.000 Euro abspringen.

Als hätten seine Gedanken Knolle herbeigerufen, klopfte es. Er stand auf und öffnete die Tür. »Du schon wieder!«, rutschte ihm heraus, als er Knolle auf dem Flur sah. Er blickte auf seine Armbanduhr, es waren zwei Stunden vergangen, seit sein Freund sich verabschiedet hatte. Was wollte der schon wieder? Noch mehr Geld aus ihm herauspressen, das er nicht besaß?

»Ist mein Smartphone hier?«, erkundigte Knolle sich und ging auf seine unfreundliche Begrüßung nicht ein.

Sie sahen sich im Zimmer um. Ein Smartphone war nicht zu entdecken. Dennoch schälte Knolle sich aus seiner Lederjacke und warf sie über die Lehne des Sessels. »Was hältst du von einem Bad?«, fragte er, als hätte es keinen Streit gegeben und als wären sie noch immer die besten Freunde. Der hatte Nerven.

Im Souterrain des Seniorenheims gab es ein Schwimmbad. Tagsüber fanden hier Reha-Maßnahmen statt. Nach dem Abendessen spiegelte sich in der glatten Wasseroberfläche allerhöchstens der Mond. Dann lagen die Bewohner in ihren Betten und das Schwimmbad wurde nicht genutzt. Das Pflegepersonal hatte wenig Lust, in dem Wasser zu schwimmen, in dem sich tagsüber ihre Zöglinge aufhielten. Knolle war das gleichgültig. Seit er ihm davon erzählt hatte, schlichen sie sich oft abends in das Schwimmbad, um eine Runde zu drehen oder nur zu planschen, um sich vom Alltagsstress zu erholen. Ein Gedanke keimte in ihm auf. »Okay«, stimmte er zu.

Dienstag, 15. August 1944

Liebe Kitty!

Hier ist alles so anders, schrecklich und zugleich besser als im Hinterhaus. Ich kann sehen, so weit das Auge reicht und mit anderen Menschen sprechen. Peter ist natürlich auch da, mit ihm rede ich viel. Aber nur abends, denn tagsüber müssen wir arbeiten. Wir sehen alle aus wie Bergarbeiter, schwarz im Gesicht und an den Händen. Der blaue Overall, den ich wie alle tragen muss, ist an vielen Stellen voller schwarzer Flecken.

Unser Arbeitstag beginnt morgens um 5 Uhr. Den ganzen Tag müssen wir Batterien zerlegen. Papa hat versucht, für mich eine Arbeit in der Küche oder beim Putzdienst zu finden. Ich habe der Frau gesagt, dass ich alles Mögliche kann und geschickt bin. Ohne Erfolg. Aber ich bin nicht traurig deswegen, denn so sitze ich mit den anderen am Tisch, selbst wenn die Arbeit unangenehm ist und wir oft husten müssen.

Was wir genau tun? Wir brechen Batterien auf. Mit einem Meißel oder einem Schraubenzieher. Anschließend sortieren wir die Teile der Batterie auseinander: den Metalldeckel und den kleinen Kohlestift in der Mitte. Aus der Schale müssen wir die schwarze Paste kratzen. Sie sieht aus wie Teer. Jemand hat gesagt, die Paste wäre giftig, weil sie Ammoniumchlorid enthält. Was das ist, weiß ich nicht, ich putze mir die Hände oft an dem Overall ab wie alle anderen.

Wir haben kaum Gelegenheit, unsere Hände oder das Gesicht zu waschen. Es gibt wenige Wasserhähne und kaum Seife.

Aber die Arbeit ist nicht schwer, und wir können uns unterhalten. Wir erzählen uns, was wir Schönes erlebt haben. Ich berichte von unserem Club Kleiner Bär minus zwei und dem Pingpong-Spiel und davon, wie Hanneli einmal bei uns übernachtet hat und wir Krapfen gegessen haben. Als ich das Gedicht aufgesagt habe, das ich als Strafarbeit geschrieben habe, haben alle so laut gelacht, dass die Kapos kamen.

Die anderen hören gerne, wenn ich ihnen von der Königin der Niederlande erzähle und den neuen Filmen. Ich erinnere mich gut, was ich im Hinterhaus in der ›Cinema & Theater‹, die Herr Kugler mir mitgebracht hat, gelesen habe. Dass es in England einen Thronfolger gibt, der Charles heißt, wussten die anderen noch nicht. Und immer hoffen wir, dass der Krieg bald zu Ende ist und wir wieder nach Hause können. Dabei weiß ich gar nicht, wo mein zu Hause ist. In Amsterdam? In Frankfurt?

Deine Anne

Karina freute sich, dass Martin wieder da war. In seiner Gegenwart ließen sich ihre Gedanken leichter entwirren, seine Fragen brachten oft Klarheit ins Durcheinander und seine Umarmungen erdeten sie auf ganz neue Weise. Als sie ihm von dem Gespräch mit Thorsten Jäger berichtete, brachte er ihre Unsicherheit auf den Punkt.

»Schick diesem Frankfurter die ersten Briefe, die du bekommen hast. Wenn er der Absender der Mails ist, hat er sie schon, so what? Ist er es nicht, kann er dir womöglich wertvolle Hinweise geben«, meinte Martin und zog Karina an sich. Sie gönnte es sich, das Projekt eine Zeit lang zu vergessen und sich nur auf ihn zu konzentrieren.

Eine Stunde später saßen sie gemeinsam vor ihrem Laptop. Karina hatte die ersten Briefe abgeschickt und in ihrem Posteingang eine neue E-Mail von ›TH‹ gefunden.

»Der spinnt total«, empörte sie sich, als sie die Mail las. »Sind Sie nun endlich überzeugt, dass das die Tagebucheinträge von Anne Frank sind?«, stand da. »Haben Sie eine Idee, wem ich sie anbieten kann? Ich will das Gelump loswerden.«

»Ganz schön dreist«, fand auch Martin. »Was gehen dich seine Probleme an?«

»Vor allem: Wieso ist er auf einmal so sicher, dass die Briefe von Anne Frank stammen? Anfangs hat er getan, als wüsste er das nicht, und nun klingt es so, als wollte er mich davon überzeugen, dass es ihre Notizen sind.« Karina schüttelte nachdenklich den Kopf. »Ich weiß nicht. Irgendwie kommt mir das komisch vor. Seinen Namen hat er bisher nicht verraten.«

Martin stand auf und ging zu seinem Schreibtisch hinüber. Nachdem Karina vor einem halben Jahr teilweise bei ihm eingezogen war, hatte er zwei neue Tische angeschafft. Diese standen sich nun dort gegenüber, wo zuvor sein alter, riesiger Schreibtisch seinen Platz gehabt hatte. »Was in dem Text über Westerbork steht, ist jedenfalls richtig«, warf er Karina wenig später über seinen Monitor hinweg zu. »Der Overall, die Arbeit an den Batterien, das gab es wirklich.«

Karina reagierte nicht. Sie war in das Tagebuch von Anne Frank vertieft, dessen Lektüre sie endlich begonnen hatte. Sie überflog eine Seite nach der anderen. »Da!

Auf den ersten Seiten des Tagebuchs erwähnt Anne Frank, dass Ilse Wagner ein Pingpong-Spiel besitzt und sie den Club Kleiner Bär minus zwei gegründet haben.« Sie blätterte weiter. »Und hier, eineinhalb Jahre später, am 28. Januar 1944, ist von dieser Zeitschrift die Rede. ›Cinema & Theater‹. Anne Frank hat sie tatsächlich im Hinterhaus gelesen, sie schreibt, dass Herr Kugler ihr jeden Montag die Zeitschrift mitbringt. Die Fakten stimmen jedenfalls.«

»Und wenn er die Briefe tatsächlich gefunden hat?« Martin sah Karina fragend an. »Er schreibt, er hat Verwandte in Celle und der Transport nach Bergen-Belsen führte möglicherweise an Celle vorbei oder sogar in die Stadt. Von dort aus mussten die Gefangenen zu Fuß durch den Wald gehen. Das ist alles richtig.«

»Ärgerlich, dass sich die anderen Institutionen, die sich um das Erbe von Anne Frank kümmern, bislang nicht gemeldet haben. Dort müsste doch jemand wissen, ob Anne Frank Kontakt mit der Bevölkerung in Celle und Umgebung hatte.« Karina rief die Seite der Institutionen auf. »Darf ich ein Auslandsgespräch führen?«, fragte sie Martin und grinste. »Ich würde es auch bezahlen.«

Martin feixte. »Kommt drauf an, in welcher Währung«, fcixtc cr und zog sic an sich, als sic an ihm vorbciging, um das Telefon aus der Ladeschale zu nehmen. Sie gab ihm einen langen Kuss, ehe sie sich von ihm löste und an ihren Schreibtisch setzte.

Karina wählte die Rufnummer des Anne-Frank-Fonds in Basel. »Mein Name ist Karina Bessling, ich hätte gerne jemanden gesprochen, der sich mit Anne Frank auskennt und mir etwas über ihre Zeit in Bergen-Belsen sagen kann.«

»Einen Moment bitte, ich verbinde«, hörte sie nur, dann erklang eine dieser Melodien, die die Wartezeit am Telefon überbrücken sollten. Sie fühlte sich dadurch eher belästigt, aber auflegen kam nicht infrage.

»Guten Tag, Wagner-Hänschel, worum geht es?«, erklang endlich eine Frauenstimme mit deutlich erkennbarem Schweizer Akzent.

Karina hasste es, wenn Telefonvermittler das Anliegen eines Anrufers nicht weitergaben. Sie stellte sich erneut vor und sagte: »Mich interessiert, ob es Hinweise darauf gibt, dass Anne Frank Kontakte zur Bevölkerung in der Nähe der Lager hatte oder zum Personal«, sagte sie.

Die Frau am anderen Ende der Leitung schwieg eine Weile, ehe sie antwortete: »Ich habe die Datenbank durchgesehen, in der wir die Augenzeugen und Kontakte Anne Franks festhalten. Es gibt Zeitzeugen, die sie in Westerbork, Auschwitz und Bergen-Belsen gesehen haben. Über ihre Ankunft in Bergen-Belsen wissen wir von Überlebenden, dass die Ankömmlinge von der Rampe zum Lager gehen mussten. Und es ist bekannt, dass einige Anwohner Spalier standen«, die Frau lachte bitter, »als die Juden vorbeizogen. Davon, dass jemand mit Anne Frank gesprochen hat, habe ich noch nie gehört.«

Karina zeigte Martin mit gesenktem Daumen, dass sie keine neuen Informationen erhalten hatte. »Kann es sein, dass jemand aus Bergen-Belsen Aufzeichnungen von Anne gerettet hat?«, erkundigte sie sich. Sie schilderte ihr kurz den Hintergrund ihrer Frage.

»Können Sie mir die Briefe schicken?«, fragte Frau Wagner-Hänschel sofort. »Sollten sie echt sein, wären wir sehr daran interessiert.«

Karina versprach, ihr die Mail mit den Texten weiterzuleiten. »Einige sind allerdings in niederländischem Steno geschrieben«, erklärte sie.

»Anne hat im Hinterhaus Steno gelernt. Es wäre durchaus möglich, dass sie aus Mangel an Papier auf ihrer Todesreise Steno geschrieben hat.«

Genau das hatte Karina sich gedacht nach dem Wenigen, was sie bisher über das junge Mädchen in Erfahrung gebracht hatte. Sie bat ihre Gesprächspartnerin um ihre E-Mail-Adresse. »Thwagner@annefrank.ch«, buchstabierte die Frau. »Theresa mit Th.« Ratlos verabschiedete sich Karina von Theresa Wagner-Hänschel.

»Guck dir das an, Martin. Egal, wo ich hinschaue, Leute mit T und H im Namen. Unglaublich.« Karina zeigte Martin die E-Mail-Adresse, die sie zuletzt aufgeschrieben hatte.

Ihr Lebensgefährte schmunzelte. »Das nennt man auch selektive Wahrnehmung.«

Karina winkte ab. Als ob sie das nicht selbst wüsste. »Ich versuche, diesen Typen zu finden«, erklärte sie Martin entschlossen, nachdem sie ihm den Inhalt des Gesprächs in groben Zügen wiedergegeben hatte. »Und du musst mir helfen!«

Martin sah sie überrascht an. »Soll ich Detektiv spielen?«

»Bitte«, schmeichelte Karina und setzte sich auf seinen Schoß. »Du musst mir nur helfen, eine Liste der Teilnehmer meiner Lesung im Pfarrzentrum zu erstellen. Ich glaube, dass der Mailschreiber einer der Männer ist, die wir nicht kennen. Irgendjemand muss doch wissen, wer sie sind.«

Martin dachte kurz nach. Dann setzte er sich an seinen Computer, öffnete ein neues Dokument und tippte einige Namen ein.

Nach wenigen Minuten lehnte er sich zurück. »So, nun bist du dran«, sagte er und zog den Ausdruck seines Dokuments aus dem Drucker. Er hielt ihr eine Liste mit Namen hin, die ihr vage bekannt vorkamen.

»Wer sind die X?«, wollte Karina wissen.

»Das eine X steht für eine Gruppe, die von der Jugendburg kam, und das andere für den jungen Mann, der diesen Thomas begleitet hat«, antwortete Martin. »Ich habe noch einmal gründlich nachgedacht, aber er ist mir nicht bekannt. Vielleicht weiß eine der Frauen, die dort waren, woher sie kommen.« Er sah auf die Uhr. »Zwei von ihnen treffe ich gleich beim Singkreis. Die anderen müsstest du anrufen.« Er grinste. »Oder du kommst am Sonntag in die Kirche, da triffst du sie alle.«

Karina warf ihm einen Radiergummi an den Kopf, mit dem sie gespielt hatte. Er wusste genau, dass sie keinen Gottesdienst besuchen konnte, den er als Pfarrer leitete. Einmal hatte sie es versucht, aber wenn er in seinem Messgewand vorn am Altar stand, kam er ihr so unwirklich vor. Und manchmal schob sich dann das Bild von ihm im Bett vor ihr inneres Auge, was nicht selten zu einem Lachanfall führte. Ohnehin hatte sie der Kirche nie viel abgewinnen können. Sie war ein Mensch der Tatsachen. Und deswegen würde sie sich auf die Suche nach ›TH‹ begeben. Er oder sie sollte nur nicht glauben, dass man mit ihr Katz und Maus spielen konnte. Das hatten ganz andere erfolglos versucht.

KAPITEL 7

»Wir tauchen um die Wette«, schlug Knolle vor, kaum dass sie das Schwimmbad betreten hatten. Als wenn nichts gewesen wäre und diese Geld-Geschichte nicht wie eine unsichtbare Wand zwischen ihnen stünde.

Sein Freund achtete nicht darauf, dass er sich langsamer aus Hose, T-Shirt und Boxer-Shorts schälte und aufmerksam den Garten vor dem Schwimmbad scannte. Um diese Zeit war niemand auf dem Rasen, auf dem sonst die Bewohner in ihren Rollstühlen ein Sonnenbad nahmen. Wer sollte sich dorthin verirren? Die Kollegin von der Abendschicht war froh, wenn sie ihre Ruhe hatte und im Aufenthaltsraum lesen konnte, ohne dass sie nach jedem Absatz von der Notfallklingel eines Bewohners gestört wurde.

Nachdem er sich vergewissert hatte, dass vor dem Fenster wirklich kein Mensch war, betrachtete er Knolle, der im Wasser planschte wie ein kleines Kind.

»Nun komm endlich!«, rief sein Freund und spritzte mit den Händen Wasser in seine Richtung. Früher hätte er sich ausgelassen mit einer Arschbombe ins Wasser gestürzt. Das Gespräch am Nachmittag hatte ihm die Freude daran gründlich verdorben.

Knolle drehte sich wieder um und tauchte den Kopf unter Wasser. Er kraulte durch das Becken, wendete und tauchte die gleiche Strecke zurück.

Das war seine Chance. Als ob er wie eine Marionette an Fäden hing, setzte er sich in Bewegung und sprang ins Becken. Mit den Füßen voraus landete er auf Knolles Rücken. Er spürte das Erschlaffen von Knolles Körper. Wie ein Streichholz, das man durchbricht, dachte er und breitete die Arme aus, um sich über Wasser zu halten. Dabei war der Wasserstand nicht hoch. Höchstens einen Meter. Die Heimleitung wollte schließlich nicht, dass ein Besucher im Pool ertrank. Da konnte jeder stehen, wenn er nicht gerade auf seinen besten Kumpel gesprungen war.

»Knolle!«, rief er erschrocken, als könnte sein Freund ihn unter Wasser hören. Er stellte sich in das Becken und zerrte den Körper hoch, der bewegungslos unter der Oberfläche schwamm. Was hatte er getan?

»Knolle!« Er spürte, wie Panik in ihm hochstieg. Gemischt mit Erleichterung, dass sich sein Problem in Luft aufgelöst hatte. Konnte jemand auf diese Weise sterben? Er stieg die Treppenstufen hinauf, die für die alten Leute an der einen Seite eingelassen worden waren, und zog an Knolles Körper. Als dieser halb auf den Stufen lag, legte er sein Ohr auf den Oberkörper, um herauszufinden, ob sein Freund noch atmete. Das Wasser gluckste leise. Sonst hörte er nichts.

Ihm fiel Knolles merkwürdige Kopfhaltung auf. Er versuchte sich zu erinnern, wo sein Freund sich in dem Becken aufgehalten hatte, als er auf ihn gesprungen war. Es konnte gut sein, dass er sich direkt über der ersten Treppenstufe befunden hatte. War sein Kopf gegen die plattierte Betonstufe geknallt?

Tropfend stieg er aus dem Wasser und zerrte Knolles Körper nach oben. Kurz dachte er darüber nach, die Durchwahl des Notarztes im Heim zu wählen, die er wie alle Mitarbeiter für den Notfall im Kopf hatte.

Als er sich langsam abtrocknete und anzog, lief seine Situation wie ein Film an ihm vorbei. Die Kommissarin sah er, die noch immer ihren Argwohn hegte, dass der Tod der alten Marianne kein Unfall war. Sie würde sich in ihrem Verdacht auf ihn versteifen, wenn sie erfuhr, dass er zusammen mit Knolle im Schwimmbad gewesen war, als dieser starb.

Wieso hatte er keinen Plan entwickelt? Weshalb hatte er diesem spontanen Impuls nachgegeben? Er hätte warten können. Sie gingen ständig schwimmen. Eile war ein schlechter Ratgeber, das wusste er doch. Nun musste er sehen, wie er aus diesem Schlamassel herauskam. Es gab nur eine Möglichkeit.

Entschlossen schob er Knolle zurück ins Wasser. Er drehte ihn auf den Bauch und schüttelte sich, als der Körper an der Wasseroberfläche trieb. Erleichtert hörte er den Pieper in seiner Hosentasche. Die Kollegin von der Nachtschicht brauchte seine Hilfe. Ein Wink des Schicksals. Er konnte nichts mit Knolles Tod zu tun haben, wenn er den Rest der Nacht einem der Alten den Hintern abwischte. Er zog sich hastig an und sah sich ein letztes Mal um. Knolles Jacke kam ihm in den Sinn. Hier lagen nur die Shorts, die Jeans und das karierte Hemd. Knolles Lederjacke befand sich auf seinem Bett. Darum würde er sich später kümmern.

Er zerrte sein Handy aus der Tasche und las die Nachricht. Schwester Marion bat ihn, sich um den alten Schmolzeck im zweiten Stock zu kümmern, während sie Frau Vahlenbrock auf der 1 wickelte.

Ein zufriedenes Lächeln breitete sich auf seinem Gesicht aus. Besser ging's nicht. Seine Kollegin konnte später bestätigen, dass er sich um den alten Mann gekümmert hatte, allerdings nicht, wann. Der alte Schmolzeck war so dement, dass er als Zeuge nicht befragt werden würde.

Beschwingt nahm er zwei Stufen auf einmal. Auf den Aufzug verzichtete er, um niemanden zu treffen. Manche Bewohner hatten die Angewohnheit, mit dem Lift rauf- und runterzufahren, wenn sie nicht schlafen konnten.

»Na, Opa Schmolzeck, was kann ich für Sie tun?«, erkundigte er sich drei Minuten später jovial bei dem alten Mann.

Der Alte antwortete nicht, sondern atmete schwer. Ein Asthmaanfall, den konnte er nicht gebrauchen. Der alte Mann streckte die Arme nach ihm aus. Seine Augen waren panisch geweitet. Wo war nur dieses verdammte Spray? Wer hatte sich nicht daran gehalten, das Spray in Reichweite zu legen?

Mittwoch, 23. August 1944

Liebe Kitty!

Mir ging es nicht gut. Papa ist jeden Abend in die Frauenbaracke gekommen. Er hat mir Geschichten erzählt, damit ich wieder gesund werde. Judith, die in dem Bett unter mir lag, hatte viel Freude daran, obwohl sie gesund war.

In der letzten Zeit denke ich wieder viel über Religion nach. Wie im letzten Jahr im Hinterhaus. Ich glaube, da bin ich erwachsen geworden, nicht nur mein Körper, auch mein Geist. Ich begann, über Gott nachzudenken. Liegt es daran, dass es die Religion ist, die uns hierher geführt hat? Wir haben doch nichts verbrochen.

Oft spreche ich mit David über unseren Glauben. Er ist ein Jahr jünger als ich und krank. Seine Familie ist strenggläubig und so reden wir darüber, wofür Gott uns bestraft.

Ich frage Gott manchmal: Warum lässt du Menschen solche Dinge tun? Wieso sind deine Kinder nicht gleich? Wie soll ich dir vertrauen, wenn du Menschen abholen und vergasen lässt? Er hat ebenfalls keine Antwort darauf. Vielleicht stimmt es ja, dass unser Gott nicht der richtige ist. Aber ist es nicht der Gott der anderen, der solche Sachen erfindet. Ist ihr Gott der falsche? Gibt es einen Gott oder mehrere? Ich muss diese Gedanken wegschieben, sie machen nicht glücklich und sie machen nicht satt.

Wundere dich nicht, wenn ich nur Steno schreibe. Das spart Papier. Ich bin froh, dass Bep den Steno-Unterricht für uns bestellt hat. Nach dem Krieg sollen meine Erinnerungen veröffentlicht werden. Mein Roman spielt nun nicht mehr nur im Hinterhaus, der Titel passt nicht mehr. Vielleicht nenne ich ihn ›Untertaucher‹, es gibt so viele von uns, die nicht überlebt haben.

Wann immer ich Zeit und Papier habe, schreibe ich auf, was ich erlebe. Gut, dass ich diese Geheimschrift kann, die können die Moffen nicht lesen. Nur du und Pim und ich, wenn ich hoffentlich nach der Befreiung den Roman vorbereite.

Deine Anne

Nachdem Martin verschwunden war, um dem Singkreis der Gemeinde seine Aufwartung zu machen, ging Karina die Liste der Besucher ihrer Lesung durch. Vielleicht konnten Elisabeth Oenning oder Josefa Reinermann ihr weiterhelfen. Bei der Aufklärung der Geschichte ihrer Großtante hatten sie sich als hilfreiche Quellen erwiesen.

Sie griff nach dem Telefon und rief das Kontaktverzeichnis auf. Der zweite Signalton war kaum verklungen, da meldete sich eine Frauenstimme mit: »Ja!«

Karina erkannte Elisabeth Oenning und schmunzelte. Irgendwo hatte es kürzlich einen Bericht gegeben, dass alte Leute sich besser nicht mit ihrem Namen melden sollten, um Betrügern keine Informationen weiterzugeben. Ihre betagte Freundin hatte ihn anscheinend auch gelesen.

»Karina Bessling, sind Sie das, Frau Oenning?«, begrüßte sie die alte Frau.

»Oh, Karina, Sie sind das«, die Enttäuschung in Elisabeth Oennings Stimme war nicht zu überhören.

»Was ist denn los? Warten Sie auf einen Anruf?«, wollte Karina wissen.

»Ach, Berta Bergner ruft alle paar Minuten an, um mir zu sagen, dass ihr Enkel noch immer nicht aufgetaucht ist. Er wollte uns beide abholen und nach Südlohn bringen. Zu einem Pralinenseminar im Turmhaus«, erklärte Elisabeth Oenning. Karina bemerkte ihre Vorfreude am Klang ihrer Stimme. Das war aber auch eine schöne Ablenkung für die alte Dame. »Ich hoffe, er kommt gleich. Das Seminar beginnt in einer halben Stunde.«

Karina sah auf die Uhr. 18.30 Uhr, das konnte sie gut schaffen, wenn sie umgehend losfuhren. »Ich kann sie hinbringen«, bot sie an.

»Das wäre wirklich schön«, freute Elisabeth Oenning sich. »Ich frage Berta, was sie davon hält.« Ehe Karina etwas sagen konnte, wurde es ruhig am anderen Ende der Leitung. Sie hörte, wie die Türklinke gedrückt wurde und anschließend ein hallendes, leises »Berta« erklang. Frau Oenning hatte den Hörer nicht aufgelegt. Diese Berta Bergner, die Karina nicht kannte, wohnte anscheinend in derselben Seniorenwohnlage, in die sich Elisabeth Oenning eingekauft hatte.

Das Klacken von Schuhabsätzen wurde lauter. »Der Enkel hat sich nicht gemeldet«, verkündete Elisabeth Oenning, als wären nicht mehrere Minuten seit ihren letzten

Worten verstrichen. Ob sie auch einmal so werden würde, wenn sie alt war? Karina schmunzelte.

»Sie hinterlässt ihm eine Nachricht, dass wir weg sind«, fuhr Elisabeth Oenning fort.

»Dann sause ich«, versprach Karina und zog hastig eine Jacke über. Sie ergriff den Autoschlüssel und prüfte, ob sie den Hausschlüssel in der Tasche hatte, ehe sie die Haustür hinter sich zuzog.

Mist, dachte sie, als sie vor der Tür stand. Ich hätte Martin eine Nachricht schreiben sollen. Auf dem Weg zum Auto verschickte sie rasch eine SMS, damit er sich nicht sorgte, falls sie nicht zurück war, wenn er heimkam.

Fünf Minuten später war sie mit zwei alten Damen im Fond ihres Fiestas unterwegs nach Südlohn. »Was ist das für ein Pralinenseminar?«, erkundigte sie sich und war überrascht, als sie erfuhr, dass es in Südlohn eine Chocolaterie mit einem Bistro gab, das Turmhaus hieß. »Das klingt verlockend«, fand sie.

»Ich mache mir wirklich Sorgen um Thomas.«

Karina betrachtete Berta Bergner im Rückspiegel. Sie trug eine flotte Frisur und eine moderne Brille, die sie einer Bewohnerin der Seniorenanlage nicht zugetraut hätte. Sie mochte Ende 70 sein, wirkte jedoch jünger und sehr rüstig. Ihr besorgter Tonfall passte nicht zu der äußeren Erscheinung.

»Thomas ist Ihr Enkel?«, erkundigte sich Karina.

Berta Bergner nickte. »Ja, er fährt mich oft zu Veranstaltungen.« Ein Schmunzeln glitt über ihr Gesicht. »Gegen ein kleines Taschengeld. Die jungen Leute heute haben ja kostspielige Hobbys. Sie wollen reisen und ins Kino gehen.«

Karina schmunzelte, sie wusste von Elisabeth Oenning und aus den Karten ihrer Großtante, dass die ›jungen Leute‹ im letzten Jahrhundert ähnliche Hobbys hatten. Sie sah Elisabeth Oenning an, die auf ihren 100. Geburtstag zuging und fit war wie eh und je.

»Trotzdem war er bisher immer zuverlässig.« Berta Bergner stockte kurz, ehe sie weitersprach. »Sie müssten ihn kennen. Er hat uns damals zu Ihrer Lesung gefahren, als ich wegen eines gebrochenen Fußes nicht laufen konnte.«

Karina stutzte. »Wie heißt Ihr Enkel noch?«

»Thomas, er ist der Sohn meines Sohnes«, antwortete Berta Bergner bereitwillig. »Er studiert in Münster Psychologie. Ziemlich lange schon, was seinen Eltern nicht gefällt, zumal er oft hier ist. Um sich satt zu essen, behauptet mein Sohn immer. Dabei war er selbst ein Spätzünder.« Die alte Frau schilderte ausführlich den Lebensweg ihres Sohnes. Elisabeth Oenning nickte hin und wieder.

Karina versuchte, sich in Gedanken das Publikum bei ihrer Lesung vorzustellen. Die beiden jungen Männer hatten neben Berta Bergner gesessen. Konnte es sein, dass ihr Enkel TH1982 war?

KAPITEL 8

Karina saß abseits an einem Tisch in dem kleinen Café, in dem das Pralinenseminar stattfand. Obwohl es wegen der Veranstaltung geschlossen war, bekam sie einen Cappuccino. Die Bedienung stellte einen kleinen Teller mit drei Pralinen neben die Tasse und Karinas Papiere. »Auf Kosten des Hauses«, erklärte sie.

Auf dem Bistrotisch stapelten sich Texte rund um das Thema Vergessene Briefe. Zum Glück hatten sie im Auto gelegen. Beiträge für einen Journalistenwettbewerb, zu dessen Jury sie gehörte.

Nachdem Frau Bergners Enkel sich noch immer nicht meldete und nicht erreichbar war, hatte Karina entschieden, bis zum Ende des Seminars zu warten, um die Damen wieder nach Hause zu bringen.

Karina bedankte sich bei der jungen Frau und versuchte, sich in die Beiträge zu vertiefen. Immer wieder gingen ihre Gedanken eigene Wege. Ob der Enkel von Frau Bergner der Absender der E-Mails war? Thomas musste nicht zwangsläufig ›TH‹ sein. Dass er bei der Lesung gewesen war, auf die sich der Mailschreiber berufen hatte, erhärtete jedenfalls den Verdacht. Und Jahrgang 82 konnte er durchaus sein, wenn sie seine Großmutter anschaute.

Hätte sie nur ihren Laptop mitgenommen! Sie ärgerte sich, dass sie bei ihrem spontanen Aufbruch nicht so weit gedacht hatte. Karina rief sich zur Ordnung. Wenn sie ohnehin die Zeit totschlagen musste, konnte sie die lästige Pflicht erledigen, zu der sie sich bereit erklärt hatte.

Der Veranstalter des Wettbewerbs war ein privater Zustelldienst. Das Buch mit den Postkarten ihrer Großtante hatte den Geschäftsführer des Unternehmens dazu motiviert, einen Wettbewerb für Journalisten auszuloben. Sie konnten Artikel einreichen, in denen sie sich mit vergessenen Briefen befassten.

Als Karina zugesagt hatte, in der Jury mitzuwirken, war sie davon ausgegangen, dass kaum Beiträge eingehen würden und sie ihre Aufgabe rasch erfüllen konnte. Dann trafen über hundert Beiträge ein, die sie alle lesen und bewerten musste. Die Jurysitzung war für das übernächste Wochenende anberaumt und bisher hatte sie höchstens die Hälfte der Einsendungen gelesen. Meist ging es um Feldpostkarten aus dem Ersten oder Zweiten Weltkrieg, um Brieffreundschaften aus den 60er- und 70er-Jahren. Die Geschichten wiederholten sich und sie war froh, wenn ein Kontakt über die Grenzen hinwegging oder sich die Schreibpartner nach Jahrzehnten erneut begegneten.

Karina nahm einen Schluck aus der Tasse, schob sich eine weiße Trüffelkugel in den Mund und las: »Briefe, die um die Welt gehen.« Das klang verheißungsvoller als »Der verlorene Sohn lebt in Postkarten weiter«, wie es ihr mindestens fünfmal begegnet war.

»Die bekanntesten Briefe auf der Welt waren keine Briefe«, begann der Artikel von Alexander Krah. Neugierig überflog Karina die nächsten Zeilen. »Als die Absenderin begann, ihre Briefe zu schreiben, wollte sie nichts anderes, als ihre Gedanken mit einer Gleichgesinnten teilen, die sie in ihrem Umfeld nicht fand. Die Rede ist von den Tagebucheinträgen, die ein Mädchen namens Anne an ihre fiktive Freundin Kitty schrieb.«

Karina stockte. Wieso musste ihr das stets aufs Neue

passieren? Das war unheimlich. Die einen nannten es Zufall, die anderen Synchronizität oder selektive Wahrnehmung. Wie auch immer. Sie kannte genug Menschen, denen so etwas nie widerfuhr. Ihr geschah es ständig, dass sie sich mit einem Thema beschäftigte und plötzlich sprang es sie von allen Seiten an.

Wie dieser Artikel über Anne Frank. Wieso wurde der überhaupt zum Thema ›Vergessene Briefe‹ eingereicht. »Thema verfehlt! Sechs, setzen!«, hätte sie am liebsten gerufen. Aber sie hing schon am Haken des Autors und konnte sich nicht mehr von dem Text lösen. Mit einer Mischung aus Neugier und Unbehagen las sie den Beitrag über die vergessenen Briefe zu Ende.

Der Artikel endete mit der Frage: ›Wo könnten sie sein?‹ Genau die Frage, die sie sich erst zehn Minuten zuvor gestellt hatte. Mit dem Unterschied, dass sie wusste, wer sie hatte, wenn sie mit ihrer Vermutung richtig lag.

Der Autor vertrat die These, dass Anne Frank nach ihrer Verhaftung Briefe geschrieben haben musste. Er analysierte ihre Briefe aus dem Hinterhaus, in denen sie immer wieder davon schrieb, dass sie Schriftstellerin oder Journalistin werden wollte. Ein solcher Mensch versucht so lange zu schreiben wie möglich, behauptete der Verfasser. Und in Westerbork schien sie voller Lebensfreude zu sein, wenn man den Augenzeugenberichten glaubte.

Karina suchte in den Unterlagen die Informationen über den Urheber, die zu jedem Wettbewerbsbeitrag eingereicht werden mussten. Sie betrachtete das Foto und fragte sich, wie alt es sein mochte und ob das Geburtsjahr 1982 stimmte. Das Konterfei von Alexander Krah erinnerte sie an ein Foto ihres Vaters, das ihn als 68er zeigte und das er tief unten in der Fotoschublade verwahrte. Die gleichen langen Haare, die gleiche breitrandige Opa-Brille, gegen die selbst Atze Schröders Brille der letzte Schrei war, und mit einer Nase, die vermutlich auch in seinen Kindertagen kein Näschen war. Sie lachte leise. Das Foto war wirklich der Hit. Dem Fotografen war es anscheinend wichtig gewesen, das Ohr zu zeigen. Der arme Alexander Krah, gegen das Elefantenohr war die Knollennase direkt putzig. Sie legte das Bild hastig beiseite, um sich nicht davon beeinflussen zu lassen. Stattdessen las sie den beigefügten Lebenslauf. Für Minderbemittelte erwähnte er, dass er 32 Jahre alt war, als könnte die Jury das nicht selbst ausrechnen. Er arbeitete als freier Journalist und besaß drei Hunde. Einen Labrador, einen Boxer und einen Boxador, wenn sie die handschriftlich ergänzte Zeile richtig interpretierte. Was die Leute in ihre Vita schrieben, war erstaunlich. Es interessierte sie nicht, wo die Eltern lebten, dass seine Großmutter in einer kleinen Stadt in Niedersachsen aufgewachsen war. Der Ort sagte ihr nichts. Für sie als Schwäbin war alles jenseits des Mains Norddeutschland. Sie erinnerte sich, dass Anne Frank auf dem Weg durch die Lager auch Station in Niedersachsen gemacht hatte. Lag dort nicht Bergen-Belsen, das Lager, in dem sie gestorben war?

Sie zog gerade ihr Smartphone aus der Tasche, da tauchte Berta Bergner neben ihr auf.

Karina erschrak, als sie das blasse Gesicht der alten Frau sah, die auf der Hinfahrt so fidel gewirkt hatte. »Was ist denn los?«

Schon erschien Elisabeth Oenning neben ihrer Begleiterin. »Ihr Sohn hat gerade angerufen. Thomas hatte einen Unfall.«

»Das tut mir leid«, antwortete Karina zerstreut. »Hoffentlich nur ein Blechschaden.«

»Er ist tot!«, flüsterte Berta Bergner.

Elisabeth Oenning konnte sie im letzten Moment auffangen, als sie zusammenbrach.

Karina sprang auf und half Elisabeth Oenning, ihre Begleiterin auf einen Stuhl zu bugsieren.

Inzwischen waren die anderen Teilnehmer auf sie aufmerksam geworden.

»Ich bin Ärztin!«, erklärte eine der Frauen und beugte sich über Berta Bergner.

Diese öffnete bereits wieder die Augen, die sich sofort mit Tränen füllten. »Er ist ertrunken, sagt mein Sohn.« Sie schluchzte.

Karinas Hand fuhr suchend in ihre Jackentasche. Kein Taschentuch weit und breit.

Die Ärztin war besser ausgestattet. Sie reichte Berta Bergner ein Päckchen mit Papiertaschentüchern und griff nach dem Glas Wasser, das Karina zu ihrem Cappuccino bekommen hatte. »Trinken Sie das in kleinen Schlucken«, forderte sie Berta Bergner auf.

Die alte Frau gehorchte, als wäre sie froh, dass jemand die Führung ihres Lebens übernahm.

Elisabeth Oenning stellte sich neben Karina. »Das war ihr einziger Enkel«, erzählte sie leise. »Als Kind war er nachmittags immer bei ihr, weil seine Mutter krank war.« Sie machte mit der Hand eine wischende Bewegung vor ihren Augen. Karina ahnte, was sie damit sagen wollte. Die Mutter hatte keine physische Erkrankung, sondern eine psychische Störung gehabt, die verhindert hatte, dass sie sich regelmäßig um ihren Sohn kümmerte.

Berta Bergner hatte sich für den Moment beruhigt. »Fahren Sie mich nach Hause?«, bat sie Karina.

Rasch schob Karina ihre Unterlagen zusammen und verstaute sie in dem Karton, in dem sie sie mitgebracht hatte.

»Ich komme mit«, verkündete Elisabeth Oenning und hakte sich bei Berta Bergner unter, die mit kleinen, traurigen Schritten zum Ausgang schlich.

Karina kramte in ihrer Umhängetasche, um die Geldbörse zu finden.

»Lassen Sie nur«, bat die Bedienung, ehe sie sich zu den Seminarteilnehmern umdrehte und fragte, ob sie den Kurs fortsetzen sollten.

Wie die Entscheidung lautete, bekam Karina nicht mehr mit. Sie hastete hinter den alten Damen her und hörte, wie Berta Bergner Elisabeth Oenning erklärte, dass ihr Enkel in einem Schwimmbad ertrunken war. »Es war niemand dabei, deshalb musste die Polizei kommen.« Die Stimme der alten Frau klang nicht mehr agil und munter, sondern schwer und gedrückt. Vor allem, als sie ergänzte: »Sie wussten zuerst nicht, wer er war, weil er keine Papiere, kein Handy und nicht einmal einen Schlüssel bei sich hatte.«

Ein Student ohne Handy oder Smartphone, gab es den überhaupt? Kein Wunder, dass die Polizei stutzig geworden war und, wie Frau Bergner nach einem weiteren Telefonat mit ihrem Sohn verkündete, Zweifel an dem Unfalltod hegte. Karina schwankte, was ihr als Angehörige in einer solchen Situation lieber wäre, ein klarer Unfall oder ungeklärte Todesumstände. Sie hoffte, dass sie das niemals erleben musste, und bedauerte die alte Frau. Während der Rückfahrt schwiegen die beiden Frauen und Karina fragte sich plötzlich, ob sie weitere E-Mails bekommen würde.

Donnerstag, 24. August 1944

Liebe Kitty!

Wenn ich nicht arbeite, versuche ich zu helfen. Stell dir vor, hier gibt es ein Waisenhaus für Kinder, die keine Eltern mehr haben. Früher gab es sogar einen Einkaufsladen und ein Theater, ein Orchester und ein Kabarett. Dabei hat Miep erzählt, es wäre hier nur schrecklich. Wir arbeiten den ganzen Tag und besuchen abends die Kinder. Manchmal singen wir das Lied, das Pim sich für Hanneli und mich ausgedacht hat. Dann stelle ich mir vor, ich wäre wieder zu Hause in unserer Wohnung und es wäre Frieden.

Es macht Spaß, mit den Kindern zu spielen. Das ist fast wie früher sonntags, wenn wir zu Hanneli gingen und zusahen, wie ihre Schwester Gabi gebadet und gewickelt wurde. Anschließend sind wir mit ihr im Kinderwagen spazieren gegangen. Margot konnte nicht genug davon bekommen. Denk ich an früher, geht es mir gut. Dann fällt mir ein, dass es anderen schlechter geht, und ich strenge mich an, ein fröhliches Gesicht zu machen und die Angst zu verstecken.

Die IPA sagt, dass die Russen näher rücken. IPA ist die Abkürzung für israelitische Presseagentur. So nennen wir die Nachrichten, die wir von irgendwoher bekommen und die sich in Windeseile im Lager verbreiten. Nun heißt es, die Amerikaner würden vordringen und die Engländer wären fast in Arnheim. Dort ist bereits Holland. Ich hoffe so sehr, dass sie bald in Westerbork sind, ehe sie uns wegbringen. In dem Lager wohnten früher Juden aus anderen Ländern, die in den Niederlanden Hilfe suchten. Die Moffen nutzen es als Durchgangslager. Hier sammeln sie die Juden und bringen sie sie weiter in den Tod. Wenn nicht vorher der Krieg aus ist.

Wie es allen in Basel wohl geht? Ob Bernd noch immer die Rolle des Wirts in ›Minna von Barnhelm‹ spielt oder andere große Rollen bekommen hat? Wenn ich mir vorstelle, dass die ›Cinema & Theater‹ vielleicht über meinen Cousin berichtet! Ich hoffe, dass ich das bald nachlesen kann.

Deine Anne M. Frank

Wo bewahrte Knolle nur seine Laptoptasche auf? Er brauchte das Notebook, um alle Spuren zu verwischen. Zum Glück war ihm eingefallen, dass Knolles Bücher über Anne Frank noch bei ihm lagen. Jetzt nicht mehr. Nun standen sie feinsäuberlich auf Knolles Schreibtisch, falls jemand danach suchte.

Nervös schaute er sich in der Kammer seines Freundes in dem Studentenwohnheim um. Hektisch riss er jede Schranktür auf. Er wollte sich nicht länger als nötig hier aufhalten. Allerdings brauchte er unbedingt sämtliche Unterlagen, die mit ihrem Projekt zu tun hatten.

Knolle hatte wirklich eine Macke. Er konnte froh sein, dass er ihn los war. Nur ein Spinner kam auf die Idee, in der eigenen Wohnung das Notebook in der Tasche zu verstauen. Jeder normale Mensch ließ es auf dem Tisch stehen und packte es nur ein, wenn er mit dem Gerät aus dem Haus ging.

Er setzte sich auf den Drehstuhl vor dem Schreibtisch und betrachtete systematisch jeden Flecken des Raumes.

Als sein Blick auf die Sitzgelegenheit fiel, erinnerte er sich, dass Knolle dort bei einem Besuch seinen leeren Reiserucksack verstaut hatte. Er stand auf und hob die Sitzbank an. Erleichtert erkannte er die Laptoptasche.

Er holte sie heraus und prüfte, ob sie den Laptop enthielt. Bingo! Zufrieden hängte er sich die Tasche um. Nun musste er nur sicherstellen, dass es sonst keine Spuren gab, die auf ihr Projekt, das nun ganz allein sein Projekt war, hindeuteten.

Beim Öffnen einer Schublade sah er Fotoprints der Steno-Briefe. Entsetzt ließ er sich auf den Stuhl fallen. Daran hatte er nicht gedacht. Diese Fleur Hendricks hatte Knolle ihre Übersetzungen per E-Mail als Bilddatei geschickt, weil sie sie nicht in ein Textprogramm eingeben konnte. Er hatte sich bisher keine Gedanken darüber gemacht, nun fragte er sich, ob es wirklich keine Programme gab, mit denen man Steno schreiben konnte. Aber das war inzwischen egal. Dann wären diese Dateien auf dem Rechner dieser Fleur Hendricks, die sich Knolle gekrallt hatte und nun irgendwo saß und auf ein Lebenszeichen von ihrem toten Freund wartete. Wenn sie nichts von Knolle hörte, würde sie sicher nachforschen. Er musste ihr mailen. Von Knolles Rechner.

Hastig durchwühlte er die Schreibtischschubladen, ob es weitere Fotos, Texte oder Notizen gab, die ihn mit Knolle in Verbindung bringen konnten. Doch er fand nichts außer von den Fotos, was immer Knolle damit vorhatte.

Er schloss alle Schubladen und ging zur Tür. Gerade wollte er nach einem letzten Rundblick die Tür schließen, da stach ihm ein roter Klebezettel ins Auge, der mit einem Magneten an der Kühlschranktür befestigt war. Seine Telefonnummer! Na super, die hätte er fast übersehen. Rasch nahm er den Zettel an sich und verließ das Zimmer.

Als er die Tür abschloss, überfiel ihn ein Gedanke. Würde die Polizei sich nicht wundern, wenn sie keine Schlüssel in Knolles Kleidung fand? Er hatte die Jacke schnell neben die anderen Kleidungsstücke geworfen, ehe er den Weg zum Wohnheim eingeschlagen hatte. Sein Plan war, den Schlüssel in den Aasee zu werfen, der sich direkt gegenüber vom Studentenwohnheim befand.

Ich Blödmann, dachte er und beschleunigte seine Schritte. Er rannte die Treppen des Wohnheims hinunter und schwang sich auf sein Fahrrad. Hätte er doch wie sonst immer das Auto genommen! Aber bestimmt wäre ein Nachtschwärmer aufgetaucht, dem sein Auto aufgefallen wäre. Gerade nachts waren Parkplätze am Aasee-Wohnheim rar und er hätte nur im Halteverbot vor der Tür oder in zweiter Reihe parken können. Zum Glück war es früh am Morgen und die Rezeption der Studentenwohnanlage war nicht besetzt. Hoffentlich hatte im Pflegeheim noch niemand das Schwimmbad betreten.

Wieso musste dieser Opa ausgerechnet in dem Augenblick einen Asthmaanfall kriegen, als er ins Zimmer kam? Ihm war nichts anderes übrig geblieben, als die Alarmtaste zu drücken und den Arzt zu rufen. Sein schönes Alibi war damit hinüber. Doktor Bachmann wollte wissen, warum er ihn nicht sofort informiert hatte. Als hätte er das nicht sogleich getan, als er das Zimmer betreten hatte. Aber da hatte Opa Schmolzeck bereits einige Minuten vor sich hin geröchelt. Er war zwar sportlich und konnte mit seinen langen Beinen große Schritte machen, aber bis er vom Schwimmbad in der zweiten Etage gewesen war, hatte es dennoch drei oder vier Minuten gedauert.

Immerhin hatte die Spritze des Doktors umgehend gewirkt und der Alte hatte friedlich weiterschlafen können. Vielleicht war der Vorfall sogar nützlich. Der Doc würde sich auf jeden Fall daran erinnern, dass er ihn gesehen hatte. Und so genau konnte man einen Todeszeitpunkt nicht eingrenzen. Dann war Knolle eben runter ins Schwimmbad gegangen, als er zu dem Notfall musste.

Das war überhaupt die Lösung. Er lachte. Opa Schmolzeck hatte ihm sogar einen Gefallen getan. Nun musste er nur noch den Schlüssel in Knolles Jacke verstauen und er war aus dem Schneider.

Er trat stärker in die Pedale und verfluchte den Wind, der seine Fahrt zusätzlich behinderte. Seit er das Auto besaß, fuhr er selten mit dem Rad. Seine Kondition ließ deutlich zu wünschen übrig.

Erste Regentropfen schlugen ihm ins Gesicht. Das schlechte Wetter fehlte ihm gerade noch. Er erhob sich aus dem Fahrradsattel, um die Geschwindigkeit an dem Hügel zu halten, den er zum Pflegeheim hinauffahren musste. Gerade wollte er erleichtert in den Sattel zurückfallen, weil er die Steigung bewältigt hatte, da sah er in der Ferne das Blaulicht mehrerer Polizeiwagen. Direkt vor dem Eingang der Seniorenresidenz.

KAPITEL 9

Er saß vor Knolles Laptop und versuchte zum wiederholten Mal, das Passwort zu knacken. Im Nachhinein verfluchte er sich, weil er im Schwimmbad so unbedacht gehandelt hatte. Das alles hätte besser geplant werden müssen. Er kam nicht in den Rechner und vor allem hatte er keine E-Mail-Adresse von dieser Fleur Hendricks. Bei Facebook und im Rest des Internets gab es mehrere Frauen mit diesem Namen. Der Name schien in Holland so etwas wie Klaus Becker in Deutschland zu sein. Wenn er wenigstens ihren Wohnort wüsste.

»Fleur«, sprach er vor sich hin, als hätte er den Namen nicht längst als Passwort getestet. Sämtliche Namen von Exfreundinnen, von denen Knolle je berichtet hatte, alle Motorradmarken und Motocross-Fahrer, sogar Freud, Piaget, Zimbardo und andere Namen bekannter Psychologen hatte er ausprobiert. Nichts.

Er rollte mit dem Schreibtischstuhl zu seinem Rechner auf dem Couchtisch und rief die E-Mails ab. Wieder eine E-Mail von dieser Karina Bessling. Vor einer Woche wäre er froh gewesen über ihre Antwort. Im Moment nervte sie ihn eher. Was sollte er ihr schreiben?

»Ich schlage vor, dass wir uns treffen und besprechen, wie wir weiter vorgehen«, schrieb sie. »Ich habe Kontakte zu verschiedenen Institutionen aufgenommen, die sich mit Anne Frank beschäftigen.«

Er konnte sich wegen Knolle nicht recht über diese Entwicklung freuen. Hätte der nur ein paar Tage mit seiner

Forderung gewartet … Die E-Mail zeigte, dass er den richtigen Riecher gehabt hatte.

Am liebsten hätte er sich sofort mit der Frau getroffen, doch zunächst musste er diese Fleur ausfindig machen.

Die Nachricht über Knolles Tod stand auf der ersten Seite der Regionalzeitung. Die Polizei war zunächst von einem Unfall ausgegangen, verursacht durch einen unglücklichen Sprung in das niedrige Schwimmbecken des Pflegeheims. Die Beamten waren stutzig geworden, als sie bemerkt hatten, dass sich in Knolles Jacke weder ein Schlüssel noch ein Handy befand.

Er kannte jede Zeile des Artikels auswendig. »Ein Erwachsener geht nicht ohne Schlüssel aus dem Haus«, wurde diese Kommissarin zitiert, die auch im Fall der alten Marianne ermittelte. »Weder in seiner Tasche noch im Apartment seines Freundes, der im Pflegeheim arbeitet, haben wir einen Wohnungsschlüssel gefunden. Auch kein Smartphone, das er nach Angaben seiner Familie immer bei sich trug.« Das Smartphone hatte er nicht absichtlich vergessen. Er hatte keine Ahnung, weshalb Knolle es nicht bei sich hatte. Er musste es irgendwo verloren haben, sonst wäre er gar nicht zurückgekommen.

Jemand klopfte mehrmals so laut gegen seine Apartmenttür, dass er unwillkürlich zusammenzuckte. »Ich habe einige Fragen an Sie!«, hörte er eine Frauenstimme. Das konnte nur diese Kommissarin sein. Konnte sie Gedanken lesen?

Er klappte beide Laptops zu und sah sich um. Wo sollte er das zweite Notebook verstecken, damit die Frau keinen Verdacht schöpfte? Welcher Student konnte sich zwei Computer leisten? Sein Blick fiel auf die Computertasche. Er grinste zufrieden. Das war das beste Versteck: eine

Computertasche. Ein Laptop auf dem Tisch, eine Tasche an der Wand, da ging jeder davon aus, dass die Tasche zum Laptop gehörte. Wie gut, dass er selbst nur eine dünne Notebook-Mappe sein Eigen nannte, die neben seinem Koffer im Garderobenschrank lag.

Mit zwei Handgriffen war Knolles Laptop verstaut und er konnte die Zimmertür öffnen.

»Guten Tag«, begrüßte Petra Uphoff ihn freundlich. Er musste sich ein Grinsen verkneifen, als er ihr grünes Outfit sah. Der Farbwürfel eines dieser Merkspiele aus dem Aufenthaltsraum kam ihm in den Sinn. Ob sie jeden Morgen würfelte, welche Farbe ihr Outfit dominierte? Sie ließ ihm keine Zeit, weiter über ihre Fashion-Vorlieben nachzudenken.

»Bitte erzählen Sie mir, was Sie gestern Abend gemacht haben«, bat die Kommissarin.

Das kam ihm bekannt vor. Am liebsten hätte er gefragt, ob die Ermittlungen zum Tod der alten Marianne abgeschlossen waren. Er wollte jedoch vermeiden, dass die Kommissarin einen Zusammenhang vermutete. Sie würde früh genug darauf kommen, und bis dahin saß er hoffentlich am Strand in Florida und bastelte an der Startmoderation für seinen Fernsehsender. Sein Plan nahm immer mehr Form an. Mit dem Geld für die Briefe würde er einen digitalen Fernsehsender aufziehen, in dem er selbst als Moderator aktiv war. So konnte er sich seinen Kindheitstraum erfüllen.

Das Schweigen der Kommissarin breitete sich in seinem Zimmer aus wie ein Gas.

Rasch rief er sich die Notizen vor Augen, die er sich zum Ablauf des Abends gemacht hatte.

»Knolle, äh, mein Freund und ich saßen hier und quatschten«, begann er. »Auf einmal ging mein Pieper.

Schwester Marion von der Nachtschicht hat mich zum alten Schmolzeck geschickt.« Er schwieg. Auch die Pause hatte er sich notiert, als er die Aussage vor dem Badezimmerspiegel übte. »Bis zu den Zimmern in der zweiten Etage brauche ich eine Minute.« Das war nicht einmal gelogen. Er war nur eben nicht aus seinem Zimmer gekommen, sondern aus dem Schwimmbad im Keller. Hoffentlich hatte niemand ihn und Knolle auf dem Weg in den Keller gesehen. Bei manchen Bewohnern konnte man nie wissen, ob sie sich vor vermeintlichen Bombenangriffen in Wandnischen versteckten.

»Und Herr Bergner ist hier geblieben?«

Mist, dieser Teil fehlte in seiner Schilderung. Er schüttelte den Kopf. »Ich habe ihm zwar gesagt, dass es nicht lange dauern würde, aber er wollte nach Hause. Hat irgendetwas von einer frühen Vorlesung gesagt. So genau habe ich das nicht mitbekommen. Ich war in Gedanken bei Herrn Schmolzeck.«

»Wie kommt es eigentlich, dass Sie wieder hier arbeiten? Der Tod von Marianne Goldmann ist nicht abschließend geklärt.« Da war er, der Zusammenhang zu Marianne Goldmann. Nach dem Tod hatte ihn die Heimleiterin gebeten, erst einmal ein paar Tage freizunehmen, bis alles geklärt war. Er musste zusehen, dass er sein Projekt zu Ende brachte, damit sie ihm nicht auf die Schliche kam, ehe er die Früchte seiner Mühen ernten konnte.

»Frau Lansmann hat mich gebeten, wenigstens die Nachtbereitschaft zu übernehmen«, erklärte er und strengte sich an, überzeugend zu wirken. Das klang echt, obwohl es nicht stimmte. Renate Lansmann hatte ihm zu verstehen gegeben, er solle möglichst schnell das Apartment räumen. Der Kommissarin würde seine Version hoffentlich einleuchten. Ein Heim musste mit jedem Cent rechnen. Wenn er für die Miete gelegentlich nachts einen der Bewohner beruhigte, war das günstiger, als wenn eine Fachkraft zusätzlich in der Nachtschicht arbeitete. Diesen Zusammenhang schilderte er der Kommissarin langatmig.

Petra Uphoff nickte. »Ja, ja, die Alterspyramide. Chance und Fluch zugleich«, kommentierte sie seinen Monolog.

Was sollte das wieder heißen? Er verzichtete darauf, nachzufragen. Je eher die Kommissarin verschwand, umso besser. Umso zügiger konnte er an seinem Projekt arbeiten. Die Kommissarin machte jedoch keine Anstalten, schnell wieder zu gehen. Sie nahm in dem Sessel Platz, in dem Knolle am Abend zuvor gesessen hatte.

»Sie kommen beide aus Borken, nicht wahr?«, erkundigte sie sich, als wäre sie bei einem Speeddating. »Kennen Sie sich schon lange?«

»In einer Kleinstadt läuft man sich zwangsläufig über den Weg«, antwortete er und bemerkte, dass der Satz flüssiger klang als die Antworten vorher. Er fühlte sich auf sicherem Terrain. »Wir haben das gleiche Gymnasium besucht. Knolle hat sich für den Wehrdienst gemeldet und ich habe ein freiwilliges soziales Jahr gemacht.« Das war Knolles großes Problem gewesen. Beim Bund hatte er gut verdient, keine Miete zahlen müssen und hatte auch sonst keine finanziellen Verpflichtungen. Dadurch konnte er sich vieles leisten. Sich danach wieder umzustellen, war nicht leicht. Bufties dagegen wurden schlecht bezahlt. Aber immerhin hatte ihm der Dienst eine Wohnung eingebracht, für die er nur ein paar Stunden arbeiten musste.

Die Kommissarin signalisierte ihm mit einem Räuspern, dass sie weitere Erklärungen von ihm erwartete. Den Gefallen tat er ihr doch gerne.

»Hier in Münster haben wir uns zufällig wieder getroffen.« Er lachte, als er daran dachte, wie sie sich bei Pinkus Müller um die Aufmerksamkeit der Bedienung gestritten hatten. Am Ende waren sie die letzten Gäste gewesen und die Bedienung hatte alle Viertelstunde zwei Gläser Altbierbowle an ihren Tisch gebracht.

»Gab es irgendwelche Differenzen in der letzten Zeit?«, wollte die Kommissarin wissen. In ihrem grünen Kostüm wirkte sie wie ein Förster.

Er zog die Stirn kraus, als müsste er lange über die Antwort nachdenken, dabei hätte er sie schnell geben können. »Wir haben uns gut verstanden, sind zusammen in die Kneipe gegangen und gelegentlich ins Kino. Wir sind, äh, waren, äh sind, beide gerade solo. Also ich bin solo, mein Freund war solo.«

»Er war solo. Heißt das, er hatte seit Kurzem eine Freundin?«

Welchen Mist hatte er denn da verzapft. Er wollte nur mitteilen, dass Knolle tot war.

»Nein, nein«, sagte er und merkte am Flackern in den Augen der Kommissarin, dass er die Antwort zu schnell gegeben hatte. Sie ging allerdings nicht darauf ein. War das ein gutes Zeichen?

»Das war's dann für heute«, meinte sie und stützte sich auf die Lehnen des Sessels, um aufzustehen. Er erstarrte. Sie hatte die Kissen verrückt und dabei war Knolles Smartphone zum Vorschein gekommen. Nun erinnerte er sich, dass Knolle Fleur eine SMS geschickt und das Handy dann in seine Jeans gesteckt hatte. Es musste ihm herausgefallen sein oder er hatte die Tasche nicht getroffen. Hoffentlich bemerkte die Kommissarin das Smartphone nicht.

Samstag, 2. September 1944

Liebe Kitty!

Wir stehen auf der Liste für den Transport für Auschwitz! Papa hat versucht, jemanden zu finden, der dafür sorgt, dass wir nach Theresienstadt kommen. Ohne Erfolg. Auch unsere Verwandten in der Schweiz und in Amerika können uns nicht helfen. Auschwitz nennen sie Vernichtungslager. Dort werden Menschen vergast, heißt es. Juden und andere Menschen, die Hitler für unwert hält. Was bildet der sich ein, darüber zu entscheiden. Ich wünschte, dieser Graf von Stauffenberg hätte es geschafft, Hitler zu töten. Das darf man nicht wünschen, ich weiß. Aber es ist mein größter Wunsch, dass Hitler verschwindet. Es können nicht alle so unmenschlich sein. Hätte Graf von Stauffenberg Erfolg gehabt, hätten wir das Hinterhaus verlassen können, wie wir uns das immer vorgestellt haben. Stattdessen erwartet uns das Schlimmste, sagen alle. Ich sammle Papier und wir vereinbaren einen Treffpunkt, wenn wir uns verlieren. Herbstgasse 11 in Basel! Hoffentlich bis bald!

Deine Anne

Karina war froh, dass das Bauprojekt, an dem sie arbeitete, weiterhin stockte. Der Bauträger ließ sich Zeit damit, den Kostenplan freizugeben, und vorher konnte sie nicht weiterplanen. Eine gute Gelegenheit, ihre Überstunden abzubauen und sich den Briefen zu widmen, deren Foto-Dateien sie inzwischen ausgedruckt hatte. Als könnte sie Steno lesen oder Niederländisch verstehen. Für sie klangen die Worte ähnlich fremd wie das Plattdeutsch, mit dem sich ihre Großeltern verständigt hatten.

Ziellos suchte sie im Internet nach Steno-Experten.

Warum sie das tat, hätte sie nicht erklären können, sie hatte von allen Briefen deutsche Übersetzungen. Irgendetwas sagte ihr, dass es nicht schlecht wäre, sich von einem Experten bestätigen zu lassen, dass Brief und Übersetzung übereinstimmten. So spannend das Ganze war, ein Rest Misstrauen blieb. Dieser ›TH‹ hatte sich noch immer nicht auf ihren Vorschlag gemeldet. Ob er tatsächlich der Enkel von Berta Bergner war?

Die alten Frauen konnten sich nicht an den Namen des Freundes erinnern, der sie bei der Lesung begleitet hatte. Vielleicht lag es daran, dass sie nach der Todesnachricht durcheinander waren. Karina nahm sich vor, nachzuhaken, wenn sie das nächste Mal in Borken war.

Ein Verband aus der Schweiz bot die Übersetzung von Stenografien in Langschrift an. Ob sie sich an ihn wenden sollte? Niederländisch gehörte zu den erwähnten Sprachen.

Karina wechselte ins Mailprogramm. Sie schilderte ihre Situation, ohne den Absender der Briefe zu erwähnen, und erkundigte sich nach dem Preis für die Übertragung. Um sicherzugehen, dass Übersetzung und handschriftlicher Brief übereinstimmten, reichte es, einen Brief übertragen zu lassen.

Nachdem sie auf ›Senden‹ geklickt hatte, füllte sich ihr Posteingang. Eine E-Mail von ›TH‹. Er war also nicht der verstorbene Enkel von Berta Bergner. Ein Glück oder schade. Sie hätte gern endlich Gewissheit, mit wem sie es zu tun hatte.

»Ich bin derzeit nicht in der Region, melde mich in den nächsten Tagen. TH«, stand da nur.

Was konnte sie daraus schließen? Nichts. Nur dass dieser ›TH‹, der ihr schrieb, weiterhin quicklebendig war und sich wegen irgendwelcher Verpflichtungen nicht gemeldet hatte.

Trotzdem ärgerlich und merkwürdig. Anfangs hatte er sie so unter Druck gesetzt und nun hatte er plötzlich alle Zeit der Welt.

Wenigstens hatte sich das Anne-Frank-Haus gemeldet. »Sehr geehrte Frau Bessling«, las sie, »vielen Dank für Ihre Anfrage. Wir bitten um Verständnis, dass wir Ihnen telefonisch keine Auskunft erteilen können. Wir laden Sie ein, das Anne-Frank-Haus zu besuchen und beantworten Ihnen dann Ihre Fragen. Vielleicht können Sie Ihre Kontaktperson mitbringen, dann könnten wir sicher schnell klären, was es mit den Briefen auf sich hat. Bitte wenden Sie sich an unseren Mitarbeiter Mijnheer van Barsten, um alles Weitere zu besprechen.«

Die Idee, mit Martin einen Ausflug nach Amsterdam zu machen, gefiel Karina. Sie sah auf die Uhr. Er musste gerade eine Pause haben, da konnte sie ihn gleich fragen, ob und wann er Zeit für einen Kurztrip hatte.

»Gut, dass du anrufst«, begrüßte Martin sie nach dem ersten Freizeichen. »Ich komme gerade von Familie Bergner. Die Eltern sind völlig fertig. Inzwischen geht die Polizei davon aus, dass der Tod kein Unfall war oder ein Unfall, bei dem nachgeholfen wurde. Ein großer Teil von Thomas Bergners persönlichen Unterlagen wie der Laptop und der Schlüsselbund sind verschwunden. Es gibt allerdings keinerlei Anhaltspunkte für ein mögliches Motiv.«

»Als ich Frau Bergner nach Hause fuhr, hat sie mir erzählt, dass ihr Enkel Psychologie studiert hat. Er war oft zu Hause und hat seiner Großmutter geholfen«, berichtete Karina.

»Die Eltern waren wirklich fassungslos. Die Polizei kann sich keinen Reim darauf machen, warum der Laptop verschwunden ist. Weder die Kommilitonen noch seine Freunde hatten etwas Negatives über Thomas Bergner zu sagen.«

Und wenn er doch der Absender der E-Mails war? Dieser Gedanke ließ Karina nicht los. Es musste einer der beiden jungen Männer sein, die bei ihrer Lesung gewesen waren. Thomas Bergner war einer von ihnen, das wusste sie von seiner Großmutter. Und sein Name fing zudem mit Th an. Vielleicht hatte er einen oder mehrere Partner und es hatte Streit gegeben. Wenn es sich wirklich um unbekannte Briefe von Anne Frank handelte, waren diese wertvoll und konnten durchaus Anlass für einen Zwist sein.

»Meinst du, ich sollte die Polizei über ›TH‹ informieren?«, wollte Karina von Martin wissen.

»Wieso?« Sie hörte am Klang seiner Stimme, dass er keinerlei Zusammenhang zwischen ›TH‹ und dem Tod des Studenten sah.

»Weil Thomas Bergner vielleicht der Typ ist, der mir als ›TH‹ die E-Mails schickt. Vielleicht hängt das alles zusammen«, gab Karina zurück.

Sofort bereute sie ihren patzigen Ton. Was konnte Martin dafür, wenn sie keine Arbeit hatte und ihre Gedanken stattdessen um die Aufzeichnungen und ihre Hintergründe kreisten. »Sorry!«, schob sie nach. »Mein Bauprojekt geht nicht voran und aus lauter Langeweile beschäftige ich mich gerade mit diesen Briefen.«

»Schon gut!«, hörte sie Martin und war beruhigt. Seine Stimme hatte diesen sanften Klang, in den sie sich vor zwei Jahren auf Anhieb verliebt hatte. »Wenn du dich in etwas verbeißt, dann eben mit Haut und Haar.«

»Und zwischendurch denke ich an dich.« Karina schmunzelte über das Säuseln in ihrer Stimme. »Ich lade dich zu einem Ausflug nach Amsterdam ein«, sagte sie. »Wir könnten das Anne-Frank-Haus besuchen.«

»Nachtigall, ick hör dir trapsen«, entgegnete Martin mit einem glucksenden Lachen. »Aber ich bin dabei. Das Museum wollte ich ohnehin mal besuchen. Wann soll das Event steigen?«

»Das liegt an dir«, antwortete Karina. Sie holte ihren Kalender auf den Bildschirm. »Je eher, desto besser. Sobald wir die Kostenfreigabe haben, wird es schwer, einen Tag freizunehmen.«

Sie hörte ein Rascheln am anderen Ende der Leitung. »Wenn ich einen Termin verschiebe, kann ich übermorgen«, sagte Martin schließlich.

»Super, dann kündige ich uns gleich an. Ich bin wirklich gespannt, was uns dort erwartet.« Sie verabschiedete sich mit Fernküssen von ihrem Lebensgefährten und wandte sich dem Computer zu. Schade, dass sie kein Original der Notizen besaß. Aber vielleicht konnten die Mitarbeiter anhand des Fotoausdrucks feststellen, ob die Aufzeichnungen echt waren oder nicht.

KAPITEL 10

Er musste sich besser organisieren. Seit Knolle nicht mehr dabei war, lief das Projekt aus dem Ruder. Zuerst die Geschichte mit dem Smartphone. Natürlich hatte die Kommissarin es entdeckt und eingesteckt. Zum Glück hatte er nie abgestritten, dass Knolle an seinem Todestag bei ihm gewesen war. Sie schien ihm zu glauben, dass Knolle das Smartphone aus der Tasche gerutscht war. So war es vermutlich. Da gab es nichts hinzuzudichten. Dennoch wirkte die Kommissarin misstrauisch.

Obwohl es in ihm brodelte, weil er das Gefühl hatte, die Zeit rase ihm davon, setzte er sich an den Schreibtisch. Als Erstes druckte er alle E-Mails an Karina Bessling aus, um sich ein Bild zu verschaffen, was er mit ihr vereinbart hatte. Eine Mail nach der anderen las er und markierte wie in der dritten Klasse die wichtigen Informationen. Am Ende jeder Mail gönnte er sich ein kleines zufriedenes Grinsen. Da hatte ihm der Zufall einen großen Gefallen getan.

Karina Bessling verfügte inzwischen über die Dateien aller Briefe, die Knolle verfasst hatte. Wie gut, dass dieser in der ersten Euphorie 25 Tagebucheinträge geschrieben hatte. Sonst hätte er ein echtes Problem. Das war auch so groß genug, denn diese Fleur Hendricks hatte bisher nur fünf Briefe in Steno übertragen und sie als Bilddatei geschickt. Die Originale mussten bei ihr liegen. Vielleicht hatte sie sie weggeworfen. Darauf konnte er sich allerdings nicht verlassen. In jedem Fall besaß sie das Dokument mit den 25 Texten. Eine Mitwisserin konnte er nicht gebrauchen. Erst recht keine Mitwisserin, von der er keine Adresse, keinen E-Mail-Kontakt und keine Telefonnummer besaß.

Es war ihm bisher nicht gelungen, Knolles Computer zu knacken. Dabei gehörte Knolle nicht zu denen, die viele Gedanken an ein Passwort verschwendeten. Ganz sicher hatte er sich erst recht nicht die Mühe gemacht, sich ein kryptisches Kennwort auszudenken. Wenn er nur die Vornamen von Knolles Familie wüsste. Er konnte schlecht die Eltern anrufen und sie um ihre Namen und die aller Familienmitglieder bitten.

Die Großmutter kam ihm in den Sinn, die er bei der Lesung dieser Karina Bessling getroffen hatte. Er könnte ihr einen Kondolenzbesuch abstatten. Im Umgang mit alten Frauen war er geübt, ein bisschen Interesse hier, ein paar zustimmende Laute dort und sie erzählten einem alles, was man wissen wollte. Er nahm sich vor, am nächsten Tag einen Ausflug in seine Heimatstadt zu machen und dabei Knolles Oma zu besuchen.

Erst einmal galt es, sich einen Plan zu überlegen, wie das Projekt weitergehen konnte. Die fünf in Steno übertragenen Texte hatte Karina Bessling erhalten. Wenn er ihre letzte E-Mail richtig verstanden hatte, hatte sie bereits Kontakt zu Experten geknüpft, die die Echtheit bestätigen könnten.

Er beglückwünschte sich zu ihrer Idee, die Tagebucheinträge in Steno zu übertragen. Es gab keine Vergleichsproben dafür und selbst wenn, Anne Frank hatte die Texte unter Druck in einem Lager geschrieben, da veränderte sich die Schrift sicher. Und eine echte Expertin in Steno war sie nicht gewesen. Sie hatte sich die Kurzschrift im

Hinterhaus selbst mit einem Fernkurs beigebracht, als eine Art Geheimschrift. Knolle hatte ihm die Stelle im Tagebuch gezeigt.

Am besten schickte er Karina Bessling einen echten Brief – mit einem Bleistift von 1940 auf Packpapier aus der Zeit geschrieben. Genial!

Rasch öffnete er das Mail-Programm und schrieb: »Liebe Frau Bessling, ich würde Ihnen vor Ihrem Gespräch mit dem Experten gerne einen Originalbrief zukommen lassen. Kann ich ihn irgendwo einwerfen?«

Er versuchte sich zu erinnern, wo die Frau wohnte. Im Internet fand er eine Düsseldorfer Adresse, er war sich jedoch sicher, dass sie bei der Lesung von einer Wohnung in Borken gesprochen hatte. Dann konnte er auf dem Weg zu Oma Bergner den Brief einwerfen. Eine Originalhandschrift würde die Experten sicher mehr beeindrucken als eine Bilddatei. Es kam darauf an, dass sie vom ersten Moment an nicht an der Echtheit zweifelten. Erst kürzlich hatte er einen Artikel über einen erfolgreichen Kunstfälscher gelesen, der viel Geld mit seinen Fälschungen verdient hatte, weil er immer dicht an der Wahrheit geblieben war. Dabei ging es um Repliken von entarteter Kunst, die als verschollen galten und nach denen eifrig gesucht wurde.

Ähnlich musste es den Anne-Frank-Experten mit seinen Briefen gehen.

Er las Karina Besslings letzte E-Mail. Sie kündigte an, dass sie nach Amsterdam fahren wollte. Zum Anne-Frank-Haus. Die Mitarbeiter dort mussten scharf darauf sein, neue Exponate zu kaufen. Eine Wahnsinns-PR für das Museum, das wusste er nach wenigen Semestern Kommunikationswissenschaft. Ach was, das hatte er schon als Schüler durchschaut. Medienpräsenz war das halbe Leben, wenn man etwas erreichen wollte. Er bot dem Museum eine Riesenchance, die würden sich die Herrschaften bestimmt einiges kosten lassen.

Zufrieden steckte er einen der Zettel mit den nachgezeichneten Steno-Notizen in einen Briefumschlag. Er wollte den Umschlag gerade zukleben, als ihm der Gedanke kam, dass möglicherweise jemand das Papier auf Fingerabdrücke überprüfen würde. Dass er daran nicht eher gedacht hatte. Verärgert warf er den Umschlag samt Abschrift aufs Bett.

Wie gut, dass er immer ein Paar Einweghandschuhe in der Tasche hatte, seit er im Heim arbeitete. Er zog die Handschuhe über, zerrte einen Bogen Packpapier unter dem Bett hervor und riss eine zehn mal 15 Zentimeter große Ecke davon ab.

Dieses Mal trug er die Handschuhe beim Abschreiben der Steno-Kürzel. In der Nacht würde er sich in das Büro der Heimleiterin schleichen und mit Handschuhen einen Briefumschlag entwenden. Auf den Umschlägen in seinem Zimmer waren schließlich überall seine Fingerabdrücke.

Zufrieden stand er auf und zog sich seine Jacke über. Nach dieser Arbeit hatte er sich ein Bier bei Pinkus verdient.

Sonntag, 3. September 1944

Liebe Kitty!

Schnell ein paar Worte, vielleicht die letzten. Vom Transport aus Westerbork. In der Morgendämmerung haben uns Aufseher zum Bahnhof getrieben, wenn das ein Bahnhof war. Wir mussten an SS-Männern mit Waffen und großen Boxadoren vorbei und dann sahen wir den Zug. Lauter Güterwagen, an denen stand: ›Westerbork–Ausschwitz/

Auschwitz–Westerbork/Keine Wagen abhängen/Zug muss geschlossen nach Westerbork zurück‹. Wir mussten in einen Waggon steigen. Da sitze ich auf dem Boden, der mit Stroh bestreut ist, und schreibe auf einem Papierfetzen. Hier gibt es nichts. Keine Fenster, nur eine Luke, die vergittert ist. Keine Sitzbänke. Zwei Eimer. Einer ist leer, der andere mit Wasser gefüllt und dazwischen unser Sachen.

Immer wieder hält der Zug. Tag und Nacht, Nacht und Tag. Ich weiß nicht, wie lange wir bereits unterwegs sind. Ich habe ausgerechnet, dass heute Sonntag sein könnte und der 3. September, aber vielleicht stimmt das gar nicht. Immer wenn es hell ist, versuche ich ein paar Worte zu schreiben.

Der Waggon hat nur ein kleines Fenster mit Gittern. Ein Junge, der etwa so alt ist wie Peter, schaut hinaus und erklärt uns anhand der Schilder, die er sehen kann, wo wir sind. Wir sind durch Deutschland gefahren! Mein Heimatland. Eigentlich. Die Deutschen wollten mich nicht. Hitler hat mir die Heimat gestohlen.

Gerade haben sie einen Kübel voller Rübenmarmelade und Brot in den Wagen geworfen. Als wären wir Tiere, denen man das Essen in den Trog wirft.

Eben kamen weitere Leute in unseren Wagen. Sie erzählen, dass sechs Menschen ein Loch in den Boden ihres Waggons gesägt haben. Sie haben sich auf die Gleise fallen lassen. Einer starb dabei, fünf konnten fliehen. Die restlichen Menschen aus dem Wagen wurden in die anderen Waggons gesteckt.

Ich weiß nicht, ob ich darauf hoffen soll, dass die Fahrt bald oder dass sie nie endet.

Lebe wohl deine Anne

Nach einem Telefonat mit dem Auftraggeber ihres Bauprojektes und der Rücksprache mit ihrem Vorgesetzten hatte Karina sich zwei Tage freigenommen. Der Gedanke, dass der Enkel von Frau Bergner oder sein Freund mit den Briefen zu tun hatte, ließ sie nicht los. Lieber nutzte sie die Zeit, um den Freund von Thomas Bergner ausfindig zu machen, als tatenlos in ihrem Büro herumzusitzen. »Was hast du denn heute vor?«, erkundigte sich Martin bei dem ausgedehnten Frühstück, das sie sich zur Feier ihrer zwei freien Tage gönnten.

»Als Erstes werde ich Frau Bergner besuchen«, erklärte Karina, während sie aufstand und nach Martins Teller griff, um das Geschirr zusammenzustellen.

Martin lachte. »Einen Toast darf ich vorher essen, oder?«

Karina betrachtete ihren Freund von oben und bewegte ihren Kopf leicht hin und her. »Wenn ich mir deine Figur so anschaue. Ich weiß ja nicht«, flachste sie. Dabei wusste sie genau, dass Martin essen konnte, so viel er mochte, ohne ein Gramm zuzunehmen. Und seit sie zusammen waren, joggten sie zwei- bis dreimal in der Woche am Schloss oder an der Schönstatt-Au.

»Wenn das so ist, dann esse ich zwei Scheiben Toast.« Martin schob zwei Weißbrotscheiben in den Toaster und lehnte sich zurück.

Auf zehn Minuten kam es nicht an. Karina setzte sich wieder hin und nahm die Briefausdrucke zur Hand, die auf dem Stuhl neben dem Tisch lagen.

»Weißt du, was ein Boxador ist?«, fragte sie Martin, der geduldig darauf wartete, dass sein Toast knusprig wurde.

»Ist das nicht dieser moderne Hund, den sie aus einem Boxer und einem Labrador gekreuzt haben?«, gab er zurück, während er die erste Brotscheibe mit Honig beträufelte. »Kürzlich hat mir jemand erzählt, dass eine Frau aus dem Ort sie züchtet.«

»Modern heißt aber, dass es die Rasse erst seit wenigen Jahren gibt, oder?«

»Keine Ahnung, vielleicht ist der erst jetzt aus den USA herübergekommen.«

Karina erinnerte sich an die weitgehend unbekannte Rasse des Hundes, den Barack Obama seinen Kindern geschenkt hatte. Seither war er auch in Deutschland en vogue. Vermutlich war das mit dem Boxador genauso. Wie der Name schon klang.

»Worüber lachst du?«, wollte Martin wissen.

Karina winkte ab, legte die Briefe beiseite und bestrich eine Schreibe Körnerbrot mit Frischkäse. »Du hast nicht zufällig erfahren, mit wem Frau Bergners Enkel bei meiner Lesung war?«, fragte sie zwischen zwei Bissen.

Martin schüttelte den Kopf. »Ehrlich gesagt, habe ich nicht daran gedacht, nachzufragen. Die Familie ist so fertig, dass ich froh war, ihnen einige Information für meine Ansprache in der Kapelle zu entlocken.«

Karina horchte auf. »Wird er hier beerdigt?«

»Ja, klar!«, antwortete Martin. »Die Familie lebt hier. Das war gar keine Frage. Ist ja oft so, wenn Studenten sterben.«

Karina spürte, wie sich die Härchen auf ihren Armen aufstellten und ein Schauer ihre Wirbelsäule entlang hochkroch. Wie sich das anhörte. Als ob ständig Studenten den Tod fänden. Sie schüttelte sich und versuchte, an etwas Schönes zu denken. Dabei kannte sie den Toten nicht einmal. Er hatte ihre Lesung besucht. Das war alles. Sie hatte nur ein vages Bild von ihm vor Augen. Aber vielleicht hat er dir Briefe von Anne Frank geschickt, meldete sich eine innere Stimme.

»Glaubst du, dass die Briefe wirklich von Anne Frank sind?« Karina sah Martin fragend an.

Er verteilte mit dem Messer den Honig auf der dampfenden Toastscheibe. »Kann sein, kann nicht sein«, sagte er dann. »Ich habe gestern ein wenig recherchiert. Da gibt es einige Leute, die fest davon überzeugt sind, dass das ganze Tagebuch eine Fälschung ist. Aber das war schon in den 50er-Jahren. Damals gab es sogar eine Demo, bei der behauptet wurde, Anne Frank hätte niemals existiert. Die Kritik aus rechten Kreisen riss nicht ab.«

Karina stutzte. »Wie kommst du darauf?«

»Die Familie Bergner hat mir eine Kiste voller Bücher von Thomas mitgegeben. Die Kommissarin hat ihnen einen Teil seiner Sachen aus Münster mitgebracht. Literatur aus dem Studium. Sie meinten, ich sollte sie an die Bücherei weitergeben.« Er starrte seine Toastscheibe an. »Ich glaube, sie wollen alles, was mit seinem Studium zu tun hat, aus ihrem Leben streichen. Fast kam es mir vor, als gäben sie der Uni die Schuld daran, dass er tot ist.«

Karina wusste nicht, was sie darauf sagen sollte. Sie war nie in einer Situation wie Thomas' Eltern gewesen und konnte nicht einschätzen, wie sie reagieren würde. »Welche Bücher waren das?«, ging sie daher nur auf den Teil von Martins Äußerung ein, der ihr handfest erschien.

»Es waren einige über Anne Frank dabei.« Martin biss in seine Toastscheibe. »Das fällt mir jetzt erst auf. Vielleicht hast du recht. Das waren hauptsächlich Bücher über Anne Frank. Seine Mutter meinte, er hätte sie antiquarisch gekauft. Für eine Seminararbeit. Ich habe nur eines durchgeblättert.« Er lächelte sie liebevoll an. »Weil ich ja weiß, dass du dich mit dem Thema beschäftigst. Diese Demo fand ich unglaublich. Was die Leute sich dabei gedacht haben. Als Simon Wiesenthal bei einem Besuch diese Verunglimpfung mitbekam, hat er jemanden beauftragt, den Nazi zu finden, der die Familie Frank verhaftet hat.«

Karina blickte ihren Freund überrascht an. »Ehrlich? Das konnte man noch herausfinden?«

Martin nickte. »Die Deutschen waren schon immer gründlich, sie haben alles protokolliert und Akten angelegt. Daher wusste man, dass der Leiter der Aktion Karl Josef Silberbauer hieß und konnte ihn ausfindig machen. Er hat alles bestätigt, was Otto Frank über die Verhaftung berichtet hat, und sogar Anne Frank anhand eines Fotos identifiziert.«

Karina schüttelte den Kopf. Ihre Nackenhärchen stellten sich bei dem Gedanken daran auf, wie die Nazis das, was sie Endlösung nannten, in Angriff genommen und ausgeführt hatten. Das hieß aber, dass dieser Thomas Bergner sich mit Anne Frank auskannte. Genau den Eindruck hatte Karina von dem geheimnisvollen ›TH‹. Zuerst hatte er so getan, als hätte er keine Vorstellung vom Absender der Briefe und dann auf einmal wusste er Details über Anne Frank, die sie erst mühselig recherchieren musste. Sie stand auf und holte ihr Notebook, um zu überprüfen, wann sie die letzte E-Mail von ›TH‹ erhalten hatte.

Am 24. August hatte er geschrieben, dass er nicht in der Region wäre. »Weißt du eigentlich inzwischen, wann genau Thomas Bergner gestorben ist?«

Ohne ihre Frage zu beantworten, stand Martin auf. »Ich komme mit zu Frau Bergner«, verkündete er. »Lass uns gleich hingehen.«

Karina sah überrascht, wie er die Küche verließ und seine Jacke von der Garderobe nahm. Die zweite Toastscheibe steckte unberührt im Toaster und Martins Kaffeetasse war halbvoll. Es sah alles danach aus, als hätte sie ihn mit ihrer Neugier angesteckt. Das konnte nicht schaden.

Wenn Thomas Bergner wirklich ihr ›TH‹ war, musste die Polizei bei ihren Ermittlungen auf die Briefe stoßen. Ob die Großmutter des Toten mehr wusste?

KAPITEL 11

»Jöööö!«, rief er und streckte die Arme nach oben, wie er es in der Schule getan hatte, wenn er eine gute Arbeit geschrieben hatte. Als er am Morgen aufwachte, war ihm plötzlich eingefallen, wie Knolles Passwort lautete. Dass er nicht eher darauf gekommen war. Sie hatten vor ein paar Wochen erst darüber gesprochen, dass sich Kombinationen aus Jahreszahlen und Nomen, von hinten nach vorn geschrieben, gut als Passwort eigneten.

Er erinnerte sich genau, dass sein Freund erklärt hatte, es käme nie jemand auf sein Passwort, weil keiner wusste, wo er geboren war. Als er Knolle entgegnete, dass sich das leicht aus dem Perso ermitteln ließ, hatte dieser breit gegrinst. »Nicht, wenn die Geburt selbst nicht im Heimatort war.« Dann hatte er damit angegeben, dass er in Hannover geboren war, weil seine Eltern gerade einen Ausflug dorthin gemacht hatten und er drei Wochen zu früh auf die Welt gekommen war. Das war Wochen, bevor sie begannen, die Anne-Frank-Briefe zu schreiben. Die Begebenheit war völlig untergegangen.

Nach Eingabe des Passworts ›1992Revonnah‹ erklang die übliche Windows-Melodie. Nun hoffte er, dass Knolle nicht auch noch seine Dateien geschützt hatte.

Er lachte bei dem Gedanken, dass Knolle vor jeder Arbeit an einem Dokument ein Passwort eingeben sollte. Nach drei Tagen wäre er reif für die Klapse gewesen. Bei ihm musste immer alles schnell gehen. Das war ihm am Ende zum Verhängnis geworden. Warum hatte er so schnell Geld sehen wollen? Warum hatte er unbedingt an dem Abend ins Schwimmbad gehen müssen? Langsam kommt man auch ans Ziel, lautete der Wahlspruch seines Opas. Er hatte es damit zwar nur zu einem Friseursalon gebracht, aber immerhin dem ersten Haus am Platz und einem Ruf, der seinem Vater bis heute Kundinnen aus der ganzen Region bescherte.

Da waren die Mails von Fleur Hendricks. Er zögerte kurz. Was sollte er ihr schreiben? Dass sie die Dateien vernichten sollte?

Er öffnete den Ordner mit den E-Mails, die Knolle an Fleur geschickt hatte. Mannomann, die beiden waren ganz schön zur Sache gegangen. Das war ja fast Telefonsex per Mail. Woher kannte er diese Fleur eigentlich?

»Liebe Fleur Hendricks«, las er in der ersten Mail, die er finden konnte. »Ich benötige Hilfe bei der Übertragung von Texten in Stenografie. Bei der Suche im Internet bin ich auf Ihre Seite gestoßen.« Das klang nicht danach, dass Knolle diese Frau vorher gekannt hatte. »Ich bin Dozent am Institut für Niederlandistik und möchte meinen Studenten eine knifflige Aufgabe stellen. Sie sollen einen in Steno geschriebenen Brief entziffern.« Alle Achtung, da hatte Knolle sich wirklich eine gute Story ausgedacht. »Ich habe daher 25 Briefe in Niederländisch geschrieben.« Oho, das war nicht ganz korrekt. Die niederländischen Übersetzungen stammten von ihm, Knolle hatte bloß die deutschen Texte verfasst. »Schließlich soll jeder Student eine originäre Leistung erbringen.« Sein Freund hatte wirklich was drauf. Schade, dass er so in Hektik hatte verfallen müssen.

Er überflog die weiteren E-Mails. Die Bemerkungen wurden jedes Mal anzüglicher. Sowohl von Knolle als auch von Fleur. Ihr schien das Ganze Spaß zu bereiten.

»Ich freue mich darauf, dich Samstag in Amsterdam zu treffen«, hatte sie ihre letzte E-Mail beendet. Er sah auf das Datum, an dem die Mail abgeschickt worden war. Letzten Montag, das bedeutete, dass Knolle und Fleur übermorgen in Amsterdam verabredet waren. Und wenn er nun an Knolles Stelle dort hinfuhr?

Hastig ging er erneut die E-Mails durch. Die einzigen Foto-Anhänge waren die Dateien der Steno-Briefe. Er überflog jede einzelne E-Mail, um sicherzustellen, dass die beiden nicht auf anderem Wege Bilder ausgetauscht hatten. Knolle hatte anscheinend kein Foto geschickt. In der vorletzten Mail schrieb Fleur, dass sie neugierig war, wie er aussah und sich auf das Treffen freute.

Als Treffpunkt hatten sie das Anne-Frank-Haus vereinbart. Das passte gut, dann konnte er sich dort gleich ein wenig umsehen. Wenn er in Borken übernachtete, war der Weg nicht so weit wie von Münster aus. Er hatte dieser Karina Bessling ohnehin versprochen, einen Brief bei ihr einzuwerfen. Besser gesagt, im Pfarrhaus in Gemen. Ihm war wieder eingefallen, dass sie bei der Lesung davon gesprochen hatte, dass sie mit dem Pfarrer der Gemeinde zusammen war.

Wann wollte sie nach Amsterdam? Hoffentlich nicht am Samstag. Nicht, dass er ihr dort über den Weg lief. Er zog seinen Laptop heran und las ihre letzte E-Mail. Sie wollte am Freitag fahren. Das war gut. Dann musste er zwar den ganzen Freitag bei seinen Eltern verbringen, aber Renate Lansmann würde ihm ohnehin keine Ruhe lassen, solange er in ihrem Pflegeheim logierte.

Er stöberte weiter in Knolles Laptop. Interessant, was sein Freund gesammelt hatte. Die Examensarbeit über Anne Frank druckte er aus. Die E-Mails von Fleur Hendricks ebenfalls, ehe er sie unwiederbringlich löschte. Sämtliche Dateien über ihr Briefprojekt speicherte er auf einem USB-Stick, dann überschrieb er die Texte mit Auszügen aus der Examensarbeit und löschte sie. Den Trick hatte er in einem Computerseminar gelernt. Bisher hatte er ihn nie einsetzen können. Er musste nur noch eine Möglichkeit finden, den Computer unbemerkt in Knolles Zimmer zurückzubringen.

Für einen letzten Check, dass er nichts übersehen hatte, gab er als Suchbegriff ›Anne Frank‹ ein. Alle Dateien, die ihm angezeigt wurden, bezogen sich auf die Examensarbeit. Sämtliche Spuren für Knolles Beteiligung an seinem Projekt waren vernichtet. Ein Gedanke zuckte durch seinen Kopf. Knolle hatte davon gesprochen, an einem Wettbewerb teilzunehmen, indem es um Briefe oder Tagebücher ging. Was wollte er dort einreichen? Seine Examensarbeit oder etwa einen Artikel über ihr Projekt? Er ging erneut alle Dateien in den Ordnern auf Knolles Laptop durch. Einen Wettbewerbsbeitrag fand er nicht. Und wenn er die Examensarbeit abgeschickt hatte, juckte ihn das nicht.

Erleichtert fuhr er den Laptop herunter und wandte sich seinem eigenen Notebook zu. Er öffnete die Internetseite dieser Fleur Hendricks. Sein Blick fiel auf das Facebook-Symbol.

»Scheiße!«, entfuhr es ihm. An Facebook hatte er nicht gedacht. Was, wenn die beiden dort befreundet waren? Dann wusste Fleur natürlich, wie Knolle aussah, und er konnte seine schöne Idee vergessen.

Hastig öffnete er die Facebook-Seite und suchte Knolle. Erleichtert sah er, dass dessen Profilfoto den Affen zeigte, den sie im Allwetter-Zoo fotografiert hatten. Er suchte

Fleur Hendricks in der Freundesliste und fand nur eine Seite, auf der ihn eine blonde junge Frau mit einer dieser Hauben, die die Frauen auf Verpackungen für holländischen Käse trugen, anstrahlte. Auf Ideen kamen die Weiber.

Freitag, 8. September 1944

Liebe Kitty!

Wir sind in Auschwitz. Die Fahrt war das Schlimmste, was ich je erlebt habe. Wir saßen aneinandergedrängt, weil kein Platz war. Ich weiß nicht, wie lange wir unterwegs waren, weil der Zug immer wieder hielt. Manchmal war es dunkel, manchmal hell. Auch wenn wir durch die Luke sahen, wussten wir nicht, wo wir uns befanden. Gelegentlich hielt der Zug und die Waggontür wurde aufgerissen. Manchmal wurde Wasser hineingereicht, einmal verlangte jemand auf Deutsch, dass wir unseren Schmuck abgeben sollten.

Ich kann nicht beschreiben, wie es in dem Wagen roch. Es war so eng, da schafften viele es nicht bis zu dem Eimer. Und was ist ein Eimer für so viele Menschen. Waren es 50 oder 100. Frag mich nicht. Irgendwann habe ich begonnen zu beten, dass wir endlich unser Ziel erreichen, ganz gleich, wo. Es kann nicht schlimmer werden, dachte ich. Solange wir alle zusammen sind, gibt es Hoffnung. Und dann wurden wir getrennt. Ich habe kein Papier mehr und melde mich, wenn ich neues habe.

Deine Anne M. Frank

Schlecht gelaunt befand sich Karina auf dem Weg nach Düsseldorf. Nachdem sie den Frühstückstisch abrupt verlassen hatten, war sie mit Martin zur Großmutter von

Thomas Bergner gefahren. Das Gespräch mit ihr hatte sie nicht weitergebracht. Berta Bergner wusste nicht, wie der Freund hieß, der ihren Enkel bei der Lesung begleitet hatte, und ihr war nicht bekannt, dass Thomas Briefe gefunden haben könnte. Verwandtschaft im Raum Celle besaß sie ebenfalls nicht. »Die Familie meiner Schwiegertochter kommt hier aus dem Ort. Ich bin mit ihrer verstorbenen Mutter in die Schule gegangen.«

Karina hoffte, dass Thomas' Freund zur Beerdigung am kommenden Montag erscheinen würde. Als Berta Bergner ihre Enttäuschung bemerkt hatte, hatte sie sie zum Trauerkaffee eingeladen, um Freunde ihres Enkels zu treffen.

Den zweiten Grund für Karinas Missmut lieferte ihr Job. Nachdem sich ihr Bauprojekt wochenlang hingeschleppt hatte, kam dem Auftraggeber ausgerechnet an ihrem freien Tag die Idee, alle Beteiligten zu einem Meeting einzuladen. Für ihren freien Freitag natürlich! Es blieb ihr nichts anderes übrig, als den Ausflug nach Amsterdam zu verschieben. Natürlich konnte Martin am Wochenende nicht weg aus seiner Gemeinde, Montag war das Begräbnis, und ihr Kollege hatte signalisiert, dass es in der nächsten Woche mit dem Projekt voranging. Ein freier Tag war da kaum mehr drin.

Sie würde versuchen, wenigstens am Montag ein paar Stunden freizunehmen, um an der Trauerfeier von Thomas Bergner teilzunehmen. Blöd, dass diese verschoben worden war, weil Verwandte aus der Schweiz nicht früher anreisen konnten. So musste sie eben am Samstag nach Amsterdam fahren, selbst wenn sie dann allein unterwegs sein würde.

»Hey, Karina!« Zum Glück strahlte ihre Kollegin sie fröhlich an, sodass die dunklen Gedanken ein wenig verflogen.

Im Grunde ihres Herzens war Karina froh, dass es mit dem Bau weiterging. Sie hasste es, nichts zu tun. Natürlich wurde sie in dieser Zeit bezahlt, weil der Bauträger wollte, dass sie jederzeit verfügbar und nicht in andere Projekte eingespannt war. Dennoch. Däumchen drehen war nicht ihre Sache. Sonst hätte sie sich nicht so auf diese Briefe gestürzt. Nun musste sie schauen, wie sie beides unter einen Hut brachte.

»Hey, Lena!«, begrüßte Karina die Kollegin, die mit einer Kaffeetasse an der Tür zum Nachbarbüro stehen blieb.

»Die Kostenvoranschläge sind da!«, berichtete Lena Weißenburg. Sie grinste. »Der Bauträger ist happy, dass das Ganze nicht ausufert.«

Karina schmunzelte, als sie sah, wie sich eine leichte Röte über Lenas Gesicht zog. Sie wusste, dass ihre Kollegin sie glühend um dieses Projekt beneidete, weil sie sich beim ersten Besuch des Bauträgers in den Architekten verliebt hatte.

»Schade, dass René mich erreicht hat, oder? Sonst hättest du mich heute vertreten können«, neckte Karina ihre Kollegin.

Lena antwortete mit einem langen Seufzer. »Das wäre super gewesen.« Sie sah sich um und beugte sich vor. »Kannst du nicht wieder verschwinden und im Stau stecken bleiben?«, fragte sie leise.

Karina lachte. »Nachdem ich gerade eine Dreiviertelstunde im Stau stand? Bei aller Liebe, auf die Idee hättest du heute Morgen kommen müssen.« Auch dann hätte sie sich nicht darauf eingelassen, das wusste Lena genau. Ihr Chef war sehr großzügig, das setzte man nicht wegen der Schwärmerei einer Kollegin aufs Spiel. Sie winkte Lena zu und verschwand in ihrem Büro.

An ihrem Schreibtisch startete sie als Erstes ihren Rechner und verstaute, während das System hochfuhr, ihre Jacke und ihre Umhängetasche im Schrank.

Rasch schaute sie auf die Einladung zu dem Meeting, die ihr jemand ausgedruckt und auf die Tastatur gelegt hatte. Das Treffen fand in einer halben Stunde im großen Besprechungsraum statt. Das hieß, dass die volle Teambesetzung anwesend sein würde. Sie überflog die Kostenvoranschläge, die sie ebenfalls auf dem Tisch erwarteten. Alles sah gut aus.

»Willst du einen Kaffee?«, rief jemand vom Flur aus. René gab sich wieder einmal Mühe, ihr jeden Wunsch von den Augen abzulesen. Manchmal wurde ihr seine Anhänglichkeit fast zu viel.

»Es gibt gleich in der Sitzung welchen, oder?«, fragte sie, ohne aufzusehen. Ihre Augen glitten an den Betreffzeilen der E-Mails entlang, die im Postfach einliefen.

»Anschrift«, las sie. Schon wollte sie die E-Mail als Spam löschen, als ihr Blick auf den Absender fiel. th1982@netzpost.de. Wieso mailte der an ihre berufliche E-Mail-Adresse? Vermutlich hatte sie ihm versehentlich von diesem Rechner aus geschrieben.

›TH‹ wollte wissen, ob er den Originalbrief irgendwo einwerfen konnte. Mist. Die Mail war zwei Tage alt. Sie sollte sich angewöhnen, an freien Tagen die Dienstmails zu checken. Sie schrieb ihm, dass er den Brief bei Martin einwerfen konnte. Sie hatte ohnehin geplant, nach dem Meeting zurück nach Borken zu fahren. Wenn schon der Ausflug nach Amsterdam nicht zustande kam, wollte sie nicht noch den geplanten Konzertbesuch absagen.

Die Mitarbeiterin des Anne-Frank-Hauses hatte bestätigt, dass Liam van Barsten am Samstag für sie Zeit haben würde. Wenigstens etwas. Der Ausflug würde zwar ohne Martin nur halb so viel Spaß machen, aber für die Informationen, die sie sich erhoffte, war dessen Anwesenheit nicht nötig.

»Kommst du?« Wieder Renés Stimme. Sie sah auf die Uhr an ihrem Computer. Zehn Minuten bis zum Meeting.

»Eine letzte E-Mail«, gab sie zurück und öffnete rasch das Facebook-Fenster. Eine Nachricht von ihrer Freundin Jenny. Oh nein! Sie hatte ein Seminar in Lembeck und erkundigte sich, was Karina am Samstag vorhatte. Schade.

»Ich muss nach Amsterdam«, schrieb Karina rasch. »Wenn du Lust hast, komm mit. Ich fahre gegen 9 Uhr in Borken los.« Sie fügte eine Smiley-Serie hinzu und die Bemerkung: »In Amsterdam soll es schicke Klamotten-Läden geben.«

Während sie auf den ›Senden‹-Button drückte, stand sie auf. Sie griff nach den Unterlagen für das Meeting und las schnell Jennys Antwort: »Geil! Ich bin dabei!«, ehe sie ihren Computer herunterfuhr. Mit einem Grinsen machte sie sich auf den Weg ins Besprechungszimmer. Das würde ein schöner Samstag werden. Ob Liam van Barsten ihr weiterhelfen konnte?

KAPITEL 12

Die Fahrt nach Amsterdam verlief reibungslos, wenn Karina davon absah, dass Jenny ihr vorjammerte, dass sie seit einem halben Jahr keinen Sex gehabt hatte und weit und breit kein interessanter Mann in Sicht war.

Karina fand schnell einen Parkplatz für ihren Fiesta und machte sich mit Jenny auf den Weg zum Anne-Frank-Haus. Als sie vor der Tür zum Museum standen, war sich Karina plötzlich unsicher, ob sie ihr Fahrzeug abgeschlossen hatte. »Ich gehe noch mal zurück«, sagte sie zu Jenny, die es vorzog, vor dem Museum zu warten.

Wenige Minuten später traf Karina im Foyer des Anne-Frank-Hauses ein.

»Und?«, empfing Jenny ihre Freundin.

»Nichts passiert!«, schnaufte Karina. Sie ärgerte sich, dass sie nach dem Einparken nicht darauf geachtet hatte, ob sie auf den Verriegelungsknopf der Fernbedienung für ihr Auto gedrückt hatte oder nicht. Jenny hatte gleich auf sie eingeredet, welche Boutiquen sie in Amsterdam aufsuchen wollte. Gut, dass sie einen Zeitpuffer bis zu ihrem Gespräch mit Liam van Barsten eingeplant hatte.

»Es hat nur so lange gedauert, weil ich mit einem Typen aneinandergeraten bin, der mich auf Holländisch angequatscht hat.« Karina schüttelte den Kopf. Sie war noch immer empört. »Als er merkte, dass ich Deutsch spreche, hat er mir dieses Flugblatt in die Hand gedrückt«, fuhr sie fort und wedelte mit einem Papier.

»Stoppt die Fälschung.« Jenny las leise die Überschrift.

»Ja, und?«, fragte sie dann gleichmütig und sah Karina verständnislos an.

»Ich dachte zuerst, die meinten meine Briefe«, antwortete Karina. »Dann wurde mir klar, dass sie gegen das Tagebuch von Anne Frank demonstrieren. Martin hat erzählt, dass es Leute gibt, die behaupten, das Tagebuch sei gefälscht. Ich habe aber nicht gedacht, dass die heute noch aktiv sind.«

»Das ist allerdings heftig.« Jenny nahm ihrer Freundin das Flugblatt aus der Hand. »Guck hier, die beziehen sich auf ein Buch, in dem David Irving 1975 erklärt hat, die Werke Anne Franks seien nicht echt. Und da heißt es, Otto Frank hätte das sogar zugegeben.«

»Das ist alles Quatsch. Er hat zugegeben, dass er einige Passagen ausgelassen und andere redigiert hat. Mit einem Kugelschreiber. Die Fälschungsgegner haben das zum Anlass genommen, das ganze Tagebuch als Fälschung zu deklarieren, weil es zu Annes Zeit einen solchen Kuli noch nicht gab.« Karina schüttelte den Kopf. »Dabei hat er die Passagen nur zum Schutz seiner Familie geändert und weil sie ihm unangenehm waren. Das ist doch keine Fälschung.« Sie schob das Flugblatt in ihre Umhängetasche. »Außerdem habe ich gelesen, dass in den 70er- und 80er-Jahren eine genaue Prüfung stattfand, bei der Papier, Tinte und Schrift mit Exponaten aus den 40er-Jahren verglichen wurden.«

Karina sah sich suchend nach der Informationstheke um. Die Sekretärin hatte ihr mitgeteilt, dass sie sich dort melden solle und der Mitarbeiter sie in Empfang nehmen würde. Als sie die Besucherschlange an der Kasse sah, war Karina froh, dass sie einen Termin vereinbart hatte. Das ersparte ihnen hoffentlich die Warterei. Warten gehörte nicht zu ihren Stärken. Sie wunderte sich immer, wie manche Menschen gelassen stundenlang vor einem Museum oder Stadion ausharren konnten.

»Weißt du, was ›Fleur Hendricks‹ auf Deutsch heißt?«, erkundigte sich Jenny, während sie darauf warteten, dass sie abgeholt wurden.

Karina zuckte mit den Achseln. »Keine Ahnung. Wie kommst du darauf?«

Jenny lachte. »Als ich draußen stand, hat mich ein Typ angebaggert.«

»Jenny!« Karina schüttelte den Kopf und lachte. Typisch Jenny. Wo sie ging und stand, stolperte sie über Männer, die sich interessiert zeigten. Bei ihrem Aussehen und ihrer Figur kein Wunder und trotzdem immer wieder zum Lachen, denn Jenny hatte einen ausgefallenen Männergeschmack.

»Ich kann ja nichts dafür, dass die Typen mich anquatschen!«, empörte sich Jenny. Sie zeigte auf die rote Mütze, über die Karina während der ganzen Fahrt Witze gemacht hatte. »Trotz der Abturn-Mütze!«

Karina ging nicht darauf ein. »Fleur Hendricks, das hört sich für mich eher nach einem Namen an als nach einer Anmache.«

Jenny legte den Kopf in den Nacken. »Stimmt. Für mich klingt das alles fremd, jetzt, wo du das sagst. Ich glaube, der Typ wollte wissen, ob ich Fleur Hendricks heiße.« Sie zog eine Schmollschnute, wie Karina den Gesichtsausdruck in Gedanken gerne nannte. ›Entenschnabel‹ hätte das Vorschieben der zusammengepressten Lippen auch gut getroffen. »Schade eigentlich. Sah nicht schlecht aus für sein Alter.«

Karina schüttelte den Kopf. »Vielleicht ist Liam van Barsten dein Typ!«

»Guck mal.«

Karina zuckte zusammen, als Jenny ihr den Ellbogen in die Seite rammte.

»Den würde ich nicht von der Bettkante stoßen«, flüsterte sie.

Mit einem leichten Grinsen bemerkte Karina, dass Jennys Augen groß wurden, als genau der schlanke Mittdreißiger, von dem sie gesprochen hatte, auf sie zutrat.

»Mevrouw Bessling?«, fragte er. Als Karina nickte, reichte er ihr die Hand. »Ich bin Liam van Barsten«, stellte er sich vor.

Karina musste sich zusammenreißen, um nicht herauszuplatzen, weil Jenny den dunkelblonden, schlanken Mann mit ihren Blicken förmlich aufsaugte.

»Guten Tag, Herr van Barsten«, sagte Karina rasch. »Das ist meine Freundin Jenny Bär. Ich hoffe, es ist in Ordnung, dass ich sie mitgebracht habe. Zu zweit ist die Fahrt nicht so langweilig.«

Liam van Barsten lächelte zuerst Karina und dann Jenny an. »Hallo, Jenny. Sagen Sie Liam zu mir. Wir Niederländer sind nicht so förmlich.«

»Sie sprechen aber gut Deutsch, Liam«, antwortete Jenny mit einem Augenaufschlag, den Karina sich schon als Teenager abgewöhnt hatte. Aber Liam schien er zu beeindrucken.

»Ich habe deutsche Wurzeln. Deshalb arbeite ich hier im Anne-Frank-Haus. Mich interessiert die deutsch-niederländische Geschichte. Meine Großmutter lebt noch immer in Deutschland.«

Karina horchte auf. Ehe sie etwas sagen konnte, erkundigte sich Jenny, wo die Großmutter lebte, und fügte gleich hinzu, dass sie selbst aus Stuttgart kam und auf einem Bauernhof am Bodensee lebte.

»Meine Großmutter lebt in einer Seniorenresidenz in Münster«, berichtete Liam van Barsten und sein Gesicht verfinsterte sich.

Karina fragte sich, woran er dachte. Fast hätte sie nachgefragt, in welcher Einrichtung, aber solche Zufälle gab es allenfalls in Romanen. Vermutlich hätte er sie nicht einmal gehört. Der Blick, den er mit Jenny tauschte, dauerte deutlich länger als üblich, wenn zwei Fremde sich begegneten. Sie seufzte. Hoffentlich gab es nicht wieder Männerkomplikationen.

»Kommen Sie doch mit!« Karina war erleichtert.

Liam van Barsten hatte sich aus Jennys Blickklauen gelöst und sich erinnert, weshalb sie nach Amsterdam gekommen war. Er geleitete sie in sein Büro und bat sie an dem Besprechungstisch Platz zu nehmen.

»Darf ich Ihnen einen Kaffee anbieten?«, erkundigte sich der junge Mann. Dabei wies er auf die Tassen auf dem Tisch und eine Schale mit Gebäck. »Ich habe extra Poffertjes besorgt, eine holländische Spezialität«, erklärte er und schob Jenny die Schale hin.

Hoppla, was ging denn da ab? Karina war irritiert, weil ihr Gesprächspartner so tat, als wäre es Jenny, die seinetwegen den weiten Weg gefahren war.

»Vielen Dank, ich weiß nicht, ob es gut ist, den Brief mit Plätzchenfingern anzufassen!« Karina erschrak selbst über ihren Ton. Kaum hatte sie den Hinweis gegeben, da spürte sie einen leichten Schmerz am Schienbein. Jenny hatte ihr tatsächlich wie in Schulzeiten unter dem Tisch einen Tritt gegeben.

»Da haben Sie recht«, stimmte Liam van Barsten Karina zu. »Wir beide sollten damit warten, aber Ihre Freundin darf sicher schon, oder?« Dabei zwinkerte er Jenny zu.

Karina beschloss, die Tändelei der beiden nicht mehr zu beachten. Hauptsache, sie bekam ihre Informationen. Sollten Jenny und Liam van Barsten nachher machen, was sie wollten.

Karina öffnete ihre Umhängetasche und zog die Mappe heraus, in der sie die Ausdrucke und den Original-Brief, den ›TH‹ bei Martin in den Briefkasten geworfen hatte, transportiert hatte.

Mit dieser Bewegung gelang es Karina Liam van Barstens Aufmerksamkeit von Jenny auf sich zu ziehen. Es kam ihr vor, als hätte er ihr die Unterlagen am liebsten aus der Hand gerissen, um sie zu prüfen. Gespannt beobachtete er, wie sie die Gummibänder beiseiteschob und die Mappe öffnete.

»Ich habe nur diesen Brief im Original bekommen und von den anderen 24 eine Übersetzung ins Deutsche«, erklärte sie Liam van Barsten.

Er befühlte das Papier des Briefes. »Das muss ich prüfen lassen«, murmelte er, als habe er völlig vergessen, dass Karina und Jenny mit am Tisch saßen.

Karina kannte das und grinste. Ihr ging es genauso, wenn sie sich in ein Bauprojekt verbissen hatte. Dann konnte um sie herum die Welt einstürzen und sie bekam nichts davon mit.

»Warum lachen Sie?«, wollte Liam van Barsten wissen.

Sie hatte ihn falsch eingeschätzt. Obwohl er in den Brief vertieft war, behielt er sie im Blick.

»Sie waren so versunken wie ich manchmal, wenn mich etwas packt«, offenbarte Karina ihm ihre Gedanken. Nicht, dass er auf die Idee kam, sie hätte direkt etwas mit den Briefen zu tun, wenn sich herausstellen sollte, dass es Fälschungen waren. Sie hatte mit Martin lange darüber gesprochen, dass ein solcher Verdacht entstehen könnte. Deshalb hatte sie alle E-Mails ausgedruckt und den Kontaktverlauf akribisch dokumentiert. Dokumentieren konnte sie. Daher wusste sie, dass eine E-Mail von TH am Tag nach Thomas Bergners Tod eingetroffen war. Dann hatte sie einige Tage nichts gehört, ehe das Angebot eintraf, ihr ein Original in den Briefkasten zu werfen.

»Ihre Freundin wohl auch«, hörte Karina nur. Anscheinend hatte sich Liam van Barsten mit Jenny unterhalten, während Karina an ihr Gespräch mit Martin gedacht hatte.

»Sorry«, entschuldigte sie sich. »Ich habe gerade viel im Kopf. Was sagen Sie zu dem Brief?«

»Ich muss Schrift, Papier und Stift prüfen lassen«, meinte Liam van Barsten. »Zum Glück habe ich während meines Studiums Steno gelernt. Das ist ganz hilfreich, wenn man Zeitzeugnisse analysieren möchte. Was in dem Brief steht, ist durchaus realistisch. Es gibt keine Hinweise darauf, dass Anne Frank in Westerbork Tagebuch geschrieben hat, aber es spricht nichts dagegen. Die Familie durfte persönliche Dinge aus dem Hinterhaus mitnehmen. Warum nicht Papier und Stift?« Er stand auf und ging zu dem Bücherregal an der Stirnseite des Raumes. Suchend schritt er an dem Regal entlang, dann nahm er ein Buch heraus und kam zurück zum Tisch.

»Das ist das Tagebuch von Etty Hillesum«, erklärte er. »Eine Jüdin aus Amsterdam, die ein Jahr vor Anne Frank in Westerbork war und von dort nach Auschwitz deportiert wurde. Auch sie hat das Lager nicht überlebt. Sie konnte ihre Notizen vor dem Abtransport einer Freundin übergeben.«

Karina schlug das Buch auf. Außer den Daten konnte sie wenig lesen. »Gibt es das in deutscher Übersetzung?«, wollte sie wissen.

Liam van Barsten nickte. »Ja. Es hat einige Jahrzehnte gedauert, bis es überhaupt veröffentlicht wurde. Etty hat eine Freundin gebeten, das Tagebuch an den Schriftsteller Klaas Smelik zu schicken, weil sie hoffte, dass ein Autor Möglichkeiten finden würde, es zu veröffentlichen. Die Verlage haben sich anfangs sehr schwer getan.« Er deutete auf das Buch, das inzwischen von Karinas in Jennys Hände gewandert war. »Das ist eine Erstausgabe, sie stammt aus dem Jahr 1981. Fast 40 Jahre, nachdem Etty es geschrieben hat.«

Karina sah, wie Jenny beinahe ehrfurchtsvoll in dem Buch blätterte. Bücher waren sonst nicht ihr Ding, sie interessierte sich eher für andere Sachen. Sollte die Geschichte der Etty Hillesum sie gepackt haben oder wollte sie Liam van Barsten beeindrucken?

Karina holte ihr Notizbuch aus der Tasche und notierte Name und Titel. Nach ihrer Rückkehr würde sie sich das Tagebuch bestellen. Die Briefe von Anne Frank, ob echt oder nicht, hatten ihre Neugier auf das Leben in den Lagern der Nazis geweckt. Ihr war erst durch die Texte klar geworden, dass viele Menschen monate- oder jahrelang in den Lagern gelebt, geschlafen, gegessen und gearbeitet hatten.

Jenny gab Liam das Buch mit einem tiefen Blick zurück.

Schmunzelnd wandte Karina sich ihrer Mappe zu und zog die Übersetzung des Briefes heraus, dessen Original sie Liam van Barsten gegeben hatte.

»Können Sie mir sagen, ob diese Übersetzung dem Brief entspricht?«, bat sie.

Liam van Barsten überflog den Text. Er nickte. »Die Inhalte sind identisch.«

Karina reichte ihm die anderen Ausdrucke. »Das sind die restlichen Briefe in übersetzter Form.«

Der Mann betrachtete den Stapel. »Die würde ich gerne in Ruhe durchlesen. Kann ich mich in den nächsten Tagen bei Ihnen melden?«

Karina war enttäuscht. Sie hatte gehofft, dass sie sofort eine Rückmeldung bekam, ob die Briefe echt waren oder nicht. »Können Sie nicht eine Prognose abgeben?«, fragte sie.

Liam van Barsten schüttelte den Kopf. »Alles, was ich sagen kann, ist, was ich bereits erklärt habe. Es spricht nichts dafür, aber auch nichts dagegen, dass Anne Frank auf ihrer Fahrt durch die Lager ihre Erlebnisse notiert hat. Dass sie Steno schreibt, lässt sich mit Papiermangel erklären. Alles Weitere wird die Zeit zeigen. Ich muss das Original analysieren lassen und die Briefe inhaltlich prüfen, ob sie historisch realistisch sind oder Fehler enthalten.«

Karina sah ihn an. »Die Daten stimmen mit dem überein, was ich über Anne Frank gefunden habe.«

Ihr Gegenüber lachte. »Gefälschte Briefe enthalten oft Formulierungen, die zu der Zeit des vorgeblichen Verfassers nicht üblich waren, oder Informationen, die erst nach Ende des Krieges bekannt wurden. Manche Begrüßungsfloskeln oder umgangssprachliche Begriffe gewinnen erst im Laufe der Zeit an Bedeutung.« Er strahlte Jenny an. »Anglizismen zum Beispiel haben sich erst in den letzten Jahrzehnten in unsere Sprache geschlichen. Das beachten Fälscher meist nicht. Zum Glück.«

Karina erinnerte sich an die vielen kleinen Dinge in den Briefen ihrer Großtante. Die Spielfilme und Musiker, die sie erwähnte. Sie fand diese Details damals nett, vor allem dann, wenn sie einen Bezug zu ihrem eigenen Leben hatten wie das Buch ›Im Westen nichts Neues‹ oder das Lied ›Irgendwo auf der Welt‹ aus Udo Lindenbergs Rock-Show ›Atlantic Affairs‹, das sie seitdem oft im Auto hörte. Dass diese Erwähnungen dazu dienen konnten, die Echtheit einer Quelle zu belegen, war ihr nicht in den Sinn gekommen. Unter diesem Blickwinkel würde sie ›THs‹ Briefe zu Hause erneut lesen.

»Dann bedanke ich mich für Ihren Besuch und wir hören voneinander«, sagte Liam van Barsten.

Karina nickte, war allerdings nicht sicher, ob er wirklich sie oder nicht doch Jenny meinte.

Die Blicke der beiden sprachen Bände. Was entwickelte sich denn da?

Jenny löste ihren Blick von Liam van Barsten und sah sich zu Karina um. »Ah guck mal, da ist der Typ, der mich angequatscht hat«, sagte sie.

Karina schaute zur Eingangstür. Dort stand ein Mann in ihrem Alter, der ihr bekannt vorkam. Sie war sich sicher, dass sie ihn bereits zu einem früheren Zeitpunkt gesehen hatte. Bei einer Lesung vielleicht. Sie sah noch einmal hin. War das nicht der Typ, der Thomas bei der Lesung begleitet hatte? Konnte es sein, dass er in Amsterdam war?

Dann war er nicht ›TH‹. Der wusste doch, dass sie hier war. Sie betrachtete den Mann genauer. Die Größe passte, die Frisur, die Haarfarbe, das Gesicht. Sie hatte ihn zwar nur einmal gesehen, aber wegen der ungewöhnlichen schwarzen Hornbrille und dem eher unmodernen 70er-Jahre Haarschopf, der an Bilder ihres Vaters in seiner Sturm- und Drang-Zeit erinnerte, war er ihr im Gedächtnis geblieben. Das musste er sein.

»Hallo!«, rief sie, um ihn auf sich aufmerksam zu machen. Liam van Barsten wirkte leicht konsterniert. Aber das war ihr gleichgültig. Sie ließ ihn und Jenny stehen und bahnte sich einen Weg durch die Schlange vor der Kasse.

Dienstag, 12. September 1944

Liebe Kitty!

Es ist schlimmer, als ich dachte. Ich habe von den Lagern gehört und in Westerbork war ich froh, dass ich wieder frische Luft riechen konnte. Hier ist keine frische Luft. Es hängt ein komischer Geruch in der Luft, die merkwürdig ist. Grau und unheimlich.

Wir kamen mitten in der Nacht an. »Bewegung, Bewegung«, brüllten Stimmen, deren Herkunft ich nicht ausmachen konnte. »Gepäck liegen lassen«, hieß es. Überall waren Scheinwerfer und Männer mit riesigen Gewehren.

Das Erste, was wir sahen, war das Schild über dem Eingang: ›Arbeit macht frei‹. Und die Wachtürme. Hohe Strommasten. Andere Männer in gestreiften Anzügen mit kahlen Köpfen. Wer nicht schnell genug war, wurde mit Hundepeitschen vorangetrieben. Plötzlich hieß es: Frauen nach rechts, Männer nach links. Da habe ich Pim das letzte Mal gesehen.

Als Nächstes mussten wir uns ausziehen. Ein Arzt tastete uns ab. Überall. Das war so ekelig. Dann wurde uns eine Nummer auf den linken Unterarm gebrannt. Die Nummer beginnt mit A-25, dann folgen drei Ziffern. Den Rest kann ich nicht lesen, weil alles rot und dick ist. Und wir wurden rasiert. Überall. Sie nutzen die Haare für Treibriemen und Rohr-Dichtungen in den U-Booten, behaupten sie. Ich glaube nichts mehr. Moffen lügen. Zum Anziehen bekamen wir einen Sack, darunter sind wir nackt. Alle sehen gleich aus. Nur wer dick oder dünn, groß oder klein ist, fällt auf. Ich bete, dass der Krieg bald vorbei ist.

Deine unglückliche Anne

Es war nicht leicht gewesen, seinen Vater davon zu überzeugen, dass er ihm an einem Samstag sein Auto für eine Spritztour nach Amsterdam lieh. »Die ganze Woche hören wir nichts von dir«, hatte der Alte lamentiert. »Als Autoverleiher sind wir gut genug.« Nur das Versprechen, bis zum Sonntag zu bleiben und mit zum Wandern ins Zwillbrocker Venn zu fahren, hatte seinen Vater umgestimmt.

Die Fahrt nach Amsterdam war ohne Hindernisse verlaufen. Er wäre noch früher im Museum gewesen, hätte sich die Parkplatzsuche nicht als Hürde erwiesen. Das war der Nachteil der dicken Schlitten, die sein Vater liebte. Nach einigem Suchen hatte er weit vom Anne-Frank-Haus entfernt einen Parkplatz für den großen Volvo bekommen. Hoffentlich fand er ihn wieder.

Er schüttelte den Gedanken an die Fahrt und den Parkplatz ab und studierte die Frauen, die in das Museum hineingingen. Wenn er nur wüsste, welches Erkennungszeichen Fleur und Knolle vereinbart hatten.

In den Mails hatte er nichts gefunden. Mit dem Laptop-Passwort hatte er sich in Knolles Facebook-Account eingeloggt. Praktisch, dass Knolle nur ein Passwort verwendete. Er war die Nachrichten seines Freundes durchgegangen. Erstaunlich, wie viele Verabredungen mit Frauen er über das Internet eingegangen war. Und immer standen in den Nachrichten nur kryptische Bemerkungen wie ›Rumpelstilzchen‹. Was sollte er damit anfangen? Es überraschte ihn, was er über seinen Freund nach dessen Tod erfuhr. Er hatte eine Macke gehabt, das wurde ihm mit jeder neuen Enthüllung klarer. Vielleicht doch gut, dass er ihn los war.

Eine Frau mit einer roten Strickmütze sah ihn eindringlich an. Sie stand an der anderen Seite des Eingangsportals.

Ob das Fleur Hendricks war? Die Frau lächelte und blickte sich suchend um. Sie wartete eindeutig auf jemanden.

»Fleur Hendricks?«, rief er ihr zu.

Die Frau schaute ihn verständnislos an. Sie schüttelte den Kopf und drehte sich weg.

Er ärgerte sich. Er war eine halbe Stunde zu früh. Die Wahrscheinlichkeit, dass Fleur bereits wartete, tendierte gen null, da konnte er sich solche Peinlichkeiten ersparen. Außerdem zog er damit nur unnötig die Aufmerksamkeit anderer Menschen auf sich. Am besten war es, in der Menge unterzutauchen, und wenn er die Schlangen an Kasse und Eingang sah, war das Foyer optimal. Sollte er sich eine Eintrittskarte besorgen? Aber Fleur brauchte ebenfalls eine und wenn sie nicht kam, hatte er umsonst Geld ausgegeben.

Ein Blick auf die Uhr sagte ihm, dass er 25 Minuten überbrücken musste. Er ging in den Museumsshop und stöberte in den Büchern. Es gab viele Ausgaben auf Deutsch, aber er fand es angenehm, wieder einmal Niederländisch zu lesen.

Noch zehn Minuten.

Er verließ den Shop und blickte sich in dem Foyer um. Wie sollte er Fleur Hendricks erkennen? Er dachte an die E-Mails, die Fleur mit Knolle ausgetauscht hatte. Ob sie das Ganze als Spiel betrachtet hatte? Am Ende war Fleur Hendricks gar nicht ihr richtiger Name?

Ach was, schalt er sich. Sie hatte einwandfreie Steno-Übertragungen geliefert, wieso hätte sie das unter falschem Namen tun sollen?

Und wenn die Steno-Eintragungen nur sinnlose Zeichen waren? Er konnte wie Knolle nicht einmal deutsche Steno-Zeichen entziffern, geschweige denn niederländische. Ihm wurde heiß. Er hatte Karina Bessling die Dateien geschickt und extra einen handgeschriebenen Brief in den Briefkasten ihres Lebensgefährten geworfen. Wenn die Zeichen falsch waren, war sein Schwindel aufgeflogen.

Er beruhigte sich. Karina Bessling war gestern in Amsterdam gewesen. Für eine niederländische Institution war es eine Sache von Minuten, zu klären, ob die Steno-Kürzel einen Sinn ergaben oder nicht. Sie hatte sich bisher nicht bei ihm gemeldet, das hieß, dass der Brief zumindest diese erste Hürde genommen hatte.

Erleichtert verließ er das Museum, um Fleur nicht zu verpassen. Er betrachtete jede Frau, die auf das Museum zuging, und kam sich dabei vor wie das letzte Häppchen auf einer Käseplatte. Zwar war die Tusse mit der roten Mütze verschwunden, aber er sah die Passantinnen anscheinend so auffällig an, dass diese fragend zurückstarrten. Er beschloss, die letzten fünf Minuten im Foyer zu warten, und betrat das Gebäude.

Dort entdeckte er die Frau mit der roten Mütze im Gespräch mit einer anderen Besucherin und einem Mann. Das Paar stand mit dem Rücken zu ihm, aber die Frau kam ihm bekannt vor. Sie bewegte ihre Hände ununterbrochen, wenn sie sprach, das war ungewöhnlich. Aber wen sollte er hier in Amsterdam kennen? War das womöglich eine seiner Cousinen, die er ewig nicht gesehen hatte? Seit er nicht mehr bei seinen Eltern wohnte, war der Kontakt zur holländischen Verwandtschaft fast völlig abgebrochen, weil er neben seinen Jobs keine Zeit hatte, an den Familientreffen teilzunehmen. Der Unmut, den das bei seinen Eltern hervorrief, war nicht dazu angetan, ihre Einstellung zu seinem Studium zu verbessern.

Er ging langsam durch das Foyer und warf jeder Frau,

die allein dort stand, einen tiefen Blick zu. Keine reagierte. Als er am Eingang angekommen war, schaute er erneut durch den Raum.

Er erschrak. Die Frau mit der roten Mütze zeigte direkt auf ihn. »Das ist der Typ, der mich angequatscht hat«, hörte er sie zu ihrer Begleiterin sagen. Von vorn erkannte er die Frau neben ihr sofort wieder. Karina Bessling. Was tat sie hier in Amsterdam?

Rasch drehte er sich um und stieß am Eingang mit einer Punkerin mit grünem Haarschopf zusammen.

»Thomas?«, fragte sie außer Atem.

Schon wollte er den Kopf schütteln, da fiel ihm ein, dass er an Thomas' Stelle hier war.

»Hallo!«, hörte er hinter sich die Stimme von Karina Bessling. Was sollte er nur tun?

KAPITEL 13

Karina Besslings »Hallo!« klang ihm lange im Ohr. Zum Glück hatte Fleur Hendricks in der Tür gestanden, als die blöde Kuh ihn angesprochen hatte. Er hatte das Anne-Frank-Haus sofort verlassen und Fleur mit sich gezogen. Die war so verblüfft, dass sie erst reagierte, als sie wenige Schritte vom Museum entfernt waren.

»Das war meine Exfreundin«, erklärte er ihr und bemühte sich, ein schiefes Grinsen aufzusetzen, um zu zeigen, wie genervt er war. Anscheinend war ihm das gelungen.

Die Frau mit den grünen Haaren nickte. »Das kenne ich«, sagte sie. Er war erleichtert darüber, dass sie Deutsch sprach, wenn auch mit einem starken niederländischen Akzent, der in seinen Ohren lieblich klang. Ob sie mit Knolle telefoniert und er sich in ihre Stimme verliebt hatte?

»Thomas!« Er musste daran denken, dass er nicht er selbst war, sondern Thomas Bergner spielen musste. Beinahe hätte er nicht geantwortet, als sie ihn mit dem Namen ansprach. Rasch blickte er auf.

Fleur schlug eine kleine Kneipe in der Nähe des Museums vor, in der sie ungestört sprechen konnten.

Er nickte. »Wo du bist, will ich sein!«, flachste er und merkte im gleichen Augenblick, dass ihm das ernst war. Diese Stimme, die grünen Haare, die kleine Nase und das Grübchen, das sich zeigte, wenn sie grinste. Eine Frau zum Verlieben.

Er seufzte. Das hatte ihm gerade noch gefehlt. Er war als Thomas hier und musste sie überzeugen, dass sie sämtliche Dateien, die mit den Briefen zu tun hatten, löschte. Aber vielleicht musste er das gar nicht, wenn er Zugang zu ihrem Computer bekam.

Fleur lachte über seinen Spruch und hakte sich bei ihm unter. »Komm. Es ist nicht weit«, sagte sie.

Es dauerte tatsächlich nicht lange, da erreichten sie eine kleine, unscheinbare Tür, die Fleur öffnete, als wäre sie hier zu Hause.

»Hoi, Fleur!«, grüßte eine Frau mit blauen Haaren, die hinter der Theke stand.

»Hallo, Fleur«, rief ein bärtiger Mann vom Fenstertisch.

»Hoi«, antwortete Fleur und gab der Frau hinter der Theke einen Kuss auf die Wange. »Das ist Thomas«, stellte sie ihn vor. »Und das ist Perdita. Meine beste Freundin.«

Die Frau hinter der Theke reichte ihm die Hand. »Hoi, Thomas«, sagte sie und grinste ihn freundlich an.

»Perdita kann kein Deutsch«, erklärte Fleur die Wortkargheit ihrer Freundin. Ihm konnte das nur recht sein. Es passte ihm überhaupt nicht, einer Freundin von Fleur zu begegnen. Je weniger Verbindungen es zwischen ihnen gab, umso besser. Nur gut, dass er unter Thomas' Namen unterwegs war und sie nicht wusste, wie er wirklich hieß.

»Was möchtest du trinken?«, erkundigte Fleur sich, nachdem sie den Mann am Fenstertisch mit einer Umarmung begrüßt und ihn als ›Mentor‹ vorgestellt hatte.

Er war froh, dass sie sich nicht zu dem Alten setzte, sondern in die Nische nebenan. Auch wenn ihm diese zu dicht an dem Tisch des Mannes war. Was er mit Fleur zu besprechen hatte, war nicht für Dritte bestimmt. Wieso musste diese Karina Bessling ausgerechnet heute in Amsterdam sein? Sie hätten bequem weit weg von Fleurs Bekannten im Anne-Frank-Haus sitzen können.

»Schön, dich endlich einmal sehen.« Fleur strahlte ihn an.

»Finde ich auch«, entgegnete er. »Wie geht es deinem Kater?« So oft, wie ihr Kater in den E-Mails auftauchte, musste sie sehr an ihm hängen. Eine gute Grundlage für ein Gespräch.

Das Lächeln aus Fleurs Gesicht verschwand. Tränen traten in ihre Augen. Hatte er etwas überlesen? War der Kater etwa verschwunden?

»Er hat es nicht geschafft«, schluchzte Fleur.

Sofort erschien Perdita. »Was ist denn?«, wollte sie wissen. Zumindest vermutete er, dass ihre Worte so etwas bedeuten sollten. Sie rückte neben ihre Freundin auf die Bank.

»Thomas hat nach Murr gefragt.« Fleur zog ein Taschentuch hervor, um ihre Augen zu trocknen, während sie ihm ihre niederländische Antwort übersetzte. Sie sah ihn an. »Das kannst du nicht wissen.« Er atmete erleichtert aus. Er hatte keine Information überlesen. »Murr hat die Operation nicht überlebt.«

Er erinnerte sich, dass in einer E-Mail von einer Operation die Rede gewesen war. Dann war es also nicht Fleur, die sich einer OP hatte unterziehen müssen, sondern ihr Kater. Unglaublich, welches Aufheben manche um ihre Haustiere machten. Er gab sich Mühe, ein mitfühlendes Gesicht aufzusetzen, obwohl er ihre Reaktion wirklich albern fand. Peanuts im Vergleich zu seinen Schwierigkeiten, deren Lösung er kein Stück näher gekommen war. Und diese Freundin bewegte sich nicht mehr von der Stelle. Es sah ganz danach aus, als würde sein Besuch in Amsterdam ein voller Reinfall. Er schielte auf die Uhr über der Theke. Viel Zeit hatte er nicht mehr, sein Vater hatte ihm eingeschärft, dass er den Wagen pünktlich zurückbringen solle.

»Was hat es eigentlich mit den Briefen auf sich, die ich übertragen sollte?«, unterbrach Fleur seine Gedanken. Obwohl er froh war, dass sie endlich auf sein Thema zu sprechen kam, hörte er mit wachsendem Entsetzen, wie Fleur ihrer Freundin erklärte, dass sie für Knolle Briefe von Anne Frank in Steno übertragen hatte.

Er verstand den Sinn der niederländisch gesprochenen Erläuterung nicht genau, der Name Anne Frank, der wiederholt erwähnt wurde und das Wort ›Steno‹ ließen keine andere Interpretation zu. Erst recht nicht, nachdem diese Perdita ihn anstrahlte und etwas sagte, das Fleur übersetzte als: »Perditas Freund arbeitet im Anne-Frank-Museum. Sie fragt, ob du dem Museum von deinem Fund berichtet hast.«

Diese Fleur hatte wohl nichts damit am Hut, Kundenaufträge vertraulich zu behandeln. Und er konnte sehen, wie er aus diesem Schlamassel herauskam.

»Wie geht es deinem Freund, mit dem du an dem Projekt arbeitest?« Fleur wechselte unverhofft das Thema.

Puh, sie sah zwar süß aus, aber in ihrem Kopf ging es ziemlich durcheinander. Von wem sprach sie nun wieder. Es dauerte einige Sekunden, bis er begriff, dass sie ihn in seiner Rolle als Knolle fragte, wie es ihm als Spocky ging. Wieso hatte Knolle ihn überhaupt erwähnt?

»Konnte diese Karina Bessling euch weiterhelfen?«

Das durfte nicht wahr sein. Hatte sein Freund denn gar nichts für sich behalten? Wenn er die Kontaktdaten von Karina Bessling über das Internet gefunden hatte, konnte Fleur das ebenfalls und die Autorin an ihnen vorbei kontaktieren. Hätte er gewusst, dass sein Freund so viel Scheiße im Gehirn hatte, hätte er sich niemals auf den gemeinsamen Plan eingelassen. Oder waren es die Hormone, die seinen Geist vernebelt hatten, sobald eine Frau in sein Leben trat? Anscheinend war an dem Spruch seines Großvaters etwas dran. »Frauen sind dein Verderben«, hatte er ihn bei jeder neuen Freundin gewarnt. Das durfte er nicht zulassen!

Samstag, 16. September 1944

Liebe Kitty!

Ich sehne mich nach den Batterien in Westerbork. Hier müssen wir Steine schleppen und wissen nicht, wozu. Ich versuche, leichte Steine zu finden, immer ist ein Kapo mit Hundepeitsche hinter uns. Oder wir müssen Rasenplatten ausstechen, die keiner benötigt. Was soll das alles? Darüber darf ich nicht nachdenken.

Am schlimmsten ist der Appell morgens und abends. Wir müssen uns in Fünferreihen aufstellen und genau darauf achten, dass die Nachbarn eine Armlänge entfernt sind. Dann wird durchgezählt. Fehlt einer, geht alles von vorne los.

Danach gibt es das dunkle Wasser, das Kaffee sein soll. Manchmal steht Ronnie neben mir, sie hat erzählt, dass sie sich vorstellt, ein Konzert zu hören, um das Lager zu vergessen. Ich versuche mich in Geschichten zu versetzen.

Anfangs hatte ich Hunger und Durst. Inzwischen habe ich mich an das Loch im Bauch gewöhnt. Auf meinen Essnapf passe ich trotzdem auf. Wer den verliert, ist schon fast tot. Er kann keine Suppe mehr holen. Nicht, dass du denkst, das sei eine Suppe, wie Mutter sie früher gekocht hat. Ich weiß gar nicht, was in der Suppe ist, und will es lieber nicht wissen.

Zum Glück mögen mich hier viele. Einer hat mir eine weiße lange Unterhose geschenkt, deren Beine unter dem Sack hervorschauen, den wir hier tragen müssen. Nun ist es nicht mehr so kalt unten rum.

Manchmal geben sie mir Sachen, mit denen ich anderen eine Freude machen kann. Kürzlich meinte Rosa, sie hätte solchen Durst, da habe ich eine Tasse Kaffee für sie organisieren können. Hin und wieder schenkt mir jemand zusätzliches Brot, das ich mit Mutter und Margot teile.

Rosa wohnt wie wir in Block 29. Vater habe ich nicht mehr gesehen seit unserer Ankunft. Ob er noch lebt? Er ist 55. Ist das alt für den Arzt, der die Leute aussucht, die in die Gaskammer kommen? Die Gaskammern gibt es wirklich. Ich wollte das nicht glauben. Jeden Tag werden Menschen in die Kammern getrieben und mit Gas getötet. Wer tut so etwas? Ein Leben voller Fragen und Sorgen.

Deine Anne

»Wer war das?« Jenny starrte Karina verwundert an, als sie von ihrem Verfolgungsspurt zurückkam. Sie hatte vergeblich versucht, sich durch die Menschenmenge im Foyer zu drängen, um mit dem Mann zu sprechen. Als sie den Eingang endlich erreicht hatte, war er weg. Er musste mit dieser Frau mit den grünen Haaren in einer Nebenstraße oder einem Haus verschwunden sein.

Enttäuscht stand sie nun im Foyer, wo Jenny und Liam van Barsten auf sie gewartet hatten. Sie hatten die Zeit anscheinend gut genutzt, strahlten sich an und flirteten miteinander wie ein Paar in den Flitterwochen. Da würde sie Jenny in der nächsten Zeit wohl selten zu sehen bekommen.

»Ich bin sicher, das war der Typ, der mir die Briefe geschickt hat«, erklärte sie Jenny und Liam van Barsten, die sie fragend anschauten. Der Hinweis reichte den beiden, um sich wieder miteinander zu beschäftigen. Woher sollten sie wissen, dass dieser Mann möglicherweise die einzige Verbindung zu den Briefen war, sofern Thomas Bergner oder er die anonymen Mailschreiber waren?

Martin hatte eine Liste aller Besucher erstellt, die am 10. Mai bei ihrer Lesung gewesen waren. Er meinte sich an alle erinnern zu können, sodass die beiden die Einzigen waren, die infrage kamen.

Und wenn ›TH‹ sich den Besuch der Lesung nur ausgedacht hatte? Aber weshalb? Das war doch völlig unnötig. Wer sonst außer Thomas Bergner oder seinem Freund konnte der Mailschreiber sein? Blöd, dass Berta Bergner den Namen des Freundes nicht kannte. Das Einzige, was sie wusste, war, dass er in Münster lebte, vielleicht studierte, einmal von einem Seminar gesprochen hatte und davon, dass er für Zeitungen schrieb. Wenig hilfreich, diese Informationen.

»Lass uns nach Hause fahren«, bat Karina ihre Freundin. Ihr fehlte die Ruhe, um mit den zahlreichen Besuchern durch das Museum zu schleichen. Lieber wollte sie sich den Briefen widmen. Auch dem Hinweis von Liam van Barsten, dass die Sprache Aufschluss über das Alter der Briefe geben konnte, würde sie gerne nachgehen.

»Hey, wir wollten shoppen!«, empörte sich Jenny, als sie endlich draußen vor der Tür des Museums standen.

Karina sah sich unauffällig um, ob sie diesen Mann irgendwo erspähte. »Mhm, lieber würde ich direkt nach Hause fahren«, entgegnete sie. Als sie Jennys enttäuschtes Gesicht sah, holte sie tief Luft und stimmte schließlich zu, wenigstens zwei oder drei Boutiquen zu besuchen und dann eine Kleinigkeit in einer der Kneipen zu essen.

»Okay, aber wundere dich nicht, wenn mein Elan nicht so groß ist wie sonst.«

Ihre Freundin schmunzelte. »Die Lust kommt beim Shoppen.« Sie hakte sich bei Karina unter und führte sie zur U-Bahn. »Liam hat mir den Weg zur Metro beschrieben«, erklärte sie auf Karinas erstaunten Blick hin. »In Amsterdam ist es genauso schwer, einen Parkplatz in der Innenstadt zu finden wie in Düsseldorf. Dein Auto steht gut und wir haben mehr Zeit zum Bummeln. Und können vielleicht doch fünf oder sechs Boutiquen unsicher machen.«

Karina lachte. Ihre Freundin war unbezahlbar. Sie schaffte es immer, dass sich ihre Laune besserte. Fast begann sie sich auf den Bummel zu freuen. Obwohl sie lieber die Details in den Briefen überprüft hätte oder mit den Eltern von Thomas Bergner über dessen Freund gesprochen hätte. Sie ärgerte sich, dass der Mann verschwunden war, als sie ihn angesprochen hatte. Wieso eigentlich?

»Sag mal, Jenny, würdest du gleich wegrennen, wenn dich in einem Museum jemand anspricht?«, fragte Karina ihre Freundin, als sie in der Metro saßen.

»Nö? Meinst du den Typen, dem du hinterhergerufen hast?«, gab Jenny zurück. »Das war zwar merkwürdig, aber so hässlich, dass man gleich wegrennen muss, bist du nun auch wieder nicht.«

Karina boxte ihre Freundin in die Seite. Dann wurde sie ernst. Sie beschrieb Jenny ihr Gedankenspiel. Steckte dieser Freund von Thomas Bergner hinter den Briefen und war er deshalb weggelaufen? Hatte er sie wiedererkannt?

»Vielleicht ist er gar nicht deinetwegen abgehauen, sondern weil er mit dieser Frau verabredet war, die gerade reinkam.«

Womm! Jenny hatte sie auf den Boden der Tatsachen zurückgeholt. In dem Museum wimmelte es von Menschen. Alle hatten sich umgedreht, als sie »Hallo!« gerufen hatte. Vielleicht hatten andere ähnlich reagiert und sie hatte es nicht mitbekommen, weil sie so auf den Mann in der Tür fixiert gewesen war.

»Bestimmt hatte der Typ bei der Frau mehr Glück mit seiner Anmache«, fuhr Jenny fort. »Oder er war mit ihr verabredet. Mich hat er schließlich ebenfalls angequatscht.« Sie lehnte sich zurück und lachte.

Karina starrte sie an. »Was ist daran so witzig?«, quetschte sie ungehalten hervor. Vielleicht war es ein Fehler, Jenny mitzunehmen. Es wäre schöner gewesen, wenn Martin Zeit gehabt hätte. Nun musste sie mit Jenny vorliebnehmen und die hörte nicht auf zu lachen. »Jenny!«, sagte Karina und merkte sofort, dass sie sich in der Lautstärke vertan hatte. Alle Menschen in der Metro starrten sie an. Für einen Moment kam es ihr vor, als wäre unter ihnen der Mann, über den Jenny nun nicht mehr lachte.

»Entschuldigung.« Jennys Stimme zitterte leicht von ihrem Lachanfall. »Ich habe mir gerade vorgestellt, dass du mit deinem Ausruf in ein Blind Date geplatzt bist.« Sie kicherte wieder. »Kein guter Start, oder? Was würdest du denken, wenn dein Date von einer anderen angequatscht wird. Ein Massen-Blind-Date, oder?«

Die Vorstellung fand Karina lustig. Sie grinste und sah zu ihrer Erleichterung, dass sich die anderen Fahrgäste wieder ihrem Buch, ihrem Tablet oder ihrer Zeitung widmeten. Ihr Blick fiel auf die deutsche Tageszeitung, in die ein Mann zwei Sitzreihen weiter vertieft war.

»Zwei Tote in Seniorenheim?«, las sie und starrte ungläubig auf das kleine Bild des jungen Mannes mit langen Haaren und einer Hornbrille, den sie erst eine halbe Stunde zuvor gesehen hatte. Das war der Mann, der zusammen mit Thomas Bergner ihre Lesung besucht und den sie im Museum gesehen hatte, da war sie sich plötzlich sicher Sie konnte nicht sagen, ob es der Gesichtsausdruck oder die Brille war, aber sie wusste, dass der Mann zusammen mit Thomas Bergner ihre Lesung besucht hatte. Was wollte er in Amsterdam? Er wusste doch, dass sie mit den Mitarbeitern des Anne-Frank-Hauses im Gespräch war. Und was hatte er mit zwei Toten in einem Seniorenheim zu tun?

KAPITEL 14

Fleur wollte ihm unbedingt Amsterdam zeigen. Ihm wäre es lieber gewesen, sie hätte ihn gleich zu sich eingeladen. Er hätte die Dateien löschen und sich vom Acker machen können. Stattdessen saß er mit ihr in der Metro und hörte sich ihr Geplapper über Katzen an. Wie kamen Katzenbesitzer nur darauf, dass alle Welt sich für ihre Biester interessierte?

»Ich habe eine Katzenallergie!«, unterbrach er Fleurs Erzählung über die Katze, die Männchen machen konnte.

»Och!« Das Strahlen auf Fleurs Gesicht, das sich seit ihrem Einstieg in die Metro gehalten hatte, verschwand. »Dann kann ich dir Murr und Mume gar nicht vorstellen.« Fast hätte sie wieder geheult, weil ihr der tote Kater einfiel.

Wie konnte er so blöd sein? Damit hatte er sich den Weg in ihre Wohnung verbaut. Dann konnte er sich diese Sightseeingtour durch Amsterdam genauso gut sparen. Fleur gefiel ihm zwar, aber dieses Katzengeblubber ging ihm gehörig auf den Sack und er hatte keine Lust, sich Komplikationen ihretwegen einzuhandeln. Nun ging es darum, rasch das Brief-Projekt abzuschließen.

Fleur neben ihm gluckste. Er sah sie erstaunt an. Was sollte das nun wieder? War sie froh, dass sie ihn dank der Katzenallergie so schnell los war?

Die beiden Mädchen gegenüber begannen ebenfalls zu lachen. Was war das hier? Ein Kicher-Flashmob? Hinter ihm lachte eine Frau laut. Diese Holländer. Er sah sich um und drehte sich sofort zurück. Das war doch die Frau, mit der er Karina Bessling im Museum gesehen hatte.

Er versuchte, aus den Augenwinkeln zu erkennen, ob sich Karina Bessling ebenfalls in der Metro befand. Da saß sie. Gegenüber von der Frau mit der roten Mütze.

Er beschloss, an der nächsten Station auszusteigen. Sollte diese katzenverrückte, dämliche Fleur mit den Daten machen, was sie wollte. Wenn er in Florida am Strand lag, würde ihn das nicht jucken. Er zog sein Smartphone aus der Tasche und tat, als hätte er soeben eine wichtige Nachricht bekommen.

»Ich muss sofort zurück!«, erklärte er Fleur, als die Metro hielt. Bevor sie antworten konnte, war er hinausgesprungen.

Fleur schaffte es gerade, die U-Bahn zu verlassen, ehe sich die Türen wieder schlossen. Ein Blick auf den Bahnsteig zeigte ihm, dass Karina Bessling weitergefahren war. Wenigstens das war gut gegangen.

»Was ist denn passiert?«, drängte Fleur. Sie hakte sich wieder bei ihm unter. Auch das stank ihm. Er war kein alter Mann, der keinen Schritt allein gehen konnte!

»Ich muss nach Hause!«, antwortete er nur und suchte auf der Anzeigetafel den Hinweis auf die Bahn, die zurück in Richtung Museum fuhr.

Fleur zog ihn eine Treppe hinunter und eine andere hinauf. »Schade!«, sagte sie und der traurige Klang ihrer Stimme sorgte dafür, dass er ein schlechtes Gewissen bekam. Sicher hatte sie sich den Tag für ihn, ach was, für Thomas, freigehalten. Und dann kam er, verpatzte den gemeinsamen Besuch des Anne-Frank-Hauses, beleidigte ihre Freundin, weil sie nicht lockerließ und mehr über die Briefe wissen wollte, und nun das.

Aber diese Perdita war wirklich aufdringlich gewesen. Obwohl er erklärt hatte, dass er nicht über die Briefe sprechen dürfe, hatte sie immer wieder gefragt. Nur mit Mühe hatte er sie davon abhalten können, ihren Freund im Museum anzurufen. Das hätte ihm noch gefehlt. Eines war ihm klar geworden, als er die Biografie des Fälschers der Hitler-Tagebücher gelesen hatte: Er durfte nicht mit den Briefen in Verbindung gebracht werden. Alles musste über eine Mittelsperson laufen. Ob Karina Bessling allerdings die Richtige dafür war, bezweifelte er inzwischen. Sie war zu neugierig. Hoffentlich machte sie ihm nicht einen Strich durch seinen schönen Plan.

»Hat Thomas dir eigentlich gesagt, dass du die Dateien nach der Übertragung löschen musst?«, erkundigte er sich bei Fleur. Erst an ihrem Blick erkannte er, dass er einen Riesenfehler begangen hatte.

Donnerstag, 28. September 1944

Liebe Kitty!

Ich bin krank. Zuerst war ich mit Ronnie und Frieda in der Krankenbaracke. Ronnie hat für uns gesungen, und weil sie eine Herrenuhr aus Platin gefunden hat, die meine Mutter gegen Essen eintauschen konnte, hatten wir etwas zu essen. Auch wenn es nur Brot, ein Stück Wurst und ein schrecklich stinkender Käse war. Ich versuchte mir vorzustellen, der Käse sei süße, leckere Erdbeertorte. Meine Lieblingstorte! Ob ich die jemals wieder essen werde? Das darf ich nicht fragen. Wer nicht an ein Ziel glaubt, ist verloren! Das habe ich Peter im Hinterhaus so oft erklärt, fast hätte ich es vergessen. Bei den Geschwüren und Flecken auf meinem Körper verständlich.

Ich bin im Krätzeblock und habe Angst, dass mich dieser Doktor in die Gaskammer schickt. Margot hat sich zu mir

gelegt, obwohl sie nicht krank ist. Damit wir zusammenbleiben können. Mutter hat ein Loch unter der Holzwand gegraben, um uns Brot zu geben. Wie soll das weitergehen?
Deine Anne

Der Stadtbummel in Amsterdam war für Karina eine einzige Qual. Das Bild und die Überschrift in der Zeitung ließen sie nicht los. Was hatte der Freund von Thomas Bergner mit zwei Toten im Seniorenheim zu tun? Sie hatte erfolglos versucht, in der City die deutsche Zeitung zu finden, und zum Surfen war sie angesichts der horrenden Roaming-Gebühren, die ihr ein früherer Ausflug in die Niederlande beschert hatte, zu geizig. So hatte sie Martin nur per SMS gebeten, ihr die Zeitung zu besorgen.

»Was steht denn so Besonderes in der Zeitung, dass ich vor dem Gottesdienst die Kioske abklappern musste, um das letzte Exemplar zu ergattern?«, empfing ihr Lebensgefährte sie, als sie im Pfarrhaus in Gemen eintraf.

Es hatte Karina einige Überredungskunst gekostet, dass Jenny mit zu Martin kam und sie nicht wie vereinbart nach Lembeck ins Seminarhotel fuhren, um dort gemeinsam zu essen. Erst als Karina ihr vom Turmhaus erzählte, in dem nicht nur Pralinenseminare stattfanden, sondern auch Abendgäste auf ihre Kosten kamen, war Jenny überzeugt.

Karina hätte lieber einen gemütlichen Abend mit Martin verbracht und mit ihm über die Ereignisse gesprochen. Doch ihre Freundin war immer für sie da, deshalb konnte sie sie nun nicht allein in ihrem Lembecker Hotel sitzen lassen. Zum Glück verstand sich Jenny gut mit Martin, obwohl sie anfangs ein Auge auf ihn geworfen hatte.

»Da gab es ein Bild von dem Mann, der mit Thomas

Bergner bei der Lesung war«, erklärte Karina und legte die Zeitung auf den Tisch, um den Artikel im unteren Teil der Titelseite zu lesen

»Krass! Das ist der Mann, der mich angequatscht hat!«, rief Jenny, als sie das kleine Bild sah.

Karina hatte ihr auf der Fahrt von Thomas Bergner erzählt und dem Artikel in der Zeitung. Als sie Jenny in der Metro auf das Bild aufmerksam machen wollte, hatte der Fahrgast gerade das Blatt eingesteckt.

Amüsiert nahm Karina die Aufregung in ihrer Stimme wahr.

»Der hätte mich umbringen können!« Das war typisch Jenny. Sie schaffte es immer, alles auf sich zu beziehen und eine Beinahe-Katastrophe herbeizureden. Im Kosmos der verwöhnten Tochter eines Schönheitschirurgen ging das wohl nicht anders. Sie brauchte das Drama, um Aufmerksamkeit zu erhalten.

»Warum?« Karina zwang sich, nicht laut zu lachen. Mit einem einzigen Fragewort gelang es Martin, Jenny aus ihrer Welt zurück in die raue Wirklichkeit zu holen.

»Da steht es doch. Die alte Frau und dieser Thomas B. sind beide ertrunken«, referierte Jenny den Zeitungsbericht, ohne auf Martins Frage einzugehen. »Und der Typ arbeitet in dem Wohnheim.«

Karina las den Artikel in Ruhe. Über Thomas B. wurde nicht mehr gesagt, als dass er tot war.

»Haben die Eltern von Thomas Bergner davon gesprochen, dass er in einem Seniorenheim arbeitet?«, fragte sie und sah Martin an.

»Davon war nicht die Rede. Nein, der hat sicher nicht im Heim gejobbt, nach dem, was die Eltern erzählt haben, war er nicht der Typ dazu.«

Umso seltsamer, dass er im Pool einer solchen Anlage gestorben war, wenn sie den Artikel in der Zeitung richtig interpretierte.

Unter dem Bild seines Freundes stand kein Name. Er arbeitete in Münster in besagtem Seniorenheim. Ein merkwürdiger Zufall, dass in kurzer Zeit zwei Todesfälle in seinem Umfeld geschehen waren. Die Heimleitung hatte ein Interview mit der Zeitung abgelehnt. »Man will die Ergebnisse der Polizei abwarten, bis man sich zu den Todesfällen äußert«, fasste Karina den Artikel zusammen. »Von dem Mann stehen da lediglich die Initialen A. K., er erklärt nur, dass er nichts sagen könne.«

»Er tut gut daran, nicht mit der Presse zu sprechen«, meinte Martin. »Sonst ist er ganz schnell seinen Job los. Je nach Arbeitgeber unter Umständen schon am nächsten Tag.« Er betrachtete das Bild. »Du hast recht, das ist der Mann, der mit Thomas Bergner deine Lesung besucht hat.« Er pfiff leise. »Mein lieber Scholli, der Journalist ist ja nicht gut auf das Seniorenheim zu sprechen. Aber schreiben kann er. Er deutet sehr geschickt an, dass es schon öfter Unregelmäßigkeiten in dem Heim gab und der Tod der Bewohnerin Marianne G. und des Studenten Thomas B. die Spitze des Eisbergs seien. Dass ihm der Freund von Thomas Bergner vor die Kamera gelaufen ist, schlachtet er gerade zu aus.« Er hielt Karina die Zeitung hin. »Sieh dir die Bildunterschrift an. ›A. K. eine Hilfskraft, für die das Heim Fachpersonalkosten abrechnet?‹«

Karina las den Artikel daraufhin erneut durch. Martin hatte recht. Man konnte den Eindruck gewinnen, der Redakteur wolle dem Heim schaden.

»Ich ärgere mich, dass der Typ nicht stehen geblieben ist, als ich ihn gerufen habe.« Karina warf sich zornig in ihren Lieblingssessel in Martins Wohnzimmer, während Jenny auf der Couch Platz nahm.

Martin blieb in der Tür stehen. »Das gefällt mir gar nicht, dass jemand anders hier die erste Geige spielt.« Er grinste. »Nicht einmal für eine richtige Begrüßung lässt er Zeit.«

Karina sprang auf. Sie schlang ihre Arme um seinen Nacken und küsste ihn, bis sie Jennys Räuspern hinter sich hörte. »Tut mir leid!«, murmelte Karina. Sie hatte vor lauter Aufregung vergessen, Martin zu begrüßen.

»Hoffentlich kommt er am Montag zu der Beerdigung«, überlegte Karina laut, als sie wieder in ihrem Sessel saß und Martin Tassen verteilte. Alle drei tranken langsam und in Gedanken versunken ihren Kaffee.

Karina war die Erste, die das Schweigen brach. »Wann warst du das letzte Mal in Münster?« Sie sah Jenny an.

»Schon lange nicht mehr. Ich sollte unbedingt wieder einmal meine Oma dort im Seniorenheim besuchen?«

»Du hast eine Oma in Münster?« Karina sah ihre Freundin überrascht an.

»Natürlich nicht. Das weißt du doch. Aber das wissen die Leute in diesem Wohnheim nicht, in dem der Typ arbeitet.« Jenny lehnte sich mit einem zufriedenen Lächeln zurück.

»Nicht schlecht, Frau Specht!«, meinte Karina. Das war wirklich eine gute Idee. Auf diese Weise konnten sie sich unauffällig umsehen.

»Wartet mal, ich habe eine bessere Idee!« Martin sprang auf und verließ das Wohnzimmer. Wenig später kam er mit einem Zettel zurück. »Dachte ich es mir doch. Der Großvater eines Gemeindemitglieds ist in dem Heim. Johann Wichert.«

Karina war enttäuscht. Das sollte besser sein als Jennys Idee? Sie konnten schlecht einen wildfremden Mann als ihren Opa begrüßen.

»Er ist stark dement und erkennt seine Kinder und Enkel nicht mehr!« Martin warf einen triumphierenden Blick in die Runde.

Zu Recht, fand Karina. Statt Jennys Fantasieoma hatten sie nun jemanden, den sie besuchen konnten.

Am liebsten wäre sie gleich losgefahren. Aber sie hatte ihrer Freundin einen Besuch im Turmhaus versprochen und samstagabends würden die Mitarbeiter des Seniorenheims sie kaum mit offenen Armen empfangen.

»Ich reserviere uns mal eben einen Tisch.« Sie stand auf und ging in das Arbeitszimmer, um die Telefonnummer des Restaurants herauszufinden. Während sie darauf wartete, dass im Turmhaus jemand den Anruf entgegennahm, überflog sie die Anne-Frank-Briefe und unterstrich die Stellen, die sie prüfen wollte. Lag das Gefängnis in Amsterdam wirklich an der Weteringschans? Was hatte es mit dem CNL auf sich? Stimmten die Namen, die Anne erwähnte, mit denen aus ihrem Tagebuch überein?

»Turmhaus Genusserlebnisse. Hallo! … Wer ist da? … Hallo!«, hörte Karina. Wie lange mochte die Frau bereits auf ihre Antwort warten?

»Entschuldigung, ich wurde gestört«, sagte sie hastig. »Ich möchte für heute Abend einen Tisch für drei Personen reservieren.«

»Das wird schwierig«, antwortete die Restaurant-Mitarbeiterin. Karina hörte, wie sie jemanden ansprach, dann meldete sich die Frau zurück. »Sie haben Glück. Einer der reservierten Tische ist gerade freigegeben worden. Um 20 Uhr ginge es. Tisch für drei ist notiert.«

Karina war erleichtert. Nach dem verpatzten Ausflug nach Amsterdam hätte sie Jenny ungerne mitgeteilt, dass das Abendessen in dem Restaurant, von dem sie ihr vorgeschwärmt hatte, ins Wasser fiel. Sie gab hastig ihren Namen durch und bedankte sich.

Ehe sie zu den anderen zurückging, überflog sie die weiteren Briefe. Dieser Liam van Barsten hatte recht. Es gab viele kleine Details, die typisch für die Zeit sein konnten. Sie hatte sich nie gefragt, seit wann die Begrüßung mit ›hallo‹ üblich war. Spontan hätte sie erwartet, dass das Wort eine Eindeutschung des englischen ›hello‹ war und erst nach dem Zweiten Weltkrieg üblich wurde. Die Briefe begannen in der übersetzten Form mit ›Hallo!‹. War das nun ein Zeichen für eine Fälschung?

Rasch schlug sie die Gesamtausgabe der Werke von Anne Frank auf. ›Hallo Kitty‹, stand dort überall und wie in ihren Ausdrucken befand sich das Datum mit Ort und Wochentag rechts oben. So hatte sie es in der Schule ebenfalls gelernt. Manche Dinge änderten sich anscheinend nie.

»Karina? Bist du eingeschlafen?«, erklang Jennys Stimme aus dem Wohnzimmer.

Karina seufzte. Viel lieber hätte sie weitergearbeitet. Sie nahm ihren Laptop unter den Arm und ging zu Jenny und Martin ins Wohnzimmer. »Um 20 Uhr gibt es Essen«, erklärte sie. »Wir fahren etwa 15 Minuten«, fügte sie an Jenny gewandt hinzu und grinste. »Wenn du dich also aufbrezeln möchtest, hast du genau 20 Minuten Zeit.«

»Du willst mich wohl loswerden?«, flachste Jenny, stand allerdings ohne zu zögern auf. »Dann schaue ich mal, was ich aus mir machen kann.« Sie zwinkerte Karina zu. »Du hast das ja nicht mehr nötig.«

Karina setzte sich auf das Sofa und öffnete den Laptop.

Martin nahm neben ihr Platz. »Ein paar Minuten für uns!«, murmelte er, klappte das Notebook zu und küsste sie.

Kurz dachte Karina, dass sie wieder nicht dazukam, die Infos zu prüfen, dann kuschelte sie sich an ihn und erwiderte seinen Kuss. Was auch immer hinter den Briefen steckte und was dieser Mailschreiber mit Thomas Bergner und dessen Freund zu tun hatte, konnte sie in 20 Minuten ohnehin nicht klären.

KAPITEL 15

Er war völlig fertig von seinem Besuch in Amsterdam. Nachdem er Fleur auf die Dateien angesprochen hatte, hatte er sich eine Story aus den Fingern saugen müssen, die halbwegs überzeugend klang. Zum Glück war ihm die alte Marianne eingefallen, die ihn auf die Idee mit den Tagebüchern gebracht hatte. Er hatte sie spontan zu seiner Oma erklärt und behauptet, sie hätte ihm verboten, die Briefe weiterzugeben.

Schwerer war es zu erklären, warum er über Thomas Bergner in der dritten Person gesprochen hatte, wo er doch vorgab, Thomas zu sein. Das hatte er gar nicht erst versucht und dafür die Geschichte mit den Briefen so ausgeschmückt, dass Fleur den Fauxpas hoffentlich vergessen hatte. Sie hatte zumindest so getan, als würde sie diese Story wirklich glauben. Dennoch war der Abschied kühl verlaufen und er hatte sich auf der Rückfahrt abreagieren müssen. Soweit das bei Tempo 130, das in Holland auf Autobahnen die zulässige Höchstgeschwindigkeit war, möglich war.

Halbwegs entspannt war er bei seinen Eltern eingetroffen, wo ihn eine Standpauke seines Vaters erwartete, weil er nicht zur verabredeten Zeit zu Hause war. Dann folgte der Fernsehabend mit seiner Mutter. Volksmusik. Das war ein Mordmotiv. Jeder Richter der Welt würde ihm mildernde Umstände attestieren.

Anscheinend gefiel die Show selbst seiner Mutter nicht. »Ist das nicht dein Freund Thomas, der da unter ungeklärten Umständen gestorben ist?«, erkundigte sie sich, obwohl der Moderator in seinem Glitzeranzug Witze riss, über die sie sonst schallend lachte.

Ruhig bleiben. Knolles Tod war ein Unfall. Fast jedenfalls. Dieses ›fast‹ konnte niemand erkennen. »Wie kommst du darauf, dass Knolle ermordet wurde?«, gab er zurück. Und erntete einen bösen Blick von seiner Mutter, die keinen Spaß verstand, wenn es um Spitznamen ging, die das Aussehen betrafen.

Er stand auf. »Möchtest du etwas trinken?«, fragte er, um seine Mutter auf andere Gedanken zu bringen. Als sie den Kopf schüttelte, verließ er rasch das Wohnzimmer, um sich eine neue Flasche Bier zu holen. Er setzte darauf, dass der Glitzer-Moderator seine Mutter wieder in den Bann zog und sie das Thema vergaß.

Eine trügerische Hoffnung. Die Stille im Wohnzimmer wirkte eher bedrohlich. Der Moderator gestikulierte und redete weiter, allerdings hatte seine Mutter den Ton abgestellt. Sie saß aufrecht in ihrem Sessel wie früher, wenn sie ihm nach einem Streich eine Strafpredigt gehalten hatte.

»Pass bloß auf. Münster scheint ein gefährliches Pflaster zu sein.« Sie zog die Lokalzeitung aus dem Zeitungsständer neben ihrem Sessel. »Was ist denn los, da, wo du arbeitest? Du hast gar nichts davon gesagt.« Sie hielt ihm die Zeitung hin.

Er setzte sich in den zweiten Sessel und konnte die Bierflasche gerade noch auf den Boden stellen.

Klein zwar, aber doch gut sichtbar, war auf der ersten Seite unten ein Foto von ihm zu sehen. Wenigstens hatten die seinen Namen nicht genannt. Wie konnte er auch so dämlich sein, mit diesem Kerl zu sprechen, der ihn nach den beiden Toten fragte? Der hatte ihn aber auch in einem blöden Moment erwischt. Das Bild musste er vorher gemacht haben.

»Ich habe dem extra gesagt, er soll nichts über mich schreiben«, versuchte er seiner Mutter zu erklären.

»Wieso hast du nicht erzählt, dass Thomas bei dir im Heim gestorben ist?« Seine Mutter ließ nicht locker. Er musste eine Möglichkeit finden, das Thema zu wechseln.

Hilfe suchend schaute er in den Fernseher, wo gerade der Lieblingssänger seiner Mutter Aufstellung nahm. Er ersparte es sich, sie darauf hinzuweisen, und griff selbst nach der Fernbedienung, um durch einen Klick auf die Mute-Taste den Ton wieder ins Zimmer zu holen.

Sofort wandte seine Mutter den Blick auf den Fernseher. Während sie im Rhythmus des Schlagers vor und zurück wippte und den Refrain leise mitsang, erhob er sich und schlich aus dem Zimmer. Er musste dringend überprüfen, ob es weitere Artikel über Knolle und die alte Marianne gab.

Seine Hände zitterten, als er die Namen Thomas B. und Marianne G. in die Suchmaschine eingab.

Freitag, 27. Oktober 1944

Liebe Kitty!

Jeden Tag verschwinden Menschen aus meiner Umgebung. Einige werden in die Gaskammern geschickt, und ständig fahren Transporte in andere Lager. Alle hoffen, dass sie nicht dabei sind, weil es in den Tod gehen könnte, und gleichzeitig, dass sie dabei sind, weil es nirgends schlimmer sein kann. Dieser ständige süßliche Geruch der über dem Lager liegt.

Vor Kurzem stand ich an der Tür, als eine Gruppe nackter Zigeunermädchen vorbeigetrieben wurde. Ich konnte nur weinen. Ein anderes Mal habe ich ungarische Kinder gesehen, die ohne Kleider im Regen vor den Gaskammern warteten. Ihre Augen waren schon tot. Die anderen haben die Kinder angesehen wie die Wände eines Hauses. Ich konnte nicht aufhören zu weinen. Meine Tränen sind noch nicht versiegt. Werden sie hoffentlich niemals.

Heute nun war Judith bei einem Transport dabei. Sie ist mit ihrer Mutter seit Westerbork bei uns. Ihre Mutter ist völlig verzweifelt und wir können nichts tun. Und sind heimlich froh, dass es uns nicht getroffen hat. Das sind keine menschlichen Gedanken!

Deine Anne

Nach dem feuchtfröhlichen Abend im Turmhaus war Jenny nicht nach Lembeck in ihr Hotel gefahren, sondern hatte im Gästezimmer übernachtet. So konnten sie sich am Sonntagmorgen auf den Weg nach Münster machen, als Martin sich für den ersten Gottesdienst verabschiedete.

Die B 67 war um diese Zeit menschenleer. Abgesehen von zwei Molkereiwagen, die an einigen Höfen Milchkannen einsammelten. Kurz vor 10 Uhr trafen Karina und Jenny in Münster ein.

»Hier ist ja was los!«, stöhnte Karina und hielt Ausschau nach einem Platz für ihr Fahrzeug in der Nähe des Seniorenheims. Ein Auto reihte sich an das andere und dort, wo Platz gewesen wäre, standen bereits Fahrräder. Münster war trotz der vielen Pkws doch eine Fahrradstadt.

»Da vorn!« Jenny wies auf einen Parkplatz in einer Nebenstraße. »Gut, dass es hier so flach ist«, meinte sie.

»In Stuttgart könntest du nicht so einfach in die Seitenstraße schauen.«

»Puh. Endlich!« Karina war froh, dass sie das Auto abstellen konnte. Der Parkplatz des Seniorenheims war bis auf den letzten Platz gefüllt, selbst die Gehwege davor waren zugeparkt.

»Guck mal!« Jenny zeigte auf ein Schild direkt vor Karinas Auto. »Mitarbeiterparkplatz. Fahrzeuge, die unbefugt hier parken, werden abgeschleppt.«

»Och nee!« Karina hatte keine Lust, eine weitere Runde zu drehen. Sie prüfte die Schilder neben dem Eingang des Bürogebäudes. »Glaubst du, dass die Mitarbeiter der Versicherung am Sonntag arbeiten?«

Jenny schüttelte den Kopf. »Eher nicht.« Sie betrachtete Karinas Kennzeichen. »Blöd nur, dass jeder gleich sieht, dass du keine Mitarbeiterin bist mit deinem Düsseldorfer Kennzeichen.«

Karina grinste. »Oder gut. Ich könnte ein Außendienstmitarbeiter sein, der sonntags herkommt und hier arbeitet.« Sie drückte auf den Verriegelungsknopf ihres Schlüssels. Die Rücklichter leuchteten zweimal kurz auf. »Zu!«, sagte sie und sah Jenny an.

Ihre Freundin versuchte, die Beifahrertür zu öffnen. »Auf jeden Fall abgeschlossen«, stimmte sie zu. »Dann wollen wir den Opa besuchen.« Sie hakte sich bei Karina unter.

Für einen Moment hatte Karina das Gefühl, ihre Freundin wollte die Führung übernehmen. Dann entspannte sie sich und genoss es, dass sie nicht allein Detektiv spielen musste. Mit Jenny unterwegs zu sein, hatte einen großen Vorteil: Sie kam mit Leuten ins Gespräch, die sie selbst nie angesprochen hätte.

Als sie das Seniorenheim betraten, sahen sie sich einer großen Menschenmenge gegenüber. Aus einer Ecke roch es nach Kaffee und Waffeln. Ein Duft, der auch anderen behagte, wie die Schlange vor einem Tisch bewies, hinter dem zwei Frauen und zwei Männer mehrere Waffeleisen bedienten.

»Herzlich willkommen an unserem Tag der offenen Tür«, begrüßte eine Mittfünfzigerin sie. »Mein Name ist Renate Lansmann. Ich bin die Leiterin des Hauses. Schauen Sie sich in Ruhe um. Wenn Sie Fragen haben, stehe ich Ihnen gerne zur Verfügung.«

Von dem Säuseln dieser Frau bekam Karina eine Gänsehaut. Sie war froh, dass sie nicht in diesem Heim leben musste. Sie schüttelte sich.

»Das ist ja wie ein Sechser im Lotto«, flüsterte Jenny ihr zu, als die Heimleiterin verschwunden war. »Tag der offenen Tür! Da müssen wir nicht einmal einen Abstecher bei Opa Wichert machen, sondern können uns gleich auf die Suche nach diesem Typen begeben.«

Karina nickte. Jenny hatte recht. »Ganz schön mutig, direkt nach der Veröffentlichung der Artikel über die beiden Todesfälle ein solches Event durchzuziehen«, sagte sie.

Jenny sah sie überrascht an. »Wieso? Erstens ist das gute PR und zweitens wurde der Name des Heims in dem Artikel nicht erwähnt.«

Stimmt. Sie wusste nur von Berta Bergner, in welchem Heim ihr Enkel zu Tode gekommen war. In der Zeitung war lediglich von einem Seniorenheim in Münster die Rede gewesen.

»Ich würde mir zuerst gerne das Schwimmbad ansehen!«, erklärte Karina ihrer Freundin. Sofort blickte sich Jenny suchend um.

Karina sah, wie sie ihren Körper streckte und den Kopf in den Nacken warf. Diese Verwandlung von der netten jungen Frau zur arroganten Millionärstochter hatte sie oft erlebt, sie faszinierte sie immer wieder.

»Äh, Frau Lansmann«, sprach Jenny die Heimleiterin an, obwohl sie diese im Gespräch mit einem Paar störte. »Verfügt Ihre Einrichtung über ein Schwimmbad?«

Karina musste sich wegdrehen, um nicht laut loszuprusten, als sie hörte, wie Jenny die Stimme senkte und sagte: »Wissen Sie, ich suche einen Platz für meinen Großvater. Er ist es gewohnt, jeden Morgen seine Bahnen zu ziehen. Ein Heim ohne Schwimmbad kommt für uns nicht infrage.«

Renate Lansmann entschuldigte sich bei ihren Gesprächspartnern und wandte sich Jenny zu. Deren Interesse an dem Schwimmbad war der Heimleiterin sichtlich unangenehm. Jenny schien das nichts auszumachen. Sie plapperte weiter und erzählte, dass ihr Großvater darüber nachdenke, seine Villa in Stuttgart zu verkaufen, um wieder nach Münster zu ziehen, weil ihn schöne Erinnerungen aus seiner Zeit als Uni-Professor mit der Stadt verbanden.

Bei jedem von Jennys Worten waren die Augen der Heimleiterin größer geworden. Inzwischen signalisierte ihr ganzer Körper: ›Den Alten will ich in meinem Heim haben.‹ Zumindest erschien es Karina so.

»Natürlich haben wir ein Schwimmbad«, sagte die Heimleiterin endlich, nachdem Jenny dezent erwähnt hatte, dass sie das einzige Familienmitglied sei und nur das Beste für ihren Großvater wolle.

Renate Lansmann druckste herum. »Es gab einen Unfall, deshalb haben wir das Bad nicht für die Allgemeinheit geöffnet.«

»Einen Unfall?« Karina konnte sich nur wundern, welche schauspielerischen Fähigkeiten Jenny an den Tag legte.

»Nicht weiter schlimm«, wiegelte die Heimleiterin ab. »Kommen Sie, ich zeige Ihnen das Schwimmbad.«

Karina nickte Jenny anerkennend zu, als diese der Heimleiterin mit einem triumphierenden Blick folgte.

Renate Lansmann öffnete die Tür zum Schwimmbad und sah sich dabei um, als täte sie etwas Verbotenes.

Karina war enttäuscht, dass nichts auf den Unfall hindeutete. Wie sollte es auch? Sonst hätte die Polizei das Bad kaum freigegeben. Aber umsehen würde sie sich trotzdem ein wenig.

Als könnte Jenny ihre Gedanken lesen, verwickelte sie die Heimleiterin in ein Gespräch über Wassertemperaturen, Chlor und Badeaufsicht.

Karina konnte ungestört das Becken umrunden und einige Fotos mit ihrem Smartphone machen.

»Das ist lieb, dass du daran denkst, für Opa ein paar Bilder zu machen«, zwitscherte Jenny auf einmal.

Karina blickte sie an und sah, dass die Heimleiterin ihre Handlungen mit krauser Stirn verfolgte. »Ich dachte mir, so kann dein Opa sich vorstellen, wie es hier aussieht«, schwindelte sie. »Darf ich einmal hinaussehen?«, bat sie die Heimleiterin. Diese öffnete eilfertig die Schiebetür zur Terrasse.

Ein feines Geräusch weckte Karinas Aufmerksamkeit. Sie blickte auf den Boden und entdeckte ein glitzerndes Steinchen.

»Eigentlich stehen hier Liegestühle«, erklärte die Heimleiterin, ohne das Geräusch zu beachten. »Wir haben sie jetzt weggeräumt, um unsere Gäste nicht zu verleiten, in die Nähe des Schwimmbads zu gehen.« Sie wies auf die große Scheibe, die den Raum vom Garten trennte. »Sie sehen ja, von außen bekommt man alles mit und manche Frauen drücken sich die Nase platt.«

Jenny räusperte sich. Für Karina hörte es sich an, als wollte sie ein Lachen unterdrücken. Ob sie das gleiche Bild vor Augen hatten? Die Vorstellung, dass eine Reihe alter Frauen an dem Fenster stand und mit der Nase die Scheibe berührten, war zu komisch.

Renate Lansmann zeigte auf eine weitere überdachte Terrasse im Garten, weit weg am Ende des gepflegten Rasens. »Unser Gelände bietet zum Glück viele Ausweichmöglichkeiten«, nutzte sie die Situation, um für ihr Haus weiter Werbung zu machen.

Jenny lächelte sie an und nickte zustimmend.

Karina ergriff die Chance und zog ein Taschentuch aus der Hosentasche und ließ es fallen. Sie bückte sich und hob mit dem Taschentuch das Steinchen auf, das aus dem Spalt der Terrassentür gefallen war.

»Das reicht, oder?«, fragte sie Jenny und deutete mit dem Kopf an, dass sie den Raum verlassen und Renate Lansmann loswerden wollte. Während Jenny weiterhin die Heimleiterin bezirzte, betrachtete Karina ihre Beute. Sie entpuppte sich als Ohrstecker. Im ersten Moment dachte sie, er gehörte einer Frau, dann schalt sie sich, weil sie genug Männer kannte, die Schmuck im Ohrläppchen trugen. Erst kürzlich war ihr aufgefallen, dass Tibor Henningsen einen Ohrstecker trug. Ob eine Frau allerdings ein solch merkwürdiges Schmuckstück tragen würde? Ein Adlerskelett oder etwas Ähnliches.

»Wir haben Sie lange genug aufgehalten«, unterbrach Jennys säuselnde Stimme ihre Überlegungen.

Karina schob den Ohrstecker mit dem Taschentuch in

ihre Gesäßtasche, damit würde sie sich später beschäftigen. »Wir finden uns allein zurecht.«

Die Leiterin des Seniorenheims wirkte erleichtert und enttäuscht zugleich. »Dann gehen wir am besten wieder hinauf. Sie sollten sich unbedingt die Gemeinschaftsräume ansehen und in der zweiten Etage haben wir zwei Zimmer unserer Gäste geöffnet, damit Sie sich einen Eindruck von den Räumlichkeiten verschaffen können.«

Mich würden eher die Zimmer der Mitarbeiter interessieren, dachte Karina.

»Wohnt das Personal eigentlich im Haus?« Hatte Jenny ihre Gedanken gelesen?

»Ein Raum steht den Kräften der Nachtschicht zur Verfügung«, antwortete die Heimleiterin bereitwillig. »Außerdem haben wir üblicherweise ein Zimmer an einen Studenten oder eine Studentin vermietet, die Erfahrung in der Pflege haben und den Nachtdienst bei Bedarf entlasten.«

»Ach, das ist ja interessant. Kann ich sie oder ihn kennenlernen?«, erkundigte sich Jenny und sah die Heimleiterin mit einem Blick an, den Karina gut kannte. Diesen Blick hatte ihre Freundin immer, wenn sie jemanden verunsichern wollte. Meist dann, wenn jemand es wagte, ihre vegane Lebensweise zu kritisieren, oder wenn jemand Umweltschutz für eine Masche der Industrie hielt. Aber der Blick wirkte auch in anderen Situationen.

Karina bemerkte, wie Renate Lansmann blass wurde und ihre Schritte beschleunigte, als wollte sie weiteren Fragen ausweichen. Aber es gab keine Fragen mehr. Sie wusste, wer dieser Student war und hätte zu gern seinem Zimmer einen Besuch abgestattet. »Über wie viele Etagen erstreckt sich das Haus?«

»Wir haben drei Stockwerke mit Zimmern für unsere

Gäste und den Dachausbau für die Mitarbeiter und Lagerräume«, antwortete die Heimleiterin.

Ehe Karina sich bedanken konnte, kam ein älteres Ehepaar auf die Heimleiterin zu und verwickelte sie in ein Gespräch. Ihr konnte das nur recht sein. Sie hatte die Information, die sie haben wollte, und zog Jenny hastig in die Menge, bevor Renate Lansmann sich nach ihrem Namen und ihren Kontaktdaten erkundigen konnte.

»Da ist das Treppenhaus.« Jenny hatte die Glastür neben dem Aufzug als Erste entdeckt.

Karina blickte sich um. Die Besucher waren in Gespräche oder den Genuss ihrer Waffeln vertieft. Niemand beachtete sie. Rasch zog sie die Glastür auf und verschwand mit Jenny im Treppenhaus. Sie hasteten die Stufen hinauf.

»Ich muss mehr Sport machen«, schnaufte Jenny, als sie den oberen Treppenabsatz erreichten.

Karina lachte. Durch ihre vielen Außeneinsätze auf den Baustellen und das regelmäßige Joggen mit Martin waren Treppen für sie eine leichte Übung. Neugierig betrachteten sie die vier Türen, die von dem Flur abgingen.

Jenny drückte eine Klinke nach der anderen. Zwei Türen ließen sich öffnen, die eine gab den Blick auf Regale voller Bettzeug frei und hinter der anderen befanden sich fein säuberlich aufgestapelt unzählige Koffer. »Die müssen ja auch irgendwo bleiben«, meinte Jenny trocken, während Karina in ihrer Handtasche kramte und ein kleines Etui zutage förderte.

»Willst du jetzt deine Nägel schneiden?«, wollte Jenny wissen, als sie das schwarze Mäppchen sah. Sie starrte ihre Freundin ungläubig an.

Karina schaute geheimnisvoll. »Das ist ein Necessaire ganz besonderer Art.« Sie zog den Reißverschluss auf und es kamen einige Metallstäbchen zum Vorschein. Karina betrachtete eine der geöffneten Türen von allen Seiten. Dann zog sie eines der Metallteile aus dem Mäppchen und ging zu der ersten verschlossenen Tür.

Jenny stand mit offenem Mund hinter ihr. »Das ist kein Dietrich, oder?«

»So etwas Ähnliches. Tja, als Bauingenieurin lernt man Dinge, von denen andere nur träumen.«

Jenny sah zu, wie Karina mit wenigen Handgriffen das Schloss der ersten Zimmertür entriegelt.

In dem Raum herrschte ein großes Durcheinander, als wäre jemand in Hektik aufgebrochen und hätte nur die wichtigsten Dinge mitgenommen.

»Ich glaube, wir haben den Jackpot geknackt«, murmelte Jenny.

»Hoffentlich!«, sagte Karina nur. Dabei wusste sie nicht genau, was sie hier suchte. Vielleicht einen Hinweis darauf, dass der Gesuchte ihr Mailpartner war? Sie tat ein paar Schritte in den Raum und ließ ihren Blick umherwandern.

Auf dem Schreibtisch vor dem Fenster lagen Blätter, Stifte und Kuverts. Sie trat näher an den Tisch und erkannte auf einem der Umschläge ihren Namen. Sie hob ihn an und schaute hinein. Er war leer, doch die Schrift kam ihr bekannt vor. Als sie sich umdrehte, um Jenny ihren Fund zu zeigen, bemerkte sie einen Brief auf dem Couchtisch. Der Name auf dem Umschlag war ihr unbekannt, aber die Initialen ›A. K.‹ weckten ihre Aufmerksamkeit.

»Guck mal«, sagte sie und schmunzelte, weil Jenny gerade mit spitzen Fingern die Bettdecke anhob. Die Arzttochter konnte sie einfach nicht verleugnen.

Ehe sie Jenny ihre Beute zeigen konnte, hörte sie, wie die Etagentür zufiel.

KAPITEL 16

Er musste unbedingt seine Sachen aus dem Wohnheim holen. Nachdem sein Foto in der Zeitung gewesen war, würde Renate Lansmann seine Koffer eigenhändig packen und vor die Tür stellen, daran hatte er keinen Zweifel. Bisher hatte sie noch ein Auge zugedrückt. Aber nur, weil sich niemand dafür interessiert hatte, ob er bereits ausgezogen war oder nicht. Der Tag der offenen Tür war seine Chance, unbemerkt ins Haus zu gelangen. Seine Ex-Chefin würde genug mit den Gästen zu tun haben.

Für die Fahrt reichte sein klappriger Fiat. Da das Zimmer möbliert war, hatte er beim Einzug nur Kleidung und ein paar Bücher mitgebracht. Der Krempel passte locker in seine beiden Koffer.

Mit dem Schlüssel für den Personaleingang, den die Heimleiterin ihm gelassen hatte, konnte er ins Haus, ohne dass er sich durch die Besucher kämpfen musste. Allerdings musste er die Treppen nehmen, denn die Aufzugtür befand sich im Foyer.

Atemlos erreichte er den oberen Treppenabsatz. Es wurde Zeit, dass er mehr Sport machte. Als er noch täglich mit dem Fahrrad durch Münster gefahren war, war seine Kondition eindeutig besser gewesen. Er öffnete die Tür zu dem kleinen Flur, an dem sein Zimmer lag, und schreckte zurück. Frauenstimmen. Wieso arbeiteten die Putzkräfte am Sonntag?

Die Tür fiel mit einem Knall hinter ihm ins Schloss. War das Geräusch immer so laut gewesen? Die Stimmen der

Frauen waren nicht mehr zu hören. Hatte er sich diese nur eingebildet oder waren im Treppenhaus Frauen unterwegs gewesen?

Erleichtert sah er, dass die Tür zum Wäscheraum nicht geschlossen war. Vermutlich hatte einer der Bewohner ins Bett gemacht und die Kolleginnen mussten es neu beziehen. Er gab sich Mühe, leise aufzutreten, um die Frauen im Wäscheraum nicht auf sich aufmerksam zu machen.

Da sah er, dass die Tür zu seinem Zimmer nicht geschlossen war. Räumten sie seine Sachen bereits aus? Warum hatte ihn keiner darüber informiert?

Zornig schritt er auf das Zimmer zu. »Hallo!«, rief er laut, als er in der Tür stand. »Ist da jemand?«

Keiner antwortete. Er ging ein paar Schritte nach vorn. Das Zimmer sah aus wie immer. Er trat zurück auf den Flur und rief erneut: »Hallo!« Wieder keine Antwort. Entschlossen ging er zum Wäschezimmer und schob mit der Frage: »Was machen Sie in meinem Zimmer?«, die Tür auf.

Die Wäschekammer war leer. Er warf einen Blick hinter die Tür. Hier war niemand. Als er gerade zurück in sein Zimmer gehen wollte, klingelte sein Handy. Eine Nummer aus Münster, die er nicht kannte.

»Ja!«, knurrte er ins Telefon, während er sich erneut im Wäschezimmer umsah.

»Uphoff«, hörte er die Stimme der Kommissarin. »Gut, dass wir Sie endlich erreichen. Wir versuchen es seit gestern Morgen.« Da war er in Amsterdam gewesen und hatte das Handy ausgeschaltet

»Und, was wollen Sie?« Diese Kommissarin mit ihrem Farbentick sollte bloß nicht glauben, sie könnte ihn zum Affen machen.

»Wir haben natürlich den Artikel in der Zeitung gelesen.

Kennen Sie diesen Andreas Kortenhoff, der den Artikel geschrieben hat?«, wollte die Kommissarin wissen. Der Name sagte ihm nichts. Er hatte nicht darauf geachtet, wer als Autor genannt wurde, und als der Typ ihn angesprochen hatte, hatte er sich dessen Namen nicht gemerkt. Er hatte schließlich nicht davon ausgehen können, dass der von der Zeitung war.

»Thomas hatte einen Bekannten namens Andreas«, überlegte er laut. »Wie der weiter heißt, weiß ich nicht. Ist das wichtig?«

»Nein, nein«, antwortete die Kommissarin. »Wir haben uns nur gewundert, dass die Zeitung berichtet hat, ehe wir unsere Presseerklärung verschickt haben. Da Ihr Foto in dem Artikel war, dachten wir, Sie hätten sich ein paar Euro dazu verdient.«

Die Frau hatte Sorgen! Wenn die seine Probleme hätte, wäre sie ganz sicher nicht auf solch eine Idee gekommen. »War's das? Ich bin etwas in Eile«, versuchte er das Gespräch zu beenden.

»Fast«, antwortete die Kommissarin. Er wollte schon auflegen, da fügte sie hinzu: »Ich müsste Sie allerdings noch einmal sprechen. Wann würde es denn bei Ihnen passen?«

Immerhin erschien sie nicht unangemeldet im Heim oder bei seinen Eltern. Vermutlich war das Gespräch nur eine Formsache und die Polizei hakte die beiden Todesfälle danach endlich als Unfall ab. Trotzdem war ihm ganz und gar nicht wohl bei dem Gedanken, die Kommissarin zu treffen. Die Befragungen waren der absolute Stress, weil er ständig alles im Kopf haben musste.

»Morgen ist die Beerdigung von Thomas«, entgegnete er daher langsam. »Reicht es, wenn ich am Dienstag komme?« Bis dahin hatte diese Karina Bessling vielleicht endlich etwas erreicht. Ihm fiel ein, dass er morgens seine E-Mails nicht gecheckt hatte. Womöglich hatte sie erste Erkenntnisse nach ihrem Besuch in Amsterdam.

»Je eher, desto besser«, lautete die Antwort der Kommissarin.

Dann brachte er das Gespräch am besten sofort hinter sich. »Ich bin gerade in Münster, wenn Sie sonntags arbeiten, könnte ich gleich erscheinen.« Das war ein super Schachzug. Sicher hatte sie keine Lust, ihren freien Sonntag mit ihm zu verbringen.

»Dann kommen Sie am besten ins Präsidium. Ich habe heute ohnehin Dienst, da können wir das hinter uns bringen.«

Dumm gelaufen, aber da musste er nun durch. Er ließ sich die Adresse geben und kündigte an, in spätestens einer Stunde dort zu sein. Der Weg war nicht weit, einmal an der Innenstadt vorbeifahren und er war dort. Doch vorher musste er seine Sachen packen und sehen, dass er hier verschwand. Er ließ das Handy sinken und überdachte das Gespräch. Es gab keine Alternative. Aber dann hatte er es hinter sich. Wenn sie neue Erkenntnisse hätten, hätte sie früher bei ihm auf der Matte gestanden.

Montag, 30. Oktober 1944

Liebe Kitty!

Wieder Blocksperre! Wir mussten nackt auf dem Appellplatz stehen und dann hintereinander einzeln in die Baracke. Da war ein Arzt. Er wählte Margot und mich aus. Wir durften nicht zurück zu Mutter. Ich habe sie und Rosa fest angesehen. Das war das letzte Mal. Allein. Wir wurden fortgetrieben wie eine Herde Schafe und ich hörte Mutters Stimme, wie sie schrie: »Die Kinder! O Gott.« O Gott, vielleicht sind das die letzten Worte, die ich von ihr höre und die ich schreibe. O Gott!

Deine Anne

Karina sah Jenny an. Was, wenn jemand den Flur entlangkam und die offene Tür entdeckte? Ihre Freundin war da deutlich praktischer veranlagt. Sie wies auf die schmale Tür neben der Kochnische. Karina musste nur den Arm ausstrecken, um sie zu öffnen. Dahinter befand sich eine Nasszelle, wie sie sie aus ihrem Zimmer im Studentenwohnheim kannte.

Jenny huschte an ihr vorbei in das Bad. Karina lauschte wieder. Kurz waren Schritte zu hören, dann war es still.

Konnte sie es riskieren auf den Flur zu sehen? Lieber nicht. Stattdessen folgte sie ihrer Freundin. Sie zog die Tür bis auf einen schmalen Spalt zu und hielt den Atem an.

»Hast du das Papier gesehen?«, wisperte Jenny ihr von hinten ins Ohr.

Karina schüttelte den Kopf. Sie war gerade dabei gewesen, die Schublade des Schreibtischs zu öffnen, als das Klacken der Tür sie aufgescheucht hatte.

»Wer hortet denn Packpapier unter dem Bett?«, flüsterte Jenny leise.

Karina konzentrierte sich auf die Geräusche auf dem Flur.

»Hallo! Ist da jemand?«, erklang eine Männerstimme ganz in der Nähe.

Karina zuckte zusammen. Der Mann musste sich direkt neben ihr aufhalten.

Jenny schwieg ebenfalls und versuchte, sich nicht zu bewegen und kein Geräusch von sich zu geben.

Den Schritten nach durchquerte der Mann den Vorraum bis zum Wohnzimmer. Eilig zog Karina die Tür der Nasszelle weiter zu.

Sekunden später hörte sie, dass der Mann das Apartment verließ. Vorsichtig schob sie die Badezimmertür auf und lugte in den winzigen Vorraum. Niemand war zu sehen.

Eilig tat sie zwei Schritte bis zur Wohnungstür und schaute hinaus auf den Gang. Sie konnte einen Blick auf einen Fuß in der Türöffnung erhaschen, ehe er in der Wäschekammer verschwand.

»Hallo!«, hörte sie den Mann erneut rufen.

Sie sah zur Etagentür, die zum Treppenhaus führte. Um diese zu erreichen, mussten sie an dem Wäscheraum vorbei. Ein Blick in die andere Richtung offenbarte, dass sie in der Falle saßen, wenn sie nicht einen geeigneten Moment erwischten.

Ein Telefon klingelte. Karina konnte nicht ausmachen, aus welcher Richtung das Klingen kam. Sie blickte zurück zu ihrer Freundin, die vor dem Bett kniete und in aller Ruhe mit einer Nagelschere einen Streifen des Packpapiers abschnitt.

»Komm endlich!«, zischte Karina, deren Blick hektisch zwischen Tür und Jenny hin- und herging.

Die Stimme des Mannes drang dumpf durch die Wand des Wäschezimmers. Das war ihre Chance.

»Nun komm endlich!«, forderte Karina Jenny auf.

Ihre Freundin schob die Nagelschere in ihre Umhängetasche und wedelte mit dem Packpapier vor Karinas Nase herum.

Was wollte Jenny mit dem Papier? Nebenan wurde weiterhin telefoniert.

Auf Zehenspitzen schlichen Karina und Jenny den Flur entlang. Als sie die Tür des Wäschezimmers passiert hatten, wurde Jenny schneller. Sie rannte bis zur Etagentür und riss sie auf.

Karina presste sich an die Wand neben der Tür zum Wäschezimmer. Der Name »Thomas«, der aus dem Raum schallte, hatte sie neugierig gemacht. Schon wieder. »Morgen ist die Beerdigung von Thomas«, hörte sie. Am Montag war die Trauerfeier für Thomas Bergner. Das konnte kein Zufall sein. Das musste der Freund des Verstorbenen sein, über den in der Zeitung berichtet wurde. Sollte sie ihn zur Rede stellen? Sie hatte lediglich den Verdacht, dass der Mailschreiber und Thomas oder sein Freund ein und dieselbe Person waren. Vielleicht hatte Jenny recht. Der Typ war in Amsterdam nicht vor ihr davongelaufen, sondern hatte ihren Ruf schlicht und einfach nicht auf sich bezogen.

»Hey!«, zischte Jenny hinter ihr.

Karina sah sich um.

Ihre Freundin stand wartend an der Etagentür. Im Wäschezimmer wurde es ruhig. Sie musste sich entscheiden und dachte daran, dass es keinen guten Eindruck erweckte, wenn sie bei einem Einbruch erwischt werden würde. Auch wenn sie nur ein Stück Papier mitgenommen hatten.

Als sie Schritte aus dem Wäschezimmer hörte, entschied sie sich und rannte zur Flurtür. An Jenny vorbei, die ihr sofort folgte.

Mit einem lauten Knall fiel die Tür ins Schloss, da waren sie bereits eine Etage tiefer. Blitzschnell beschloss sie, nicht bis ins Erdgeschoss zu laufen, sondern den Trakt der Bewohner zu betreten.

Eine gute Entscheidung, stellte sie fest, als sie sich mitten in einer Menschengruppe wiederfand, die vor einem

Bild stand und einem älteren Mann lauschte, der über die Geschichte des Kunstwerks sprach.

Karina spürte, wie Jenny sich direkt hinter sie stellte, und atmete erleichtert aus. Das war noch einmal gut gegangen. Obwohl sie gerne mit dem Freund von Thomas Bergner gesprochen hätte, war dies definitiv der falsche Zeitpunkt. Sicher würde sich eine andere Gelegenheit ergeben. Sie grinste. Es wurde Zeit, dem unbekannten Mail-Schreiber eine Nachricht zu schicken.

Das Klappen der Tür zum Treppenhaus riss ihn aus seinen Überlegungen. Er verließ das Wäschezimmer und blickte in Richtung Treppenhaus. Die Tür war zu und kein Mensch war zu sehen.

Er ging zu seinem Zimmer. Merkwürdig, nun war die Tür geschlossen. Er schob den Schlüssel ins Schloss und drückte gleichzeitig die Klinke herunter. Ehe er den Schlüssel drehen konnte, ging die Tür auf. Schlampige Arbeit, dachte er. Aber er hatte keine Zeit, darüber nachzudenken. Hastig zog er die beiden Koffer aus dem Fach über dem Kleiderschrank und warf seine Hosen, Jacken und Pullover hinein. Als er das Papier unter dem Bett hervorzerrte, schien es ihm, als fehlte ein Stück. Unsinn! Wer sollte sich für altes Papier interessieren? Er schob den Gedanken beiseite und versuchte es so sorgfältig wie möglich im Koffer zu verstauen. Es knitterte dennoch.

»Du bist so blöd!«, beschimpfte er sich. »Anne Frank hätte in den Lagern kaum auf Papier geschrieben, das frisch aus der Druckerei kam oder gebügelt wurde.« Diesen Gedanken im Kopf drückte er mit aller Kraft den Koffer zu.

Sein Blick ging ein letztes Mal durch das Zimmer. Fast hätte er die Post vergessen, die auf dem Couchtisch lag. Auf dem obersten Brief stand nur sein Name, keine Adresse und die Marke fehlte. Er nahm ihn in die Hand und wendete ihn. Von Renate Lansmann. Mit zitternden Fingern öffnete er den Umschlag. Obwohl er damit gerechnet hatte, war die schriftliche Kündigung von Zimmer und Job doch hart. Er stopfte das Schreiben mit den anderen Umschlägen in die Seitentasche des Koffers und ging zur Tür. Eigentlich war es blöd, dass wegen Knolles Geldgier alles so plötzlich zu Ende ging. Er hätte hier gut ein paar weitere Wochen wohnen können.

Er schüttelte den Gedanken ab. Das war nicht zu ändern, und mit ein bisschen Glück würde er in wenigen Wochen oder Tagen in Florida am Strand sitzen und in Ruhe seine Karriere als Moderator planen.

KAPITEL 17

»Schön, dass Sie kommen konnten.« Die Kommissarin, die sich für den Sonntag in ein dunkelblaues Kostüm gezwängt hatte, reichte ihm die Hand zur Begrüßung. War ihr Lächeln ein gutes oder schlechtes Zeichen? Würden gleich ihre Schergen aus dem Hintergrund hervorspringen und ihn verhaften? Oder wollte sie wirklich nur einige Fragen klären, wie sie es am Telefon angekündigt hatte?

»Es tut mir leid, dass ich Sie wieder belästigen muss«, begann Petra Uphoff das Gespräch, nachdem sie eine Tasse Kaffee und eine Schale mit Schokolade vor ihn hingestellt hatte.

Er blieb dennoch auf der Hut. Zu Recht! Er rührte in seiner Tasse, als sie ihn mit der Aufforderung überfiel: »Schildern Sie mir, was an dem Tag geschah, als Marianne Goldmann starb.«

Schnell legte er den Löffel weg und schob die Hände unter den Tisch. Nicht, dass er sich durch ein Zittern verriet. Der Tod der alten Frau war inzwischen so lange her, dass er ohne seinen Notizzettel völlig aufgeschmissen war. Der steckte zwar in seiner Tasche, er konnte ihn jedoch schlecht herausholen und davon ablesen. Auf die Idee, sich auf die Frage vorzubereiten und noch einmal seine Notizen durchzulesen, war er nicht gekommen. Ihr Anruf hatte so harmlos geklungen, dass er nicht mit einem erneuten Verhör gerechnet hatte. In seinem Kopf war ohnehin nur Knolle, der ihm mit seinem Tod genug Scherereien gemacht hatte. Die Goldmann war schon abgehakt.

»Wieso müssen Sie so lange überlegen?« Die Kommissarin beugte sich über den Besprechungstisch, an dem sie ihm gegenübersaß.

Als er aufsah, blickte er direkt in ihre Augen. Sie waren grün. Wie die Augen der alten Marianne, als sie ihn kurz vor ihrem Tod aus dem Wasser angeschaut hatten. Er verschränkte die Arme vor der Brust und rieb mit den Händen über die Oberarme, um sich zu wärmen.

»Das ist lange her!«, antwortete er schließlich und erkannte selbst, dass seine Stimme klang wie die eines trotzigen Kindes. Er musste sich zwingen, verbindlicher zu reagieren. Ihm kam ein Gedanke. »Seitdem ist so viel passiert. Mein bester Freund ist gestorben, das macht mir echt zu schaffen«, sagte er und stellte überrascht fest, dass das nicht gelogen war. Unabhängig von dem Ärger, den Knolles Tod verursacht hatte, fehlte er ihm. Tränen traten ihm in die Augen, als er an die guten Zeiten mit Knolle dachte.

»Dann lassen Sie uns zunächst über Ihren Freund sprechen.« Der Kommissarin waren seine Tränen sicher nicht entgangen. Er musste sich vor ihr in Acht nehmen. »Wie war das an dem Tag, als Ihr Freund Thomas Bergner getötet wurde?«

Er schüttelte sich, als er ihre Worte hörte. Da half auch starkes Reiben der Oberarme nichts. Die Kälte breitete sich von den Zehenspitzen bis zur Kopfhaut aus. ›Getötet wurde‹. Wie das klang?

»Knolles Tod war ein Unfall!«, entgegnete er.

Petra Uphoff stand auf und setzte sich auf den Stuhl rechts neben ihm. Was sollte das? Wollte sie ihn durcheinanderbringen?

»Woher wissen Sie, dass es ein Unfall war?«, fragte sie. »Waren Sie dabei?«

Sie hatte ihn in eine Falle gelockt. Wie kam er da wieder heraus? »Sie haben gesagt, dass es ein Unfall war«, versuchte er sich aus der Frageschlinge zu ziehen.

Die Kommissarin schüttelte den Kopf. »Ich wüsste nicht, wann ich das gesagt hätte.« Sie sah ihn eindringlich an. »Solange wir kein Ergebnis aus der Rechtsmedizin haben, müssen wir uns mit solchen Aussagen zurückhalten. Und das Ergebnis kam erst gestern Mittag. Deshalb sitze ich hier. Hätte der Gerichtsmediziner erklärt, dass Ihr Freund Thomas an einem Unfall gestorben sei, säße ich nun mit einer Freundin in einem Café und könnte den Sonntag genießen.« Sie nahm ein Stück Schokolade aus der Schale und wedelte damit vor seinem Gesicht herum. »So ist das hier das einzige Sonntagsvergnügen. Und vielleicht Ihr Theater.«

Theater! Das traf ihn tief. Er spielte ihr nichts vor, er sagte nur, wie es war. Knolles Tod war ein Unfall und er konnte sich nur vage an den Tod der alten Marianne erinnern. Das sagte er der Kommissarin, als sie sich die Schokolade in den Mund schob. »Ich weiß gar nicht, was ich hier soll«, beendete er seinen zornigen Monolog.

Petra Uphoff zog ihre Kaffeetasse heran und nahm einen Schluck. Sie legte den Kopf in den Nacken und schloss die Augen. »Ah, Schokolade mit Kaffee, das ist ein Genuss«, sagte sie und wandte sich wieder ihm zu. Hatte sie nicht alle Tassen im Schrank? Was sollte das?

»Ich verrate Ihnen mal, wie Ihr Freund ums Leben gekommen ist«, sagte die Kommissarin und sah ihn an, als könnte sie bis in sein Gehirn schauen. Sollte sie. Da fand sie ohnehin nur Chaos. Er wusste gerade nicht mehr, was er denken sollte.

»Ihr Freund hat sich das Genick gebrochen«, begann

Petra Uphoff. »Er ist mit dem Kopf unglücklich an die Stufe in dem Schwimmbecken gestoßen.«

»Also doch ein Unfall!« Die Zwischenbemerkung konnte er sich nicht verkneifen. Was wollte die Tusse von ihm?

»Allerdings hat der Gerichtsmediziner den Rücken Ihres Freundes untersucht.«

Wieso betonte sie das so?

»Es gibt deutliche Anzeichen dafür, dass jemand auf seinen Rücken gesprungen ist.«

Er spürte, wie die Farbe aus seinem Gesicht wich, und beugte sich rasch unter den Tisch, als müsste er dort etwas aufheben. Eine völlig unsinnige Reflexreaktion, die die Kommissarin eher neugierig machen würde. Wie sollte er das nun wieder erklären?

Die Kommissarin ging nicht darauf ein. Sie tat, als wäre nichts gewesen, und sprach weiter: »Wir vermuten, dass Thomas Bergner in dem Schwimmbecken war und jemand auf ihn gesprungen ist.«

Ob die Kommissarin bemerkte, dass er schlucken musste, als sie schilderte, was an dem Abend im Schwimmbad abgelaufen war?

»Wir wissen natürlich nicht, ob das mit Absicht geschah oder ein Versehen war«, fuhr sie fort. »Im ersten Fall reden wir von Totschlag, vielleicht sogar Mord, wenn der Springer Thomas Bergner absichtsvoll in das Schwimmbad gelockt hat. Im zweiten Fall war es ein Unfall mit Todesfolge, vielleicht fahrlässige Tötung. Das Schwimmbecken ist so klein, da hätte der Springer Thomas sehen müssen.«

»Und warum erklären Sie mir das so genau?« Ehe er sich stoppen konnte, hatte er seine Gedanken ausgeplappert.

Die Kommissarin reagierte sofort. Als hätte sie auf diese Frage gewartet. »Ich dachte, das würde Sie interessieren«, sagte sie und sah ihn über den Rand ihrer Kaffeetasse genau an.

Was sollte er darauf antworten? »Ich habe mit Knolles Tod nichts zu tun. Das wissen Sie doch. Ich hatte Notdienst an dem Abend.«

Petra Uphoff wiegte den Kopf. »Na ja, Notdienst ist übertrieben, oder? Sie waren freigestellt und sind eingesprungen, weil eine Kollegin das nicht wusste und sie um Unterstützung gebeten hat!« Sie sah ihm in die Augen.

Er musste sich zwingen, ihrem Blick standzuhalten. »Diese Geschichte, dass Frau Lansmann sie gebeten hat, einzuspringen, können Sie sich an den Hut stecken. Frau Lansmann wartet nur darauf, dass Sie das Heim verlassen.«

Er beschloss, ab sofort nichts mehr zu sagen. Vielleicht sollte er einen Anwalt hinzuziehen. Aber ließ ihn das nicht erst recht verdächtig erscheinen?

»Können Sie mir etwas zu den Frauenbekanntschaften sagen, die Ihr Freund pflegte?« Die Kommissarin griff erneut nach einem Stück Schokolade und schob es sich in den Mund, während sie ihn erwartungsvoll ansah.

Wie kam sie darauf? Die Nachrichten fielen ihm ein, die Thomas über Facebook geschrieben hatte. Rumpelstilzchen. »Sie meinen …«, fast hätte er sich verplappert und verraten, dass er die E-Mails seines Freundes gelesen hatte. Er musste sich zusammenreißen. »… seine beiden Exfreundinnen?«, beendete er den Satz rasch. Wenn die Kommissarin ihn nur nicht so anstarren würde.

»Ob zwei Exfreundinnen dabei waren, kann ich nicht sagen«, entgegnete Petra Uphoff. Sie kramte auf ihrem Schreibtisch und hob ein DIN-A4-Blatt hoch. »Charlotta

Brückner, Lena Meyer, Simone Ferlen, Britta Regenberg, Hannah Seier«, leierte sie herunter.

Er hörte nicht weiter zu. Keiner der Namen kam ihm bekannt vor. »Die kenne ich nicht, was sind das für Frauen?«, wollte er wissen.

Petra Uphoff ließ das Blatt sinken. »Wenn wir das wüssten, wären wir deutlich weiter mit unserer Ermittlung.« Sie schwieg eine kurze Zeit und zog die Augenbrauen hoch. »Und wir hätten mögliche Alternativverdächtige. So sind Sie gerade unser einziger Anhaltspunkt.«

Das klang nicht sehr erfreulich, aber er wusste nicht, was er dagegen tun sollte. Er konnte nur hoffen, dass sich nicht das komplette Ermittlungsteam in ihn verbissen hatte. »Dazu kann ich nichts sagen«, wiederholte er. »Vielleicht sollten Sie mal Frau Lansmann fragen, was sie über den Tod der alten Frau weiß. Das weiß doch jeder, dass sie Geld braucht und nichts gegen eine kleine Erbschaft hat.« Er stand auf. »Kann ich jetzt gehen?«

Die Kommissarin lachte. »Sie machen mir Spaß. Haben Sie meine erste Frage etwa vergessen? Was genau ist an dem Tag geschehen, als Marianne Goldmann starb?«

Als ob er dazu etwas sagen könnte, nachdem sie ihn völlig aus dem Konzept gebracht hatte.

»Trinken Sie einen Schluck und essen Sie ein Stück Schokolade«, schlug die Kommissarin vor. »Schokolade ist Nervennahrung«, fügte sie hinzu und hielt ihm mit einem Lächeln die Schokoladenschale hin.

Rasch nahm er ein großes Stück weiße Schokolade und schob es sich in den Mund. Das gab ihm Zeit, seine Gedanken zu sortieren. Was um alles in der Welt stand auf seinem Notizzettel über den Tod von Marianne Goldmann?

Samstag, den 4. November 1944

Liebe Kitty!

Es wird immer schlimmer. Das einzig Gute ist, dass ich Papier mitnehmen konnte, als man mich mit Margot in den Zug nach Bergen-Belsen gesteckt hat. Mutter ist in Auschwitz geblieben. Wenn sie noch lebt. Ich will daran glauben, wie daran, dass es Pim gut geht.

Margot und ich waren ewig unterwegs, drei oder vier Tage sicher. Immer wieder blieb der Zug stehen, weil es Fliegeralarm gab, und manchmal schlugen Bomben direkt neben dem Zug ein. Wenn die Bombe doch den Zug getroffen hätte, dann wäre das alles vorbei. Es heißt, die Russen wären in Ungarn und die Franzosen hätten Frankreich zurückerobert. Wir merken nichts. Die Moffen treiben mit uns ihr Spiel.

Der Bahnhof, in dem wir aussteigen mussten, ist in der Nähe von Celle. Jemand hat gesagt, das wäre in Deutschland. Meinem Heimatland, bis Hitler an die Macht kam.

Als die Türen geöffnet wurden, sah ich Büsche und Nadelwälder. Viel Grün. Und Männer mit Totenköpfen an ihren Kragen und Waffen. Sie trieben uns über eine Straße und durch einen Wald. Es roch nach Sommer und Natur. Im ersten Augenblick eine Erlösung nach den unzähligen Stunden in dem engen Güterwaggon und dem Gestank der vielen Menschen. Aber das war kein Spaziergang, das merkten wir schnell. Wer keine Kraft mehr hatte und stürzte, musste liegen bleiben oder wurde geschlagen. Manchmal auch mehr.

Einzelne Leute blieben stehen und sahen uns an, wie man früher Zirkuswagen betrachtet hat, wenn der Zirkus in die Stadt kam.

Am Wegrand im Wald waren Schilder. Auf einem stand

›Zum Kriegsgefangenenlager‹. Für einen Moment dachte ich, der Krieg wäre vorbei und wir wären Kriegsgefangene. Dann sah ich das Schild ›SS-Lager des SS-Totenkopfregiments‹. Ein schwarz-weiß-rotes Häuschen und in der Ferne die Menschen mit dem gelben Stern hinter dem Zaun.

Ich wusste nicht, ob ich froh sein sollte, dass wir am Ziel waren oder nicht.

Deine Anne Ungewiss

Jenny verabschiedete sich nach ihrer Rückkehr aus Münster am Sonntagmittag direkt in ihr Lembecker Seminarhotel.

Karina vermutete, dass sie in Ruhe mit Liam van Barsten chatten wollte. In Amsterdam hatte sie mitbekommen, wie die beiden ihre Skype-Namen ausgetaucht hatten. Ihr war es nicht unrecht, dass sie ein wenig Zeit für sich hatte. Sie bereitete einen Tee zu und setzte sich an ihren Schreibtisch in Martins Arbeitszimmer. Schade, dass Martin unterwegs war zu einem Kondolenzbesuch. Gerne hätte sie die Eindrücke ihres Besuchs in dem Seniorenheim mit ihm zusammen sortiert. Dann musste sie das eben verschieben.

Stattdessen konnte sie eine E-Mail an ›TH‹ schicken. Vielleicht gelang es ihr, ein Treffen zu vereinbaren. Sie wollte endlich Klarheit, ob es sich bei dem Mann, der Thomas Bergner begleitet hatte, tatsächlich um ihren Mail-Partner handelte oder ob sie auf der falschen Fährte war. Vielleicht hatte Thomas Bergner ihr doch die Mails geschrieben und dieser A. K. hatte mit dem Ganzen nichts zu tun. Oder sie suchte in einer völlig falschen Richtung.

Irgendwie war nichts sicher. Alles konnte sich als Schwindel herausstellen. Das Einzige, was sie besaß, waren die Briefe, die E-Mails und eine Mail-Adresse, die sich jeder zulegen konnte. Vielleicht war auch die Bemerkung, dass der Schreiber oder die Schreiberin bei ihrer Lesung gewesen war, eine Erfindung. Den Termin konnte jeder mit ein bisschen Grips herausfinden. Und dass sie sich gebauchpinselt fühlen würde, wenn auf die Lesung Bezug genommen wurde, war klar. Warum hatte sie eigentlich die anderen Besucher der Lesung von vorneherein ausgeschlossen? Bloß, weil Martin sie kannte? Weil die sich persönlich an sie gewandt hätten, wenn sie alte Briefe gefunden hätten? In welche Gedankennetze verfing sie sich da. Was war mit der Gruppe, die von der Jugendburg zur Lesung kam? Die hatte sie völlig ausgeblendet. Martin hatte nur ausfindig gemacht, dass es sich um Referendare und junge Lehrer gehandelt hatte.

Karina schüttelte die Zweifel ab und rief ihre E-Mails auf. Die erste E-Mail trug den Betreff ›Thomas Bergner‹. Absender war eine Petra Uphoff. Der Name war ihr völlig unbekannt. Neugierig öffnete sie die E-Mail.

»Guten Tag, Frau Bessling«, las sie. »Da ich Sie telefonisch nicht erreiche, erlaube ich mir, Ihnen diese E-Mail zu schreiben.« Im Internet hatte sie die Adresse ihres Büros in Düsseldorf hinterlegt, da war sie am Sonntag natürlich nicht erreichbar. Und einen Festnetzanschluss hatte sie für die neue Wohnung, die Sie in Düsseldorf bezogen hatte, gar nicht erst abgeschlossen, weil klar war, dass sie häufig bei Martin sein würde.

»Ihr Name taucht in einer E-Mail auf, die wir im Rahmen einer Ermittlung auswerten. Wir versuchen die Todesumstände eines jungen Mannes zu klären. Thomas Bergner, vielleicht sagt der Namen Ihnen etwas. Ich würde gerne mit Ihnen sprechen, vielleicht können Sie uns mehr über den Toten und seine Aktivitäten in der letzten Zeit sagen. Bitte rufen Sie mich möglichst bald an.«

Die Signatur unter der E-Mail weckte Karinas Neugier. Als sie sah, dass die E-Mail erst vor wenigen Minuten gesendet worden war, griff sie zum Telefon und wählte die Nummer in der Signatur.

»Petra Uphoff, Polizeipräsidium Münster, Mordkommission.«

Ein Schauer lief Karina über den Rücken. Obwohl sie genau wusste, dass sie mit dem Tod von Thomas Bergner nichts zu tun hatte, wurde ihr mulmig zumute. Genauso fühlte sie sich, wenn sie Briefe vom Finanzamt bekam. Obwohl sie sich nichts vorzuwerfen hatte, beunruhigten sie amtliche Schreiben in ihrem privaten Briefkasten stets.

»Karina Bessling. Sie haben mir eine E-Mail geschickt«, sagte sie und überflog die E-Mail derweil erneut. Da war nur von ungeklärten Todesumständen die Rede wie in dem Zeitungsartikel, der mit dem Bild dieses A. K. versehen war.

»Danke, dass Sie sich so rasch melden«, hörte Karina die Kommissarin. »Ich untersuche die Umstände, die zum Tod von Thomas Bergner geführt haben. Vielleicht können Sie mir in der Sache weiterhelfen.«

»Das tue ich gerne, wenn ich auch nicht weiß, wie«, antwortete Karina. »Ich dachte, Sie hätten den Täter bereits ermittelt.«

»Wie kommen Sie denn darauf?«

Karina spürte, dass die Stimme der Kommissarin plötzlich angespannt klang. »Äh, in dem Artikel, den ich darüber gelesen habe, klang das so«, erklärte sie eilig und ärgerte sich, dass sie ein ungutes Gefühl bekam.

»Interessant, dass Sie gleich wissen, worum es geht.« Die

Kommissarin machte eine kurze Pause. »Kannten Sie Thomas Bergner gut?«

Karina starrte den Hörer an. »Äh, nein, äh, mein Freund ist Pfarrer, er kennt die Familie von Thomas Bergner.« Karina spürte, wie sie sich verhedderte. Was sollte das? Sie hatte die Kommissarin angerufen, um ihr zu helfen, und nun kam sie sich vor wie eine Tatverdächtige. Sie holte tief Luft. »Bitte entschuldigen Sie, da habe ich wohl etwas durcheinandergebracht. Ich habe zufällig mitbekommen, dass Thomas Bergner gestorben ist, weil ich mit seiner Großmutter unterwegs war, als diese die Nachricht von seinem Tod bekam«, berichtete sie. »Und da ich derzeit E-Mails von einem ›TH‹ erhalte, hielt ich es für möglich dass Thomas Bergner der Absender war.« Karina bemerkte, dass das völlig unlogisch klang. »Aber das ist eine komplizierte Geschichte.«

»Das sind vielleicht die E-Mails, die wir auf dem Rechner des Toten gefunden haben«, unterbrach die Kommissarin sie. Sie las einige Betreffzeilen der E-Mails vor.

»Die kenne ich nicht. Meine sind immer mit ›TH‹ unterzeichnet.«

»Schade«, sagte die Kommissarin. »Ich hatte gehofft, Sie könnten uns helfen.«

Karina war erleichtert, weil die Stimme der Kommissarin nicht mehr scharf, sondern sachlich klang.

Sie schilderte ihre Theorie zu den Briefen und der Rolle von Thomas Bergner. Ihren Besuch in Münster ließ sie allerdings aus. Alles musste die Kommissarin nicht wissen. Zumal ihr Eindringen in das Apartment dieses A. K. genaugenommen ein Einbruch war, für den sie ihre Kenntnisse aus dem Schlossknacker-Kurs gar nicht hätte verwenden dürfen. Diese Fähigkeit sollte lediglich im Notfall auf der Baustelle nützlich sein.

»Ich habe diesen A. K. auf dem Zeitungsfoto wiedererkannt«, beendete Karina ihre Darstellung. »Er war vor einiger Zeit mit Thomas Bergner bei einer Lesung in Borken.«

»Ja, das Zeitungsfoto«, seufzte die Kommissarin. »Das hat für einigen Wirbel gesorgt. Dieser Journalist muss über persönliche Kontakte von den beiden Todesfällen erfahren haben. Durch den Artikel hat er den Eindruck erweckt, die Todesfälle hingen zusammen. Und dieser A. K. kam ihm gerade im rechten Moment vor die Linse.«

Die Kommissarin schwieg. Karina schien es, als hätte sie den Hörer beiseitegelegt.

»Sagt Ihnen der Name Fleur Hendricks etwas?«, erklang die Stimme von Petra Uphoff wenig später.

Der Name kam Karina vage bekannt vor, sie verband jedoch kein Gesicht damit. »So spontan nicht«, antwortete sie. »Wer soll das sein?«

Die Kommissarin am anderen Ende der Leitung zögerte erkennbar. »Thomas Bergner stand mit ihr in Mailkontakt.« Sie räusperte sich. »Der war eher privater Natur. Aber zwischendrin wurde über Stenografie und Briefe gemailt. Und in dem Zusammenhang taucht Ihr Name auf. Wir überprüfen alle Personen, deren Namen in den Mails vorkommen. Und natürlich alle Personen, mit denen er gemailt hat.«

Karina hörte ein Seufzen, das sie sich nicht erklären konnte, bis die Kommissarin sagte: »Anscheinend war er der Damenwelt sehr zugeneigt, wenn man den Mailverkehr mit Frauen betrachtet.« Sie stockte kurz, als wäre ihr aufgegangen, dass sie zu viel verraten hatte.

Aber Karina konnte mit der Information ohnehin nichts anfangen. Wenn sie von Briefentwürfen der Anne Frank gesprochen hätte, dann wäre sie hellhörig geworden, aber so beschränkte sie sich darauf zu fragen: »Was stand denn in den E-Mails?«

»Das kann ich Ihnen nicht sagen. Bitte haben Sie Verständnis dafür«, antwortete die Kommissarin. »Nur so viel: Sie werden ausschließlich im Zusammenhang mit dieser Fleur Hendricks und Briefen erwähnt, die in Steno übertragen werden sollen.«

Karina horchte auf. »In Steno übertragen, sagen Sie? Ich habe Briefe bekommen, die in Steno geschrieben wurden. Auf Niederländisch.«

»Das ist ja interessant. Vielleicht hilft uns das weiter. Ich würde mich gerne hier im Präsidium mit Ihnen unterhalten. Wann könnten Sie das denn einrichten?«, wollte Petra Uphoff wissen.

Karina dachte nach. Die Kommissarin wirkte, von dem unangenehmen Start des Gesprächs abgesehen, sympathisch und durchaus bereit, offen mit ihr zu sprechen. Allerdings konnte Karina nicht einfach einen Tag freinehmen, um nach Münster zu fahren, wenn ihr Bauprojekt Fahrt aufnahm. Sie würde genug mit ihrer Zeit jonglieren müssen, um sich den Tag für die Beerdigung freizuschaufeln.

»Wie lange sind Sie heute im Büro?«, erkundigte sie sich. Sie war sich nicht sicher, was Martin sagen würde, wenn sie ihren gemeinsamen Sonntag verplante. Andererseits war Thomas Bergner fast ein Mitglied seiner Gemeinde. Da musste ihr Lebensgefährte eben Opfer bringen.

»Heute wird es sicher spät. Wenn Sie also heute kommen könnten, wäre das sehr hilfreich«, fuhr die Kommissarin zusammenhanglos fort.

Karina verabredete sich mit der Kommissarin für den frühen Abend.

Kaum hatte sie das Telefonat beendet, da hörte sie, wie die Haustür aufgeschlossen wurde.

»Karina!«, erklang Martins Stimme im Flur.

Sie erhob sich und ging ihm entgegen. Nach einem langen Begrüßungskuss erklärte Karina ihrem Freund, dass sie das Programm für den Abend geändert hatte.

»Dann fahren wir eben nach Münster«, war sein einziger Kommentar. »Wollen wir gleich los?«

Karina seufzte zufrieden. Genau so hatte sie sich ihren Partner immer vorgestellt. Unkompliziert, spontan und geduldig, wenn sie einer Sache auf der Spur war. Ob der Besuch bei der Kommissarin ihr weiterhelfen würde?

KAPITEL 18

Sein Gedächtnis war besser, als er glaubte. Was er der Kommissarin erzählt hatte, stimmte mit seinen Notizen überein. Er saß in seinem klapprigen Fiat vor dem Präsidium und las, was auf dem inzwischen zerknitterten, fleckigen Zettel aus dem Collegeblock stand.

Vorerst war er die Kommissarin los. Er traute ihr nicht. Sie hatte den Eindruck erweckt, als habe sie einen Trumpf in der Tasche. Er musste sehen, dass er wegkam. Wenn nur endlich Karina Bessling etwas erreichen würde. Er startete den Motor und machte sich auf den Weg zu seinen Eltern. Was blieb ihm anderes übrig, als zunächst dort Unterschlupf zu finden?

Natürlich sah seine Mutter ihn verwundert an, als er wieder vor der Tür stand. Schließlich hatte er sich erst morgens verabschiedet und nichts von seiner Kündigung verlauten lassen.

»Morgen ist Knolles Beerdigung«, sagte er nur, da seine Mutter nicht von der Stelle wich und ihn fragend anschaute.

»Du solltest seine Eltern besuchen«, war ihr einziger Kommentar.

Als hätte er nicht genug Probleme. Bei Knolles alten Herrschaften auf der Couch zu sitzen und sich das Gejammer anzuhören, das fehlte ihm gerade noch. Er winkte ab. »Ich muss was tun und sehe sie morgen auf dem Begräbnis sowieso!«

Seine Mutter wandte sich ab. »Wir haben schon gegessen«, sagte sie. Als wäre Essen das Wichtigste auf der Welt.

In seinem Zimmer packte er den Laptop-Rucksack aus. Darin befand sich die Post, die er in seinem Apartment gefunden hatte. Er hatte nie vorher darüber nachgedacht, dass jemand im Seniorenheim einen Zweitschlüssel zu seinem Apartment besaß. Erst jetzt wurde ihm klar, dass derjenige, der die Post brachte, dabei gleich sein Zimmer durchstöbern könnte. Was, wenn Renate Lansmann das getan hatte? Oder wenn sie der Polizei den Schlüssel gegeben hatte? Die geöffnete Tür fiel ihm ein. In Gedanken versunken schaute er die Briefumschläge an. Werbung, Telefonrechnung, Werbung. Ein handschriftlicher Brief erregte seine Aufmerksamkeit. Er konnte sich nicht erinnern, wann er zum letzten Mal einen Brief bekommen hatte, der keine Rechnung war.

Neugierig drehte er den Umschlag um und erschrak, als er den Absender las: »Fleur Hendricks, Amsterdam«. Woher kannte Fleur seinen Namen und seine Adresse?

Er riss den Umschlag auf und ein DIN-A4-Blatt fiel heraus. Ordentlich zusammengefaltet. Er öffnete es. »Rechnung«, las er. Das konnte nicht wahr sein. Er setzte sich auf das Bett, um den Brief in Ruhe zu lesen und dessen Bedeutung in seiner ganzen Breite zu erfassen. Fleur Hendricks schickte ihm eine Rechnung über 500 Euro für die Übertragung von 25 Briefen in Stenografie.

Er sah auf das Datum. Die Rechnung war am Freitag abgeschickt worden. Unten auf dem Blatt klebte ein gelber Zettel. »Wie mit Thomas vereinbart«, las er.

Er starrte das Blatt an. Es war nicht der Betrag, der ihn so aus der Fassung brachte, sondern sein Name und seine Anschrift im Adressfeld. Knolle hatte nichts davon gesagt, dass er Fleur seine Daten weitergegeben hatte. In keiner der E-Mails hatte er das gelesen. Was hatte er übersehen?

Er ging das Treffen mit Fleur in Gedanken durch. Sie war anfangs zurückhaltend gewesen, hatte sich schnell gefasst. Irgendwann hatte sie gesagt: »Deine Stimme klingt tiefer.« Er hatte nicht darauf reagiert, weil ihm das unwichtig erschien war. Nun ergab der Satz einen Sinn, sie hatte mit Knolle telefoniert und wunderte sich, dass seine Stimme anders war. Knolle hatte ihr von ihm erzählt. Deshalb auch die Frage nach ihm.

Wütend ließ er sich auf das Bett fallen und starrte an die Decke. Das bedeutete, Fleur wusste von den Briefen, und sie kannte nicht nur seinen Namen, sondern ebenso seine Adresse. Wann immer etwas über Thomas' Tod oder die Briefe von Anne Frank in den Medien erscheinen würde, würde sie eins und eins zusammenzählen.

Er setzte sich auf. Er hatte so viel investiert, er konnte das Projekt nicht abbrechen. Er musste das Ganze systematischer angehen. Zeit für eine To-do-Liste, damit er nichts vergaß und jederzeit auf alles vorbereitet war, vor allem auf weitere Fragen der Kommissarin. Er fuhr seinen Laptop hoch und öffnete ein neues Word-Dokument. »Fleur Hendricks!«, tippte er, und »Medien heraushalten«.

Das Problem Fleur schien ihm lösbar, schwieriger war es, die Medien auszuschalten. Wenn sich herausstellte, dass es neue Briefe von Anne Frank gab, würden sich die Zeitungen und Fernsehsender darauf stürzen. Wenn er den Hype um ihren 85. Geburtstag sah, würden die neuen Erkenntnisse mindestens genauso viel Wirbel erzeugen.

Die einzige Möglichkeit, das in Bahnen zu lenken, war, mit den Medien zu kooperieren. Nun verstand er, wieso

Kujau die Hitler-Tagebücher der Redaktion des Stern angeboten hatte.

Ihm kam ein Gedanke. War das Tagebuch von Anne Frank nicht ursprünglich in einer Zeitschrift erschienen? Thomas hatte das berichtet. Hatte er sich das nicht sogar aufgeschrieben?

Er stöberte in seinen Zettelstapeln. Irgendwo hatte er das notiert. Er konnte versuchen, diese Zeitschrift zu kontaktieren und ihr die Briefe anzubieten. Besser gesagt nicht er, sondern Karina Bessling. Die hatte bisher nichts auf die Reihe bekommen. Es wurde Zeit, dass sie begann, sich stärker zu engagieren. Sollte sie doch den Kontakt zu der Zeitschrift oder von ihm aus zu einem anderen Magazin herstellen. Hauptsache, das Ganze kam ins Rollen und die Medien begannen nicht, irgendwelchen Scheiß zu schreiben. Auf keinen Fall durften sie seinen Namen erwähnen und am besten erst etwas über die Briefe schreiben, wenn er untergetaucht war. Da war der Zettel. ›Het Parool‹ hieß die holländische Zeitschrift, in der am 3. April 1946 erste Auszüge aus dem Tagebuch der Anne Frank in der Rubrik ›Kinderstem‹ erschienen waren.

Mit einem Klick startete er das Mail-Programm und rief seine Mails ab. Gerade wollte er ein neue verfassen, da sah er, dass Karina Bessling ihm geschrieben hatte. Endlich!

Was? Statt Neuigkeiten nervte sie wieder damit, dass sie ihn treffen müsse. Schlimmer. Sie erklärte ihm, dass sie ihn nicht mehr unterstützen würde, solange sie ihn nicht persönlich kannte.

Ein heftiges Pochen an der Tür hinderte ihn daran, sich weitere Gedanken darüber zu machen.

Donnerstag, 9. November 1944

Liebe Kitty!

Ich habe dich nicht vergessen. Hier ist alles anders. Immer denkt man, es geht nicht schlimmer und dann wird es doch schlimmer.

Als wir im Lager eintrafen, kamen wir als Erstes in ein Gebäude. »Das ist die Entlausungsstation«, flüsterte jemand. Ich weiß nicht, wer. Man erkennt niemanden. Mich hat das Gebäude ohne Fenster mit den Duschköpfen an die Gaskammern in Auschwitz erinnert. Die Nazi-Moffen dachten, wir würden nichts mitkriegen. Aber sie haben nicht mit der IPA gerechnet. Die sorgte dafür, dass alles, was im Lager vor sich ging, durchsickerte. Schön war das nicht, denn die Nachrichten waren selten gut. Nur gelegentlich gab es Hoffnungsschimmer, wenn wir hörten, dass die Russen oder Amerikaner, Briten oder Franzosen wieder deutsche Soldaten besiegt hatten.

Von der Entlausungsstation wurden wir weiter durch das Lager gejagt. Wie Vieh. Ich verstehe einfach nicht, dass Menschen sich so verhalten können.

Dann sahen wir die Zelte. Wir mussten mit den anderen in eines, in dem es niemals warm ist. Wenn wir uns alle aneinanderlegen, frieren wir weniger. Der Wind tost und ich habe Angst, dass das Zelt wegfliegt. Ich versuche, in Gedanken fortzuschweben zu den Feldern und Kühen, den grünen Wiesen, in den blauen Himmel. Dorthin, wo es besser ist. Überall ist es besser.

Deine Anne

Ehe Karina sich mit Martin auf den Weg nach Münster begab, schickte sie eine E-Mail an ›TH‹. »Entweder trifft er sich mit mir oder er kann bleiben, wo der Pfeffer wächst!«, erklärte sie Martin, als sie ihr Notebook schloss.

»Wenn das tatsächlich der Typ ist, der in dem Artikel erwähnt wird und den die Polizei angeblich sucht, wäre er dort sicher lieber als in Münster«, scherzte Martin.

Karina seufzte zufrieden. Das war das Schöne an ihrer Beziehung mit Martin, sie hatten den gleichen Humor und liebten es, sich gegenseitig aufzuziehen. Bevor sie ihn in dem kleinen Café im Vennehof zum ersten Mal gesehen hatte, hätte sie nicht gedacht, dass Pfarrer derart humorvoll sein konnten.

Martin schloss die Tür hinter ihnen ab. »Soll ich fahren oder willst du mich heute chauffieren?«, erkundigte er sich, als sie auf dem Parkplatz standen.

Karina dachte an die Fahrt nach Münster am Vormittag. »Ich hätte nichts dagegen, wenn ich mich faul zurücklehnen könnte«, antwortete sie und gab Martin einen Kuss.

Lachend öffnete ihr Freund die Beifahrertür. »Dann steigen Sie ein, gnädige Frau. Bitte entschuldigen Sie, dass ich meine Chauffeurmütze nicht trage.«

Karina kicherte noch, als sie auf die Schnellstraße in Richtung Münster fuhren. Dann wurde sie nachdenklich. »Haben die Eltern von Thomas mit dir darüber gesprochen, wie genau er gestorben ist?«, wollte sie von Martin wissen.

»Nur dass jemand in den Unfall ihres Sohnes verwickelt war«, antwortete ihr Freund.

»Ich denke, er ist ertrunken.« Karina wunderte sich.

»Thomas Bergner wurde zwar im Wasser gefunden. Er ist dort gestorben, aber nicht ertrunken, sondern er ist anscheinend mit dem Kopf unglücklich auf einer Stufe aufgeschlagen.«

»Du meinst, jemand hat ihn geschubst?« Das würde erklären, warum die Kommissarin so scharf darauf war, mit ihr zu sprechen.

»Wie bist du denn mit deiner Recherche vorangekommen?«, wollte Martin wissen, als sie die A 43 erreicht hatten und im ruhigen Sonntagsverkehr mitschwammen.

»Die Daten der Briefe passen alle zu den Daten, die aus den letzten sieben Monaten von Anne Frank bekannt sind. Es gibt ein Buch, in dem Augenzeuginnen über die Zeit nach der Verhaftung berichten. Von Willy Lindwer, der vor Jahren einen Film dazu gedreht hat. Die Infos habe ich gecheckt, aber weiter bin ich nicht gekommen, weil Jenny vor der Tür stand.« Karina zog die Mappe mit den Briefausdrucken hervor, die sie zusammen mit dem Laptop eingesteckt hatte, und überflog die Texte erneut, während Martin sie in seinem Passat sicher durch das Münsterland chauffierte.

»Was meinst du, wie alt Charles ist?«, fragte Karina ihren Freund und starrte gedankenversunken auf die Felder, die an ihnen vorbeizogen.

»Charles?« Martin sah verwundert zu Karina hinüber. »Wie kommst du auf Charles? Das ist Frank Sinatra und nicht Charles Aznavour!«

Karina blickte Martin an. »Wovon sprichst du?«

»Na, von der Musik, die gerade im Radio läuft. Du wolltest wissen, wie alt der Sänger ist.«

Karina schüttelte den Kopf. »Ich habe nicht auf die Musik geachtet. In diesem Brief ist von dem englischen Thronfolger Charles die Rede. Ich frage mich, ob es sein kann, dass er 1944 geboren ist.«

Martina lachte laut. »Charles!« Er konnte sich kaum beruhigen.

»Was meinst du, ist Charles 1944 geboren?«, versuchte Karina seinen Heiterkeitsausbruch zu stoppen. Ihr ernster Ton verfehlte seine Wirkung nicht.

»Dann wäre er heute 70. Kann sein, kann nicht sein«, fand Martin. »Männer mit Glatze sehen immer älter aus. Und Menschen, die nicht körperlich schwer arbeiten müssen, wirken oftmals jünger.«

»Stimmt. Und wenn man bedenkt, dass er Großvater ist, könnte er 70 sein.« Karina versuchte sich zu erinnern.

»Wozu hast du ein Smartphone!«

Auf die Idee hätte sie wirklich selbst kommen können. Sie kramte ihr Handy aus der hinteren Hosentasche, doch ehe sie die Suche starten konnte, stoppte Martin das Auto auf dem Parkplatz vor dem Polizeipräsidium am Friedensring.

»Freie Parkplatzwahl in Münster. Wann hat man das?«, sagte er und wies auf den Platz, wo nur einige wenige Fahrzeuge standen.

Karina dachte an ihre Parkplatzsuche vom Vormittag. Schade, dass man freie Parkplätze nicht konservieren und bei Bedarf wie einen Bodenbelag ausrollen konnte. Sie schmunzelte bei der Vorstellung.

»Worüber lachst du?«, wollte Martin wissen.

Karina hakte sich bei ihm unter und schmückte ihre Idee ein wenig aus, während sie auf den Haupteingang zugingen. An der Pforte erklärte sie dem Wachbeamten, dass sie mit Petra Uphoff verabredet war. Sie mussten nur wenige Minuten warten, dann erschien die Kommissarin in einem seriös wirkenden blauen Kostüm.

Ob das ein Uniform-Kostüm ist?, fragte Karina sich insgeheim. Sie sagte jedoch nichts, sondern stellte sich und Martin vor.

Petra Uphoff bat sie, ihr zu folgen. Neugierig betrachtete Karina die Aushänge an den Wänden, als sie durch das Polizeipräsidium ging. Hier sah es nicht viel anders aus als in anderen Bürogebäuden, konstatierte sie. Nur die Steckbriefe fielen ihr auf. Von diesen Visagen wollte sie nicht jeden Morgen begrüßt werden.

»Man gewöhnt sich daran«, meinte Petra Uphoff, als Karina sich erkundigte, ob sich die zum Teil verschlagen wirkenden Gesichter auf ihre Stimmung auswirkten. »Schwerer zu ertragen sind die Angehörigen der Opfer.«

Karina wusste nicht, was sie darauf sagen sollte. Sie war froh, als sie das Büro der Kommissarin erreichten und sie sich mit der Frage beschäftigen musste, ob sie Kaffee oder Tee trinken wollte.

»Ich nehme gerne einen Kaffee.« Dass Martin das Tee-Angebot ausschlug, war klar.

»Dann trinke ich ebenfalls einen Kaffee«, sagte Karina.

Wenige Minuten später saßen sie vor ihren Kaffeetassen und einem kleinen Teller mit Pralinen.

»Herr Kleine ist Pfarrer«, stellte Karina ihren Lebensgefährten vor. »Er kennt die Eltern von Thomas Bergner. Ich hoffe, es ist okay, dass ich ihn mitgebracht habe.«

Die Kommissarin lächelte Martin an. »Na klar. Vielleicht können Sie uns sogar weiterhelfen. Wir tappen im Moment noch ein wenig im Dunkeln.« Sie verzog das Gesicht. »Sonst hätten wir längst eine Pressemitteilung herausgegeben. Sie haben den Artikel ja gelesen!«

»Ja«, antwortete Martin. »Ich hatte den Eindruck, dass der Autor noch eine Rechnung mit der Heimleitung offen hat.«

Petra Uphoff winkte ab. »Lassen Sie uns bloß das Thema

wechseln. Sie ahnen nicht, wie lästig Journalisten manchmal sind.«

»Stimmt es denn, was in dem Artikel behauptet wird, dass Thomas Bergners Tod im Zusammenhang mit einem anderen Todesfall steht?«, wollte Karina wissen.

»Über die laufenden Ermittlungen darf ich Ihnen natürlich nichts sagen«, entgegnete Petra Uphoff. »Ich hoffe, dass wir morgen eine Pressekonferenz anberaumen können.« Sie wies auf Farbausdrucke, die vor ihr lagen.

Karina konnte außer dem Facebook-Logo oben nichts lesen.

»Andreas Kortenhoff, der Verfasser des Artikels, engagiert sich in der Zeitung und im Netz für bessere Bedingungen in Seniorenheimen«, berichtete Petra Uphoff. »Da verrate ich kein Geheimnis, das begegnet Ihnen im Internet, sobald Sie den Namen eingeben.« Sie seufzte. »Grundsätzlich finde ich das gut, aber in diesem Fall ist seine Einmischung sehr mühselig.« Die Kommissarin nahm ein Blatt in die Hand. »Solche Tipps bekommen wir. Nicht mehr anonym, sondern öffentlich über das Internet. ›Fragen Sie doch mal bei LoveTrain nach. Nach dem, was ich gehört habe, hat dieser Thomas B. dort als Callboy gearbeitet.‹«

»Das ist schon starker Tobak«, fand Martin, während Karina versuchte, den Absender des Facebook-Postings zu entziffern. Zu gerne wollte sie wissen, was dort sonst noch über den Toten geschrieben wurde.

Petra Uphoff nickte. »Das ist wirklich unglaublich, was da so gepostet wird. Wir werten das natürlich aus, wenn wir uns relevante Informationen in einem Fall versprechen. Was man da mitbekommt, macht einen sprachlos.«

Karina ärgerte sich. Diese Kommissarin redete wie ein Wasserfall über ihre Arbeit im Allgemeinen und das, was sie schon aus der Zeitung wusste, und ging mit keinem Wort darauf ein, weshalb sie Karina sprechen wollte. Nun war sie extra nach Münster gefahren und hatte ihren Tatort-Abend geopfert und nichts Neues erfahren.

Martin sah auf die Uhr. »Wir würden gerne ins Kino, nachdem wir extra nach Münster gefahren sind«, erklärte er.

»Und da lassen Sie mich reden wie ein Marktweib«, sagte Petra Uphoff lachend und wandte sich Karina zu. »Dann erklären Sie mir einfach, was es mit diesen Briefen auf sich hat, die in Thomas Bergners Mails an Fleur Hendricks erwähnt werden.«

Karina legte ihre Geschichte erneut dar, obwohl sie sie der Kommissarin bereits am Telefon geschildert hatte. Sie ließ auch den Besuch in Amsterdam nicht aus, wo sie das Bild des möglichen Täters in der Zeitung gesehen hatte. »Ich habe ihm geschrieben, wenn er sich nicht mit mir trifft, ist das Ganze für mich abgeschlossen«, beendete sie ihren Bericht.

Die Kommissarin nickte zustimmend. »Das hätte ich Ihnen geraten.« Sie schaute Martin an. »Allerdings wäre es gut, wenn Sie Ihre Freundin zu dem Treffen begleiten. Falls der Mail-Schreiber etwas mit der Sache zu tun haben sollte, wozu ich nichts sagen darf, könnte das Treffen gefährlich sein.«

Daran hatte Karina nicht gedacht. »Ich muss mich mit ihm ja nicht gerade in einem Schwimmbad treffen«, scherzte sie und wurde gleich wieder ernst. »Soll ich Ihnen die Unterlagen, die ich bekommen habe, hier lassen?«

Renate Uphoff betrachtete den Briefumschlag, aus dem Karina Fotos der Steno-Briefe gezogen hatte und den Stapel Ausdrucke. »Ich glaube zwar nicht, dass wir etwas damit anfangen können, schaden wird es nicht, wenn unsere Techniker sich das anschauen. Ich würde gerne das Kuvert ebenfalls untersuchen, vielleicht finden wir Fingerabdrücke.« Sie holte Handschuhe aus einer Pappschachtel, die auf ihrem Schreibtisch stand, packte die Papiere wieder in den Umschlag und steckte Karinas Unterlagen in eine durchsichtige Hülle. »Vielleicht finden wir Fingerabdrücke von Thomas Bergner und seinem Freund auf dem Umschlag oder den Ausdrucken und können Ihnen einen Hinweis für Ihre Suche geben.«

»Die Ausdrucke stammen alle von mir, der einzige Original-Brief ist im Anne-Frank-Haus in Amsterdam. Nur der Umschlag ist von dem Mailschreiber.« Karina ärgerte sich, dass sie Liam van Barsten so bereitwillig das Original ausgehändigt hatte. Nicht einmal eine Bestätigung hatte sie erhalten. Jennys Geturtel hatte sie völlig aus dem Konzept gebracht.

Martin stand bereits. Auch die Kommissarin erhob sich. »Ich begleite Sie noch hinaus«, sagte sie und ließ sie vorgehen.

Als sie das Foyer betraten, musste Karina niesen.

»Sie werden doch keine Polizei-Allergie haben«, scherzte die Kommissarin.

Martin grinste.

Nur Karina lachte nicht, weil die Niesattacke ihr keine Ruhe ließ. Sie suchte ihr Taschentuch und fand es schließlich in der Gesäßtasche. Sie hörte ein leises Klirren.

»Oh nein!«, rief sie zwischen zwei Niesern. »Das habe ich völlig vergessen.« Unter den erstaunten Blicken von Martin und Petra Uphoff kniete sie sich auf den Boden, um den Ohrstecker zu finden, den sie am Vormittag im Schwimmbad entdeckt hatte. »Hier.« Erleichtert hielt sie der Kommissarin das kleine Schmuckstück hin.

Als sie erklärte, wo sie den Ohrstecker gefunden hatte, hellte sich Petra Uphoffs Miene auf.

»Fingerabdrücke sind vermutlich keine mehr zu finden«, mutmaßte sie mit Blick auf Karinas nackte Finger, »aber ich bin sicher, dass die Kollegen irgendwelche Spuren herauslesen werden.« Sie hielt sich den Ohrstecker dicht vors Gesicht, und Karina schien es, als würde das Strahlen der Kommissarin kräftiger. »Und ich habe eine Ahnung, wem der Ohrstecker gehören könnte.« Mehr sagte sie nicht, so sehr Karina mit Martins Unterstützung drängte. Sie musste ihre Neugier zähmen. Nicht gerade die beste Voraussetzung für einen gemütlichen Kinoabend. Aber Martin wusste, wie er ihr helfen konnte, sich zu entspannen, und so wurde es doch noch ein schöner Ausflug.

KAPITEL 19

Wie sein Vater sich aufführte, weil er mit den Koffern wieder zu Hause eingezogen war.

»Du wolltest studieren«, brüllte er. Von dem Stolz auf den Sohn, der studierte, den er seinen Skatkumpels und Kegelfreunden gegenüber heraushängen ließ, während er ihm gegenüber ständig klagte, dass er nicht Friseur werden wollte, war nichts zu spüren. Er hätte fast die Tür zu seinem Zimmer eingeschlagen, weil er nicht sofort antwortete.

Es musste schnell etwas passieren. Er konnte sich nicht mehr nur auf Karina Bessling verlassen. Die ging ihm mit ihrer Forderung, ihn zu treffen, auf die Nerven.

Er musste mehrgleisig fahren, sonst dauerte das Ganze zu lange. Er würde Fleur einbeziehen. Sollte ihre Freundin doch den Kontakt zum Anne-Frank-Haus herstellen. Vielleicht hatten die dort Interesse daran, die Briefe zu kaufen. Dass Karina Bessling den Kontakt nicht abgebrochen hatte, ließ vermuten, dass der Schwindel nicht aufgeflogen war. Wie auch. Es gab definitiv keine Texte von Anne Frank in Steno und das Papier stammte aus der Kriegszeit. Okay, sicher nicht aus Amsterdam. Doch wer konnte Papier aus Amsterdam von Papier aus Münster, München oder Florida unterscheiden?

Blöd nur, dass er für eine Fahrt nach Amsterdam das Auto seines Vaters benötigte. Er hatte keine Lust, mit seinem klapprigen Fiat in Holland auf der Autobahn liegen zu bleiben. Notfalls musste er sich den Autoschlüssel eben einfach nehmen, wenn sein Vater im Friseurladen war.

Er tippte Fleurs Mail-Adresse in das Empfängerfeld seines Mailprogramms. »Ich habe mich total blöd verhalten«, schrieb er und erklärte, dass sie ihn völlig aus dem Konzept gebracht hätte. Er beendete die Mail mit einigen säuseligen Sprüchen, darauf standen die Mädels, und klickte auf ›Senden‹.

Im gleichen Augenblick fiel ihm ein, dass Fleur ihn nur als Thomas kannte und sie sich bisher immer über Knolles E-Mail-Adresse geschrieben hatten, als er noch dessen Laptop nutzen konnte. Hektisch klappte er das Notebook zu. Hoffentlich war die Nachrichtenübermittlung rechtzeitig unterbrochen worden.

Inzwischen hatte er Knolles Laptop in dessen Zimmer gebracht, nachdem ihm klar wurde, dass die Polizei niemals an einen Unfall glauben würde, wenn der Computer verschwunden blieb. Er hatte das Notebook mit der Tasche in dem Zimmer versteckt, als hätte Knolle das getan. Sollten die Bullen doch denken, sie hätten den Computer beim ersten Mal übersehen. Kurz hatte er Panik bekommen wegen seiner Fingerabdrücke, dann hatte er eine Erklärung dafür notiert. Knolle konnte ihm seinen PC geliehen haben. Wie wollte die Kommissarin das widerlegen? Das war eine logische Erklärung für seine Spuren auf Laptop und Tasche.

Nun hatte er das nächste Problem. Wie sollte er Fleur kontaktieren, ohne seinen Account zu nutzen? Mit angehaltenem Atem öffnete er die Klappe des Laptops. Puh. Eine Mail im Postausgang. Er musste seine Gedanken beisammenhalten.

Er öffnete die E-Mail und suchte Knolles Mail-Konto in der Übersicht. Dass ihm das noch eingefallen war. Vor einigen Monaten hatte er seinem Freund aus der Patsche geholfen, als dessen Laptop gestreikt und er auf eine Rückmeldung von seinem Prof gewartet hatte. Seitdem hatte er Zugriff auf Knolles Mailkonto, auch wenn er es nicht mehr abgerufen hatte. Es dümpelte vor sich hin, als hätte es auf diesen Augenblick gewartet. Er schnaufte zufrieden, wählte Knolles Konto aus der Liste der Mailkonten in Outlook und verabschiedete sich als Thomas in der E-Mail.

Warum ging die E-Mail nicht raus? Er klickte erneut auf ›Senden und Empfangen‹. Wieder eine Fehlermeldung. Er öffnete die Einstellungen, um zu prüfen, ob das Versenden gesperrt war. Nichts. Das Schließen und erneute Öffnen des Mail-Programms half nicht. Entweder hatte jemand das Passwort geändert oder die E-Mail-Adresse war gelöscht worden.

Ein Schauer kroch über seinen Rücken. Die Polizei kannte den Account. Sie musste das Passwort geändert haben. Gab es eine Möglichkeit, gelöschte E-Mails wiederherzustellen? Dann kannten sie die Korrespondenz mit Fleur und es würde nicht lange dauern, bis sie eins und eins zusammenzählten.

Ihm blieb nichts anderes übrig, als Fleur über seine eigene E-Mail-Adresse zu kontaktieren. Wenigstens tauchte sein Name nicht darin auf. Dennoch zitterten seine Hände, als er Fleur eine Mail schickte, um sich für den nächsten Vormittag mit ihr zu verabreden. Er hatte keine Ahnung, wie er nach Amsterdam kommen sollte, aber er musste sie treffen, ehe die Polizei sie kontaktierte.

Für die Begegnung mit Karina Bessling musste er einen Ort finden, der ihn nicht mit seinem Wohnort und Thomas in Verbindung brachte. Am besten schlug er ihr ein Treffen im Ruhrgebiet vor, um seine Spur ins Münsterland zu verwischen. Der Kemnader See fiel ihm ein, seine Exfreundin fuhr dort oft Inliner, er war ein paar Mal mitgefahren. Er überflog die E-Mails an Karina Bessling und ärgerte sich, dass er erwähnt hatte, dass er sie bei der Lesung in Borken gesehen hatte. Wie konnte er so blöd sein. Aber da lebte Knolle noch und das Ganze sah nach einem großen Coup aus. Inzwischen war davon wenig übrig; er musste retten, was zu retten war.

Ohne weiter nachzudenken, erkundigte er sich, ob Karina Bessling am Dienstagabend am Kemnader See sein konnte. So sah sie seinen guten Willen. Vielleicht würde sich ja mit Fleur und ihrem Kontakt in Amsterdam bis dahin eine ganz andere Lösung ergeben. Dann konnte diese Karina Bessling in Bochum warten, bis sie schwarz wurde.

Samstag, 18. November 1944

Liebe Kitty!

Stell dir vor. Sie haben entschieden, im ganzen Lager am Samstag Kinderfeste zu organisieren. Tod und Feier direkt nebeneinander. Wer denkt sich so etwas aus? In jeder Baracke sieht das Fest anders aus. Es gibt kleine Theateraufführungen, Singkreise, Texte werden vorgetragen. So unwirklich und doch eine Abwechslung in dem fürchterlichen Alltag, in dem der Tod immer hinter einem steht.

Deine Anne aus der Unwirklichkeit

Karina war froh, dass ihr Chef ihr den Homeoffice-Tag genehmigt hatte. So konnte sie vormittags an ihrem Schreibtisch in Martins Arbeitszimmer sitzen und musste nicht für drei Stunden nach Düsseldorf fahren. Während sie auf eine Freigabe des Bauleiters wartete, hatte sie sogar Zeit, ein wenig im Internet über den Redakteur der Lokalzeitung zu recherchieren. Selbst wenn die Kommissarin den Namen nicht verraten hätte, hätte sie ihn auf der Internetseite des Blattes leicht ausfindig gemacht.

Der hatte sich wirklich auf das Heim eingeschossen, in dem Thomas Bergner gestorben war.

In seinem Blog schrieb er, dass sein Vater fit war bis zu dem Tag, an dem er in das Heim umsiedelte. Er berichtete sogar von einstweiligen Verfügungen, die die Heimleitung beantragt hatte und die alle abgeschmettert worden waren, weil er auch hier sehr genau überlegte, wie er seinen Unmut formulierte.

Auf seiner Facebook-Seite fand Karina einen Link mit dem Artikel und über 100 Kommentaren. Sie überflog die Äußerungen der Netzgemeinde zu der Behauptung, dass sich in dem Heim die Todesfälle häuften. Einige schienen Beziehungen zu Bewohnern zu haben, das erklärte auch, weshalb der Journalist über etwas schreiben konnte, bevor die Polizei ihre offizielle Verlautbarung dazu herausgegeben hatte.

»Spannend?« Martin beugte sich zu Karina herunter und küsste sie. »Sicher interessanter als die Morgenandacht mit acht alten Damen. Obwohl deine Freundin Elisabeth Oenning darunter war.«

»Freundin ist übertrieben«, entgegnete Karina. »Aber spannend stimmt. Ich habe einiges über Thomas Bergner herausgefunden, was seine Eltern sicher nicht wissen.«

Sie rückte zur Seite, um Martin Platz zu machen, und scrollte die Kommentare bis an die Stellen, die sie ihrem Freund zeigen wollte. »Es gibt mehrfach den Hinweis auf diese Vermittlung von Callboys, und in einigen Beiträgen wird auch behauptet, die Heimleiterin wäre nicht ganz koscher und kleinen Gefälligkeiten in Form von Überweisungen oder Erbschaften nicht abgeneigt.«

Karina beschrieb Martin, wie die Heimleiterin Jenny umschmeichelt hatte, nachdem sie von ihrem reichen und ziemlich verlassenen Opa berichtet hatte.

»Auf das Gerede würde ich nichts geben«, meinte Martin. »Da äußern sich doch vor allem die Nörgler.«

Martin, der Facebook-Hasser. Karina schmunzelte. Die sozialen Netzwerke waren einer der Punkte, an denen sie nicht einer Meinung waren. Karina verstand, dass er als Pfarrer nicht dort präsent sein wollte. Aber ihr gefiel der Austausch mit Gleichgesinnten und es hatte sich schon manche neue Freundschaft daraus entwickelt.

»Möchtest du auch einen Kaffee?«, fragte Martin. »Ich muss etwas fertig machen und dann will ich früh los, um alles für die Beerdigung vorzubereiten.«

»Ich muss auch noch was tun. Aber einen Kaffee nehme ich.« Karina schloss den Browser. Als Martin den Kaffee brachte, war sie bereits in ihre Pläne vertieft.

Sie schaute überrascht auf, als ihr Lebensgefährte sagte: »Ich mache mich dann auf den Weg.« Es waren drei Stunden vergangen. Wenn sie wie versprochen, Elisabeth Oenning abholen wollte, musste sie ebenfalls los.

Auf dem Weg zum Seniorenstift, in dem die alte Frau lebte, dachte Karina über Thomas Bergner nach. Sie war froh über die Einladung zu dem Begräbnis. So konnte sie unauffällig Erkundigungen über Thomas, seinen Freund und die Beziehung der Männer zu Anne Frank einholen. Außer Martin, Berta Bergner und Elisabeth Oenning kannte sie niemanden der Anwesenden. Genau genommen hatte sie den Toten nicht einmal gekannt. Er hatte ihre Lesung besucht, das war alles, was sie verband.

Und vielleicht das Interesse an Anne Frank. Sie hatte seine Examensarbeit gelesen, die seine Eltern Martin mitgegeben hatten. Thomas Bergner war tief in das Leben von Anne Frank im Hinterhaus und in ihren letzten Lebensmonaten in den Lagern Westerbork, Auschwitz und Bergen-Belsen eingestiegen. Das würde die Detailtreue in den Briefen erklären.

Es gab allerdings keine Hinweise, dass er derjenige war, der Kontakt zu ihr gesucht hatte. Da sie auch nach seinem Tod E-Mails erhalten hatte, konnte das nicht sein. Womöglich deutete der Absender TH1982 gar nicht auf einen Namen hin.

Die Kirche war erstaunlich voll, obwohl Thomas Bergner in Münster studiert hatte und vor mehreren Jahre aus seiner Heimatstadt weggezogen war. Einige junge Leute wirkten unbeholfen, vermutlich Kommilitonen, die sich in Borken und in evangelischen Trauerandachten nicht auskannten. Die zahlreichen älteren Leute hingegen wussten immer genau, welche Antworten Martin erwartete. Verwandte vielleicht oder Freunde und Bekannte der Eltern. Martin hatte erzählt, dass der Vater eine Versicherungsagentur besaß, sicher waren einige Kunden darunter.

Die Besucher erhoben sich und Martin ging aus der Kirche. Karina und Elisabeth Oenning warteten, bis die Angehörigen und die anderen Besucher das Gotteshaus verlassen hatten.

Karina geleitete Elisabeth Oenning zu ihrem Auto und hielt ihr die Beifahrertür auf. Als sie ihr Auto startete, war der Platz hinter der Kirche fast leer. Dafür zog sich eine Autoschlange durch den kleinen Ort. Die Zeiten, als der Friedhof Kirchhof hieß und direkt neben der Kirche lag, waren vorbei. Ohne Auto war man heute verloren, sogar wenn man jemanden auf seinem letzten Weg begleiten wollte.

Die Angehörigen stiegen gerade aus ihren Fahrzeugen, als Karina einparkte. Kaum stand das Auto, zog Elisabeth Oenning an dem Türgriff.

»Warten Sie, ich helfe Ihnen!«, bot Karina an.

Die Greisin ließ sich nicht stoppen. Sie stieg aus dem Fahrzeug und ging auf Thomas Bergners Großmutter zu.

»Mein herzliches Beileid!«, hörte Karina sie sagen. Wieder kam sie sich völlig fehl am Platze vor. Was tat sie hier? Warum drängte sie sich in diese Gruppe, die um einen jungen Mann trauerte?

Sie wollte sich abwenden, als ihr Blick auf einen Mann Mitte 20 fiel, der in einem alten Nato-Parka am Rand des Friedhofs stand. Das Gesicht kannte Karina. Von der Lesung, zu der er Thomas Bergner begleitet hatte, aus der Zeitung und aus dem Anne-Frank-Haus, wo er am Samstag vor ihr weggelaufen war.

Sie ging mit eiligen Schritten in seine Richtung. Ehe sie ihn erreicht hatte, gesellte sich eine ältere Frau zu ihm und hakte sich bei ihm unter.

»Lass mich, Mutter«, hörte Karina. Wie ärgerlich, dass sie nicht schneller reagiert hatte.

KAPITEL 20

Seine Mutter bestand darauf, ihn zur Beerdigung zu begleiten. Furchtbar, wie sehr sie sich den Münsterländer Gepflogenheiten angepasst hatte. Dabei war sie in Holland geboren und aufgewachsen, wo alles etwas lockerer war. Seine Großeltern und seine Tanten dort nahmen vieles nicht so genau. Seine Mutter hingegen hatte die ungeschriebenen Regeln der Kleinstadt wie ein Schwamm aufgesogen.

»Erstens war Thomas Bergner dein Freund«, hatte sie ihre Teilnahme an dem Begräbnis begründet. »Ich erwarte auch, dass du zur Beerdigung meiner Freunde gehen würdest.« Das wüsste er aber. Was hatte er mit ihrem Singkreis und ihrem Kegelclub zu schaffen? »Außerdem bin ich Kundin von Thomas' Eltern, das macht man so.«

Wie er dieses ›das macht man so‹ oder ›das tut man‹ hasste. Einer der Gründe, weshalb er nach dem Abi händeringend einen Job mit Wohnmöglichkeit weit weg in einer großen Stadt gesucht hatte.

»Du hast doch sicher etwas anderes anzuziehen!«

Nicht nur, dass seine Mutter sich als Begleiterin für das Begräbnis aufdrängte, nun wollte sie noch über seine Garderobe bestimmen. Was war an einer Jeans mit Sweatshirt falsch?

»Lies mal, was auf dem Pullover steht!«

Er sah an sich herunter. ›Fuck the Army‹, stand da. Rasch drehte er sich um, damit seine Mutter das Grinsen nicht bemerkte. Sie konnte froh sein, dass er nicht das T-Shirt mit dem Sarg und dem Spruch über die letzte Wohnung angezogen hatte.

»Ich trage eine Jacke drüber«, würgte er genervt die Diskussion ab. »Und wir sollten uns auf den Weg machen, sonst ist Knolle unter der Erde, ehe wir da eintreffen.« Er fühlte sich ganz und gar nicht so cool, wie er sich gab. Dieses Geglucke seiner Mutter ging ihm auf die Nerven. Er verließ das Wohnzimmer und war froh, dass sein Vater unterwegs war. Der hätte sich nicht so behandeln lassen.

Im Flur stolperte über einen seiner leeren Koffer. Seiner Mutter erging es ebenso, was sie mit einer giftigen Bemerkung kommentierte. »Die hättest du wirklich wegräumen können. Warum musstest du bis in die Puppen schlafen?«

Weil Fleur sich nicht auf seine Mail gemeldet hatte. Er hatte die ganze Nacht vor dem Rechner gesessen und auf ihre Antwort gewartet. Er durfte keine Zeit verlieren, das hatte ihm die Auseinandersetzung mit seinem Vater gestern bewiesen. Hier hielt er es keine Woche aus.

»Wir sind da!«, ermahnte seine Mutter ihn.

Er sah aus dem Fenster ihres Kleinwagens. Tatsächlich. Während er seinen Gedanken nachhing, hatte sie ihn zur Kirche chauffiert. Wo kamen nur die Leute alle her?

»Ach, da ist ja Frau Gärtner!« Die Stimme seiner Mutter klang erfreut, und ehe er fragen konnte, wer Frau Gärtner war, ging sie zu einer alten Frau hinüber, die vor der Kirchentür stand. Was sollte er tun?

»Ich geh mal rein!«, rief er seiner Mutter aus einiger Entfernung zu. Er hatte keine Lust auf Small Talk mit alten Frauen. Die Frau schaute neugierig zu ihm herüber. Für den Rest seines Lebens hatte er genug von alten Frauen. Rasch zog er die schwere Kirchentür auf und verschwand in dem Gebäude. Die Bänke waren gut gefüllt. Er suchte sich einen Platz in der letzten Reihe. Hier konnte er notfalls unbemerkt die Kirche verlassen, wenn ihn das Geblubber des Pfarrers zu sehr nervte.

Er starrte auf seine Hände und dachte darüber nach, wie er mit Karina Bessling umgehen sollte. Sie hatte zugesagt, ihn am nächsten Abend in Bochum zu treffen. Er musste sie dazu motivieren, dass sie schneller vorankamen, durfte sie jedoch nicht zu sehr unter Druck setzen. Im Moment sah es so aus, als wäre sie seine einzige Chance.

Endlich begann der Pfarrer vorn zu reden. Er blickte sich um und erschrak. Unbemerkt ging hier gar nichts mehr. Hinter ihm standen Menschen in mehreren Reihen. Vor allem alte Menschen, von denen ein paar ihm tadelnde Blicke zuwarfen. Er konnte ihre Gedanken förmlich hören: »Früher standen die jungen Leute auf, um den Alten Platz zu machen.«

»Die Zeiten haben sich eben geändert», antwortete er in Gedanken.

Mittwoch, 22. November 1944

Liebe Kitty!

Jeden Tag denken sie sich etwas Neues aus. Gestern dauerte der Appell den ganzen Tag. Bis in die Nacht standen wir im Regen. Der Wind umwehte uns und wir froren. Novembertag! Fünf Leute fehlten beim Abzählen und wir mussten ausharren, bis sie gefunden wurden. Am frühen Morgen war Schluss.

Und während wir da standen, flogen die Flugzeuge der Alliierten über uns hinweg. Deutschland wird immer stärker bombardiert. Wir hören den Alarm, doch er darf uns nicht kümmern. Wir sind nichts. Und doch bedeuten die Flugzeuge für uns Hoffnung. Wenn sie so nah sind, kann es nicht mehr lange dauern, bis wir befreit werden. Ich habe gehört, der Balkan sei bereits frei.

Mit ein wenig Hoffnung deine Anne

Fast alle Trauergäste hatten den Friedhof verlassen. Nur Karina stand noch mit Elisabeth Oenning dort. Die Situation kam ihr bekannt vor. Es war etwa zwei Jahre her, da hatte sie die alte Frau genau an dieser Stelle zum ersten Mal getroffen. Damals war Martin für sie nichts als ein Pfarrer gewesen. Heute war sie als seine Lebensgefährtin so etwas wie die First Lady der Gemeinde.

»Kommen Sie doch mit zum Leichenschmaus!«, bat Elisabeth Oenning eindringlich. »Allein fühle ich mich dort so unwohl.«

»Allein sind Sie dort ganz gewiss nicht.« Karina deutete auf die Gruppe dunkel gekleideter Menschen, die sich vom Friedhof in das kleine Zentrum nahe der Burg schlängelte.

Elisabeth Oenning verzog den Mund zu einem Lächeln. »Stimmt. Man kann allerdings auch unter vielen Menschen einsam sein. Berta Bergner wird bei ihrer Familie sitzen und keine Zeit für mich haben.«

Da hatte die alte Frau sicher recht. Karina hatte seit der denkwürdigen ersten Beerdigung an einigen Begräbnissen teilgenommen und wurde oftmals gebeten, mit Martin zum Leichenkaffee zu kommen. Immer saß die Familie beieinander, je nach Beziehung zu dem Verstorbenen mit mehr oder weniger bedrückten Gesichtern. An den anderen Tischen wurde derweilen geschmaust und gescherzt.

»Na gut!« Karina gab sich einen Ruck. Lieber hätte sie

die Zeit genutzt, um die E-Mails von ›TH‹ und vor allem die vermeintlichen Briefe von Anne Frank erneut durchzugehen. Sie war bisher nicht dazugekommen, die Details zu prüfen, wie es Liam van Barsten empfohlen hatte.

Als sie an den gut aussehenden Mitarbeiter des Anne-Frank-Hauses dachte, der Jennys Herz im Sturm erobert hatte, musste sie schmunzeln. Sie war gespannt, was sich zwischen den beiden entspann.

In einer Mail am Abend zuvor hatte Jenny davon geschrieben, dass sie verstärkt Seminare in den Niederlanden abhalten wollte. Nun, auch in den Niederlanden gab es Institutionen, die einen Berater suchten, der sie in Sachen Umweltverträglichkeit auf den neusten Stand brachte. Als freie Umweltberaterin und Ernährungsexpertin konnte Jenny überall arbeiten.

Fast hätte Karina laut gelacht, als ihr einfiel, dass ihre Freundin bereits einen Online-Kurs für Niederländisch entdeckt hatte. Falls es zur Familienberührung kam, wie sie sagte. So war Jenny immer. Für einen Menschen oder eine Sache entbrannt, ließ sie nicht locker. Sie hatte sich von Karina die Briefkopien schicken lassen – um einen Anlass zu haben, Liam van Barsten zu kontaktieren. Sollte sie. Vielleicht sprang für sie die eine oder andere Insiderinformation heraus.

»Da hinten sind zwei freie Plätze!«

Karina erreichte mit Elisabeth Oenning das Gasthaus, in dem der Leichenschmaus gegeben wurde. Sie hielt ihrer Begleiterin die Tür auf und folgte ihr langsam in den Nebenraum, in dem die Tische für die Trauergäste gedeckt waren. Wie schnell die alte Frau plötzlich wurde.

Karina beeilte sich und musste mit Mühe ein Kichern unterdrücken. Die alte Frau hatte am Ende des Raumes zwei Stühle erspäht, die nicht von Tüchern, Taschen oder Jacken belegt waren. Rasch ging sie hinter Elisabeth Oenning her durch den Saal. Dabei sah sie sich um. Irgendwo musste dieser A. K. sein.

Karina ließ sich auf dem Stuhl neben Elisabeth Oenning nieder. Sie nickte den Tischnachbarn zu und war sich unsicher, ob sie es gut fand, dass alle sie kannten, weil sie mit Martin zusammen war.

In diesem Augenblick war ihre Beziehung eindeutig hilfreich. Eine Frau kam mit der Kaffeekanne und füllte ihre Tasse, und vom Ende des Tisches wurde die Kuchenplatte heraufgereicht. Die Einzige, auf der ein Stück Bienenstich lag. Der Kuchen mit der Cremefüllung und dem Mandeldeckel schien sehr begehrt zu sein. Eine regionale Süßspeise, von der ihr Vater ihre ganze Kindheit über geschwärmt hatte.

Manchmal hat eine Sonderstellung eben auch etwas Gutes, dachte Karina und nahm das letzte Stück Bienenstich von der Platte. Sie freute sich darauf, ihrem Vater davon zu berichten.

»Da ist der Freund von Thomas!«, wisperte Elisabeth Oenning Karina zu, als sie den ersten Bissen des Bienenstichs in den Mund schob.

Sie versuchte unauffällig in die Richtung zu sehen, in die Elisabeth Oenning deutete. Unbemerkt ging an ihrem Tisch gar nichts. Die alten Leute beobachteten genau, was geschah. Gerade sagte ihr Sitznachbar: »Das ist ja der kleine Konkamp!«

Statt des sonst üblichen Geplappers beim ersten Kaffee breitete sich Schweigen an dem Tisch aus. Jeder nippte an seiner Tasse, als müsste er die Zeit überbrücken, bis der Erste etwas sagte.

»Ich glaube, die Polizei sucht ihn«, wisperte Karinas Gegenüber und wandte sich wieder seinem Kuchen zu, als hätte er nichts gesagt.

»In der Zeitung stand, er hätte eine alte Frau und den Thomas umgebracht!«, tuschelte seine Nachbarin und stocherte in ihrem Apfelkuchen, um jede Rosine einzeln herauszupicken. »Habe ich jedenfalls gehört.«

»Dass der sich hertraut!«, flüsterte eine Frau rechts neben Elisabeth Oenning.

Karina kam es vor, als breite sich ein leises Zischen an ihrem Tisch aus. Wäre sie nur weggeblieben. Sie sah Elisabeth Oenning an. Ihr Gesicht war rosig, das Lächeln zeigte, dass sie den Tratsch genoss und mit Begeisterung immer neue Andeutungen zum Besten gab. Schließlich war sie die beste Freundin der Oma des Verstorbenen. Karina konnte es ihr nicht verdenken. Welche Aufregungen hatte eine alte Frau, die auf die 100 zuging, sonst noch?

Sie sah, wie der junge Mann unschlüssig im Türrahmen stehen blieb. Seine Mutter, wie Elisabeth Oenning ihr zuflüsterte, wartete neben ihm und blickte über die Tische hinweg in den Saal.

Als hätte die Flüsterwelle sie erreicht, drehten die beiden sich plötzlich um und verließen den Raum. Augenblicklich wurde es ruhiger.

Karina fröstelte. Sie erlebte zum ersten Mal, was Menschengruppen bewegen konnten. Ohne sich abzusprechen. Einfach nur mit Wispern, Tuscheln und Gedanken. Das war geradezu unheimlich. Am liebsten wäre sie aufgestanden und gegangen. Allerdings bemerkte sie, dass der junge Mann weiterhin Inhalt der Gespräche um sie herum war. Vielleicht konnte sie wertvolle Informationen aufschnappen.

»Was macht der kleine Konkamp eigentlich?«, fragte die Frau, die schräg gegenübersaß.

Die anderen Gäste zuckten mit den Schultern. Keiner konnte etwas über den Mann sagen. Sie erfuhr lediglich, dass sein Vorname Arne war, und mit Storys aus der Schulzeit des Mannes konnten ihre Tischnachbarn auftrumpfen. Arne Konkamp hatte wirklich keinen Streich ausgelassen und keine Gelegenheit, an Geld zu kommen.

»Als er klein war, wollte er Lehrer werden und an einer internationalen Schule in Amerika unterrichten«, erzählte eine alte Frau, von der Karina wusste, dass sie eine pensionierte Lehrerin der Grundschule war.

Ein älterer Mann mit Fliege widersprach: »Das ist doch Quatsch. Er hat immer davon geträumt, Showmaster oder etwas Ähnliches beim Fernsehen zu werden.« Er wischte sich mit der Hand einige Krümel vom Mund, ehe er fortfuhr. »Talent hat er. Er war in meiner Theatergruppe und ich habe nur die besten Schüler aufgenommen.«

Karina sah, wie eine Frau zwei Stühle weiter sich an den Kopf tippte, als sie Karinas Blick bemerkte. Wie Kinder, dachte sie.

Anscheinend gehörte Elisabeth Oenning nicht zu den Fans des Theatergruppenleiters. Sie ignorierte seine Bemerkung und lenkte die Unterhaltung in eine völlig neue Richtung. »Wirklich putzig, welche Vorstellungen die Kleinen haben. Eines der Mädchen, die uns immer mit der Kindergärtnerin besuchen, will Ministerin für Bären und Pferde werden.«

Enttäuscht bemerkte Karina, dass die alten Leute sich mit ihren eigenen Kindheitsträumen beschäftigten. Es war völlig unpassend, auf den jungen Mann mit der Hornbrille und dem merkwürdigen Haarschnitt zurückzukommen.

Sie wunderte sich allerdings, dass niemand eine Bemerkung über das T-Shirt machte, auf dem sie deutlich ›Fuck the Army‹ gelesen hatte.

Sie entschied, sich zu verabschieden. Sie musste einiges für das Bauprojekt erledigen und sich auf die Begegnung mit ›TH‹ am nächsten Abend vorbereiten. Wenn ihre Theorie stimmte, war nun klar, wer sie in Bochum erwartete. Und wenn nicht?

KAPITEL 21

Fleur schwieg weiterhin. Wenn nur die Polizei nicht auf die Idee kam, sie zu kontaktieren. Auf ihrem Rechner musste eine Datei mit allen 25 Briefen sein. Er glaubte nicht mehr daran, dass sie seiner Aufforderung, die Dateien zu löschen, nachgekommen war. Wieso hatte er sich dermaßen aufgeführt? Wenn er gleich Karina Bessling traf, musste er sich besser im Griff haben.

Er sah auf die Uhr. Zehn Minuten bis zur vereinbarten Zeit. Er hatte die Fahrt rechtzeitig angetreten, um sich mit der Umgebung vertraut zu machen, obwohl er sie von früheren Besuchen mit Simone kannte. Er wollte kein Risiko eingehen.

Der Artikel in der Zeitung hatte dafür gesorgt, dass er um 9 Uhr aus dem Bett gesprungen war.

»Ist AK mehr als ein Zeuge?«, hatte ihm seine Mutter vorgelesen, nachdem sie ohne anzuklopfen in sein Zimmer gestürmt war. »Was hast du getan?«, hatte sie wissen wollen und ihm die Zeitung mitten ins Gesicht geworfen.

Es hatte eine Weile gedauert, bis er begriffen hatte, dass in dem Artikel von ihm die Rede war. Dieser Journalisten-Sack hatte herausgefunden, dass er mit Thomas befreundet gewesen war. Schwer war das nicht, heutzutage war ja jeder mit jedem bei Facebook befreundet. Thomas hatte oft die kleinen Gag-Videos geteilt, die er als Arbeitsproben bei YouTube eingestellt hatte. Das hatte dieser Journalisten-Arsch gecheckt und sich in dem Artikel darüber ausgelassen, warum er ihm nicht verraten hatte, dass er Thomas kannte. Dieser Typ war aus dem Nichts vor dem Wohnheim aufgetaucht, hatte ihn heimlich fotografiert und ihn gefragt, ob er in dem Seniorenheim arbeitete.

Er schaute vom Anleger am Freizeitbad auf den Kemnader See. Zum Glück war um diese Zeit bis auf ein Tretboot und eine kleine Jolle niemand unterwegs. Das war im Sommer nicht selbstverständlich, mal zog das Zeltfestival Besucher aus dem ganzen Ruhrgebiet an, in einem Jahr gab es ein kleine Ausgabe der Sandworld, und wenn es richtig heiß war, konnte man im Liegestuhl im weißen Sand abhängen, als wäre man in Florida. Florida! Er würde sein Ziel vor Augen haben, wenn er mit Karina Bessling sprach. Das würde ihm die nötige Durchsetzungskraft geben.

Sein Smartphone vibrierte in der Hosentasche. Als er es herauszog, sah er die Telefonnummer der Kommissarin. Er hatte sie eingespeichert, damit er gewarnt wurde, wenn sie anrief, und nicht wie beim letzten Mal überrumpelt wurde.

Sollte er das Gespräch annehmen? Karina Bessling würde in wenigen Minuten eintreffen. Er drückte auf die grüne Taste. Besser er telefonierte jetzt mit der Kommissarin, sonst störte sie ihn womöglich später.

»Ja?«, meldete er sich bewusst unfreundlich. Die Kommissarin musste nicht wissen, dass er ihre Nummer erkannt hatte.

»Petra Uphoff«, erklang die Stimme der Frau, und er überlegte, in welcher Farbe die Kommissarin gekleidet sein mochte. Ihm fiel auf, dass er sie am Montag bei der Beerdigung nicht gesehen hatte. In Fernsehkrimis gingen die Ermittler immer zu den Begräbnissen.

»Wie war die Beerdigung?«, wollte die Kommissarin prompt als Erstes wissen. »Ich wurde hier in Münster gebraucht und konnte leider nicht teilnehmen«, beantwortete sie seine Frage, ohne dass er sie gestellt hatte.

»Okay!«, nuschelte er. Was sollte er sonst sagen? Eine Beerdigung war eine Beerdigung. Da wurde jemand mit viel Trara in die Erde gelegt.

»Gab es etwas Besonderes?«

Was meinte die Kommissarin damit? Ob einer ins Grab gefallen war oder Knolle an den Sargdeckel geklopft hatte?

»Nö!«, antwortete er. Das Getuschel der anderen Trauergäste und das Gezeter seiner Mutter, weil er vor den neugierigen Blicken geflohen war, würden sie kaum interessieren.

»Wir haben neue Erkenntnisse in dem Fall Marianne Goldmann.« Die Kommissarin hatte wirklich ein Talent dazu, abrupt die Themen zu wechseln. »Wir sind Ihrem Hinweis nachgegangen.«

Was sollte das denn? Wollte sie ihn verarschen? Welchen Hinweis hatte er den Bullen denn gegeben?

»Die Heimleiterin hat eindeutig ein Alibi.«

Ach, das! Ohne seinen Zettel war er echt aufgeschmissen. Irgendwann hatte er der Farb-Bulette den Tipp gegeben, Renate Lansmann zu checken. Er hatte das gesagt, um sie loszuwerden. Erstaunlich, dass sie das ernst genommen hatte. Aber vielleicht prüften sie ohnehin alle, die mit einem Toten zu tun hatten.

»Ebenso eindeutig ist, dass die alte Frau unter Wasser gedrückt wurde«, sprach Petra Uphoff nach einer kurzen Pause weiter. Dann schwieg sie.

Was erwartete sie von ihm? Ein Geständnis? Fieberhaft überlegte er, wen er als möglichen Täter aus dem Hut zaubern konnte. Wer war an dem Tag in der Nähe gewesen? Als hätte er nicht früher darüber nachgedacht. Wenn er ehrlich zu sich war, hatte er immer gehofft, dass die Gerichtsmediziner den Tod als Unfall deklarieren würden.

Am besten sagte er nichts dazu. »Und was ist mit Knolle, äh, Thomas? Haben Sie da etwas Neues herausgefunden?«, erkundigte er sich stattdessen. So schnell wie die Kommissarin konnte er die Themen ebenfalls wechseln.

Als Petra Uphoff anhob: »Im Fall Thomas Bergner haben wir allerdings wirklich sehr interessante neue Erkenntnisse«, hörte er hinter sich die Stimme von Karina Bessling: »Guten Abend, sind wir verabredet?«

»Kann ich Sie morgen anrufen?«, unterbrach er die Kommissarin und ärgerte sich, weil er einen Teil ihres Monologs nicht mitbekommen hatte. Was, wenn sie von Fleur wusste und er diese Information verpasst hatte? Damit konnte er sich jetzt nicht befassen. Erst einmal war es an der Zeit, Karina Bessling Beine zu machen, damit er sich endlich aus diesem Netz, das sich um ihn spannte, lösen konnte.

»Frau Bessling!«, antwortete er Karina, nachdem er sein Handy in die Tasche gesteckt hatte.

Die Frau schob ihre Sonnenbrille auf den Kopf und sah ihn mit ihren blauen Augen an. »Dann sind Sie das doch!«, sagte sie nur, und er spürte, wie Panik in ihm hochstieg.

Dienstag, 5. Dezember 1944

Liebe Kitty!

Heute ist Sinterklaas. Wir feiern, weil wir nicht wissen, ob wir Chanukka noch erleben. Trotz der Flieger, die wir ständig über uns sehen. Margot, die Schwestern Janny und Lientje und zwei andere Mädchen, die in der Baracke schlafen, in die wir nach dem Sturm gebracht wurden.

Der Sturm hat unser Zelt weggeweht. Hier haben wir wenigstens ein Dach. Wir singen holländische Lieder und essen Brot mit Zwiebeln und Kohl. Das haben wir uns für heute aufgespart.

Viel Zeit haben wir nicht. Inzwischen müssen wir um 4 Uhr aufstehen und um 5 Uhr auf dem Appellplatz stehen. Arbeitsappell nennen sie das. Fast scheint es, als würden die Moffen nervös von den Flugzeugen und dem ständigen Alarm. Aber sie sagen nichts. Manchmal dauert es Stunden, bis jemand kommt und abzählt. Es heißt, der Lagerleiter wäre abgesetzt worden. Uns hilft das kaum. Angeblich sind die Amerikaner schon am Rhein. Wie weit der von uns entfernt sein mag? Vielleicht haben wir bald mehr zu feiern als Sinterklaas.

Wir bemühen uns, den Tag festlich zu begehen. Wie anders war das vor zwei Jahren. Da waren Chanukka und Nikolaus nur einen Tag auseinander. Miep hat für uns einen großen Korb mitgebracht. Oben drauf lag die Maske vom Zwarten Piet. Darunter lagen Geschenke. Für jeden eins. Ich habe eine Puppe aus Brotteig bekommen und Pim Buchstützen. Im letzten Jahr hat Vater mir zur Verwunderung der anderen eine christliche Kinderbibel geschenkt, damit ich mehr über die Religion lerne. Wie oft sehne ich mich nach den Sauerkrautperioden und dem Streit im Hinterhaus. Sogar nach Doktor Dussel. Und trotzdem versuche ich Gutes zu sehen, dass ich Papier habe und einen Stift, um dir zu schreiben. Für den Roman, den ich nach dem Krieg als Schriftstellerin veröffentlichen möchte.

Deine Anne

Den nächsten Tag verbrachte Karina an ihrem Büro-Schreibtisch, um ihr Projekt in Gang zu bringen, nachdem die korrekten Daten eingetroffen waren. Fast hätte sie ihre Verabredung in Bochum verpasst. Hätte Martin sie nicht in Düsseldorf abgeholt, wäre ihr die Begegnung mit ihrem Mail-Partner sicher entgangen. Gerade rechtzeitig erreichte sie die Anlegestelle am Freizeitbad Heveney, während Martin auf dem Parkplatz auf sie wartete. Sie starrte den Mann an, der ihr von der Warteplattform direkt am Wasser entgegenblickte. Sie erschrak über sich selbst, als sie den Mann begrüßte mit: »Dann sind Sie das doch!«

Sie sah, wie der Mann blass wurde, nachdem ihr die Bemerkung herausgerutscht war, und betrachtete ihn genauer. Lange Haare, merkwürdige Brille, abstehende Ohren und ein Ohrstecker im Ohr, dessen Form sie nicht erkennen konnte.

Er starrte sie an, als wollte er, dass sie sich in Luft auflöste. Gut, dass es nicht möglich war, jemanden wegzubeamen wie das Scotty immer in Raumschiff Enterprise gemacht hatte. Obwohl das auch eine Lösung wäre. Stattdessen musste sie versuchen, ihm Einzelheiten über seinen Brief-Deal zu entlocken.

»Ja. Mein Name ist Karina Bessling!« Sie entschied sich, dass eine Vorstellung der beste Start für ihr Gespräch war.

Er tat ihr jedoch nicht den Gefallen, sich ebenfalls vorzustellen. »Was meinen Sie damit?«, herrschte er sie mit zitternder Stimme an. Als spürte er selbst, dass sein Tonfall eher ein Gefühl von Mitleid als Bedrohung hervorrufen würde, zog er die Stirn kraus und verfinsterte seinen Blick.

»Sie waren bei meiner Lesung in Borken!«, antwortete Karina. Um sie herum tummelten sich Inlineskater und Spaziergänger mit angeleinten Hunden. Was sollte ihr hier passieren? Das Wasser hinter dem Mann erinnerte sie zwar daran, wie Thomas Bergner und diese alte Frau im Seniorenheim ums Leben gekommen waren. Aber hier am See fühlte sie sich sicher.

»Was ist nun mit den Briefen?«, fragte er weiter. Der Ton klang bestimmter als vorher.

»Sie wissen doch, dass sie zur Prüfung in Amsterdam, Basel und Frankfurt liegen«, antwortete Karina in ähnlich festem Ton wie er. Er sollte nur nicht glauben, er könnte sie einschüchtern.

Sein Blick flackerte nervös. Sie sah, wie er den Kopf bewegte und den Inlineskatern nachsah, die an ihnen vorbeirasten. »Lassen Sie uns ein Stück gehen!«, schlug er vor, als hätten sie sich hier zu einem romantischen Date getroffen. Er versuchte, sicher zu wirken, seine Hände nestelten allerdings an den Kordeln der Jacke und sein Blick ging immer wieder nervös nach hinten.

»Bitte!« Karina hatte sich entschieden, ebenso knapp wie er zu antworten. Er sollte nur nicht glauben, sie würde ihm bereitwillig Informationen liefern.

Sie gingen ein paar Schritte an der Ruhr entlang. »Da geht es zum Leuchtturm!«, sagte er wenig später und wies auf einen Weg, an dessen Ende ein grüner Turm zu sehen war, vor dem sich einige Radfahrer niedergelassen hatten.

»Woher haben Sie eigentlich die Briefe?«, erkundigte sich Karina. Es wurde Zeit, dass sie auf ihr Thema zu sprechen kamen. Sie blickte auf die Uhr. In einer halben Stunde wollte Martin nachkommen. Er hätte sie gerne begleitet, aber sie wollte ›TH‹ lieber allein treffen.

Der Mann neben ihr wurde langsamer. Ob das Absicht war? Sie sah den kleinen Hang zum Wasser hinunter. Es wäre ein Leichtes, jemanden dort hinunterzustoßen.

Karina war erleichtert, als der Mann stattdessen zu sprechen begann. Bedächtig, als würde er über jedes Wort nachdenken. »Das habe ich geschrieben. Ich fand sie im Nachlass meiner Großmutter. Sie stammt aus der Nähe von Celle und ist nicht weit vom Konzentrationslager Bergen-Belsen aufgewachsen, wo Anne Frank gestorben ist. Sie war Aufseherin in dem Lager. Als Anne Frank krank wurde, hat sie ihr die Notizen übergeben.«

Hatte er das wirklich geschrieben? Karina erinnerte sich nur daran, dass er von einer alten Frau gesprochen hatte. Seine Großmutter hatte er nicht erwähnt und Bergen-Belsen auch nicht. Sie hätte das überprüft. Dass Anne Frank an Typhus gestorben war, stimmte. Aber waren nicht alle Aufseherinnen verurteilt worden?

»Wie alt war Ihre Großmutter, als sie starb?«, erkundigte sie sich. Erst als er antwortete, wurde ihr klar, dass sie damit überprüfen konnte, ob er log oder nicht.

»Sie war …«, der Mann stockte kurz. Karina hätte das Alter ihrer Großeltern auch nicht auf Anhieb nennen können. »… 80. Genau. Wir haben wenige Wochen vor ihrem Tod ihren 80. gefeiert. Sie war Jahrgang 1934. Sie hat sich einen Ausflug zur Burg Vischering gewünscht. Das ist die Burg, auf der Annette von Droste-Hülshoff als junges Mädchen gelebt hat. Meine Oma liebte ihre Gedichte. Besonders ›Blumentod‹, das mussten wir sogar auf ihrer Beerdigung vortragen.«

Karina kam es vor, als hätte sie einen Knopf gedrückt und eine Kassette abgespult. Nach dem langsamen Intro seiner Antwort konnte er nicht mehr aufhören. Wenn sie ihn nicht stoppte, würde er ihr vermutlich die Lebensgeschichte der Droste-Hülshoff erzählen. Wenn seine Großmutter Jahrgang 1934, musste sie zehn oder elf Jahre alt gewesen sein, als Anne Frank in Bergen-Belsen eintraf. Es hatte ganz sicher keine Aufseherinnen in diesem Alter gegeben, das war völlig unrealistisch.

»Ich denke, Ihre Großmutter war Aufseherin in Bergen-Belsen? Aber sie war zehn Jahre alt, als Anne Frank in dem Lager war«, unterbrach Karina seinen Vortrag über Annette von Droste-Hülshoff. In Gedanken versunken ließ sie zwei Radfahrer vorbei, die ihnen auf dem schmalen Pfad entgegenkamen.

Der Mann neben ihr schwieg lange, ehe er antwortete: »Von ihrer Mutter, die ebenfalls in dem Lager war.«

Nicht mehr und nicht weniger. Das wurde immer verworrener. War sie als Gefangene oder Mitarbeiterin dort?, wollte Karina nachhaken, da hatten sie das Ende der kleinen Halbinsel mit dem Turm erreicht. Außer ihnen war kein Mensch weit und breit zu sehen und ehe sie ihre Frage stellen konnte, spürte sie einen Stoß von hinten.

KAPITEL 22

Der Stoß war eine Reflexhandlung gewesen. Er wollte das nicht. Karina Bessling war wahrscheinlich seine letzte Chance, aus den Briefen Kapital zu schlagen. Wieso musste sie derart insistieren und immer weiter nachfragen? Sie war selbst schuld. Konnte er etwas dafür, dass sie über die Baumwurzel stolperte, die auf dem Boden lag, und kopfüber im Wasser landete?

Panisch rannte er den Weg zurück zum Parkplatz. Scheiße, scheiße, scheiße! Wieso musste bei ihm alles schiefgehen? Der Plan war so gut. Er war so kurz davor, mit den Briefen Geld zu machen, und dann entpuppte sich diese Tusse als Schnüffelnase.

Er drehte den Schlüssel im Zündschloss seines alten Fiats um. Der Motor gab keinen Mucks von sich.

Ruhig bleiben, sagte er sich und startete erneut. Immerhin röchelte der Anlasser nun wenigstens.

Langsam bis drei zählen und den Schlüssel drehen. Endlich ein Knattern. Hastig setzte er rückwärts aus der Parklücke. Fast hätte er die Stoßstange des grauen Passats getroffen, der gegenüber parkte.

Der Fahrer hupte. Im Rückspiegel sah er, dass das Fahrzeug ebenfalls ein Borkener Kennzeichen trug. Na super! Wenn ihn jemand hier wiedererkannte? Er gab Gas und fuhr mit quietschenden Reifen vom Parkplatz. Wieso konnte sein Auto nicht wie alle anderen leise schnurren? Auffälliger konnte er sich kaum verhalten.

Als er an einer roten Ampel stand, dachte er wieder an

Karina Bessling. Er wusste nicht, was er sich wünschen sollte. Dass sie schwimmen und sich retten konnte oder dass sie für immer im Wasser des Sees untertauchte.

Bis vor Kurzem hatte er das Wasser geliebt. Kaum hatten sie in den Ferien die Nordsee erreicht, hatte er sich in die Fluten gestürzt. Seine Mutter erzählte oft, dass er eher Schwimmen als Radfahren konnte. Nun entpuppte sich das Wasser als Fluch. Zuerst Marianne Goldmann, dann Thomas und nun diese Karina Bessling.

Hinter ihm hupte jemand. Er sah, dass die Ampel grün anzeigte, und gab Gas. Der Wagen hüpfte kurz, dann blieb er stehen.

Das Hupen wurde lauter. Seine Finger zitterten, als er den Fiat neu startete. Erleichtert hörte er das Motorengeräusch und wollte Gas geben, da bemerkte er, dass die Ampel auf Rot gesprungen war.

Jemand klopfte an die Scheibe der Fahrertür. Sollte er klopfen. Zum Glück wechselte die Ampelfarbe auf Gelb und der Mann, der neben seinem Fenster gestikulierte, ging mit großen Schritten zu seinem Fahrzeug zurück.

Er gab Gas und war froh, als er sah, dass die nächste Ampel ebenfalls Grün anzeigte. Ohne einen weiteren Stopp konnte er auf die Autobahn fahren. Hektisch fädelte er sich in den Verkehr ein und erntete ein weiteres Hupen.

»Ruhig!«, sprach er leise und blieb auf der rechten Spur, obwohl er so mit 80 hinter einem Lkw herfahren musste.

Ruhig!, wiederholte er in Gedanken immer wieder, bis er am Kreuz zur A 2 spürte, dass er wieder klar denken konnte.

Nach diesem Reinfall blieben ihm Fleur und ihre Freundin als allerletzte Chance. Er sah auf die Tankanzeige. Gut, dass er kurz vor Bochum vollgetankt hatte. Bis Amsterdam kam er auf jeden Fall. Er musste das Risiko eingehen, dass sein Klapperauto die Strecke nicht mehr schaffte. Er hatte keine andere Wahl. Entschlossen wechselte er auf die A 2, die ihn weiter auf die A 3 Richtung Holland führen würde.

Mittwoch, 13. Dezember 1944

Liebe Kitty!

Stell dir vor, ich habe Nanny getroffen. Nanny Bitz. Sie war mit mir im jüdischen Lyzeum und an meinem letzten Geburtstag dabei. Damals, als wir den Film angeschaut haben, in dem Rin Tin Tin einem Leuchtturmwärter aus der Patsche hilft. Das scheint mir drei Leben her zu sein. Sie hat erzählt, dass Jacques gerettet wurde.

Ach, vielleicht komme ich hier heraus. Dann werde ich ein Buch schreiben. Die Briefe an dich werden mir helfen, alles richtig zu beschreiben und zu erklären. Minister Bolkestein hat gesagt, solche Erinnerungen werden gebraucht und Menschen die schreiben wollen. Ich will. Gott, wenn es dich gibt, lass mich so lange durchhalten, bis der Krieg aus ist.

Was mache ich dann ohne meine Eltern? Wenn meine Mutter lebte, wäre sie sicher mit Margot und mir nach Bergen-Belsen gebracht worden. Und Pim war 55, als wir nach Auschwitz kamen. Ich habe nur noch Margot.

Deine Anne

Der Stoß kam für Karina so unerwartet, dass sie sich nicht hätte festhalten können, selbst wenn es eine Möglichkeit gegeben hätte. Am Ende des Weges zu dem kleinen Leuchtturm war nichts außer Wasser. Vor ihr, rechts neben ihr, links neben ihr. Hinter ihr war der Weg und da stand Arne Konkamp.

Der Stoß brachte sie aus dem Gleichgewicht. Als sie einen Schritt machte, um sich wieder zu fangen, stolperte sie über eine Wurzel, die aus dem Boden ragte, und fiel hin. Sie rollte den kleinen Abhang hinunter. Ihre Versuche, sich an die Pflanzen zu klammern, schlugen fehl, und sie landete leicht benommen vom Herabkugeln kopfüber im Wasser. Ihr Gesicht geriet unter die Wasseroberfläche und die Strömung zog sie vom Ufer weg.

Karina streckte die Arme aus, um über Wasser zu bleiben. Sie versuchte, sich hinzustellen, je weiter die Strömung sie weg zog, umso tiefer wurde das Wasser.

Sie blickte an der Landzunge entlang, um eine Möglichkeit zu finden, an der sie aus dem Wasser steigen konnte. Der Hügel war steil. Sie musste sich anders orientieren.

»Warten Sie!«, hörte sie eine Männerstimme. Sie lachte, obwohl sie dabei Wasser schluckte. Das war zu grotesk, dass jemand sie bat zu warten, als könnte sie hier weg. Inzwischen war es ihr gelungen, durch leichtes Paddeln mit den Armen auf der Stelle im Wasser zu stehen. Obwohl sie die Zehen ausstreckte, spürte sie keinen Boden unter den Füßen.

»Kommen Sie!«, erklang die Stimme des Mannes wieder. Dieses Mal ganz in ihrer Nähe. Er saß in einem der Tretboote, die für Touristen im Yachthafen bereitlagen, und streckte ihr seinen Arm entgegen.

Dankbar ergriff sie mit der einen Hand den Arm und mit der anderen den Rand des Bootes.

»Wie haben Sie das denn geschafft?«, wollte der Mann wissen, als sie mit seiner Hilfe sicher im Tretboot saß. Er stellte sich als Mitglied des Yachtvereins vor und schüttelte immer wieder den Kopf. »Ich habe hier schon viel erlebt.« Er lachte. »Wenn ich daran denke, wie eine Segellehrerin vor einiger Zeit mitten auf dem See einen Literaturabend durchführte.« Das Kopfschütteln nahm kein Ende.

Karina dachte nach. Was sollte sie ihm erzählen? Dass sie gestoßen wurde oder dass sie ausgerutscht und ins Wasser gefallen war?

Doch der Mann wartete nicht auf eine Antwort. Er erging sich in einer ausführlichen Schilderung seiner Erinnerungen.

Karina nickte interessiert und auffordernd. Sie hatte entschieden, dass es wenig bringen würde, ihm ihre Story zu erzählen. Sobald sie bei Martin im Auto saß, würde sie die Kommissarin anrufen und mit ihr besprechen, wie sie weiter vorgehen sollte. Es gab keinen Zweifel, dass Arne Konkamp sie gestoßen hatte. Außer ihnen war niemand am Ende der Landzunge gewesen.

Im Nachhinein ärgerte sie sich über ihren Leichtsinn. Warum hatte sie Martins Angebot abgelehnt, sie zu begleiten? Sie war kein Deut schlauer, dafür nass wie eine Katze. Vom Schock ganz abgesehen.

Der Mann, der sie aus dem Kemnader See gefischt hatte, zwang sie, mit ihm ins Vereinshaus zu kommen und sich warme Sachen anzuziehen. Er reichte ihr ein Handtuch, einen Satz Unterwäsche, Socken, T-Shirt und Jogginganzug und verschwand nach draußen.

»Ziehen Sie sich in Ruhe um«, bat er. »Ich sichere das Tretboot.« Er lachte leise. »Nicht, dass jemand einen Abend auf dem Tretboot veranstaltet.«

Inzwischen konnte Karina nicht mehr darüber lachen. Ihr war kalt und sie wollte nach Hause. Kaum hatte der Mann das Vereinsheim verlassen, zog sie ihre nasse Kleidung aus, rubbelte sich mit dem Handtuch trocken und schlüpfte in die Kleidungsstücke, die allesamt das Logo des Yachtclubs trugen.

Witzig, dachte Karina kurz. Dann wurde ihr erst richtig bewusst, was sie gerade erlebt hatte. Das war ein Mordversuch! Der Gedanke blitzte in ihrem Kopf auf.

Wieso wollte der Typ sie umbringen? Sie hatte für ihn recherchiert und erste Kontakte zu möglichen Interessenten für die Anne-Frank-Briefe hergestellt. Ob er inzwischen einen anderen Weg gefunden hatte, die Briefe zu verkaufen? Das hätte er ihr sagen können.

Während sie darauf wartete, dass ihr Retter zurückkehrte, ging sie in Gedanken das Ganze durch. Dabei wurde ihr klar, dass der Typ sie loswerden musste, wenn er eine andere Quelle aufgetan hatte. Sie war ein Bindeglied zwischen ihm und den Anne-Frank-Einrichtungen. Sie hatte viel Material von ihm bekommen. Falls die Briefe gefälscht waren, konnte sie zum Problem werden.

Sie zitterte. War das der Grund, warum Thomas Bergner sterben musste? Was hatte diese alte Frau aus dem Seniorenheim damit zu tun? Sie suchte in ihrer nassen Hose nach dem Smartphone. Es reagierte nicht, als sie es einschaltete. Mist. Sie hatte mit Martin vereinbart, dass er sie nach 30 Minuten anrief.

»Und? Wieder trocken?« Der Mann vom Yachtclub betrat den Raum.

Karina nickte. Sie hielt ihr Smartphone in die Höhe. »Was man von dem nicht behaupten kann!«

»Wenn Sie telefonieren möchten, können Sie gerne mein Handy benutzen«, bot der Mann an und nahm ein Telefon von der Fensterbank. Er schmunzelte, als er es Karina hinhielt. »Wenn Sie mit einem solch vorsintflutlichen Gerät umgehen können.«

Das Handy stammte wirklich aus den Anfangstagen des Mobilfunks. Es hatte eine dicke Empfangsantenne und von einer Kamera war weit und breit nichts zu sehen. Blöd nur, dass sie Martins Mobilnummer nicht auswendig kannte. Hatte er die Festnetznummer umgeleitet, ehe er aufbrach, um sie in Düsseldorf abzuholen?

Sie wählte und hörte ein Freizeichen. Bitte, geh ran!, dachte sie. Wie sollte sie sonst hier wegkommen?

KAPITEL 23

Auf dem Weg nach Amsterdam wurde ihm klar, dass er weder Fleurs Adresse noch ihre Telefonnummer besaß. Sie hatten ausschließlich über E-Mail kommuniziert. Wie sollte er sie ausfindig machen? Die Rechnung kam ihm in den Sinn, aber die lag bei seinen Eltern.

Er versuchte unterwegs, die Internetsuche in seinem Smartphone zu aktivieren. Nachdem er fast einen BMW neben ihm touchiert und dessen Hupe ihn aufgeschreckt hatte, fuhr er die nächste Raststätte an.

»Raststätte Hünxe«, las er und erinnerte sich an die Autobahnfahrt für die Führerscheinprüfung. Der Fahrlehrer hatte ihn hier ausgesetzt, um mit der anderen Schülerin weiterzufahren. Er hätte nicht gedacht, dass er mit 25 voller Sehnsucht an frühere Zeiten denken würde. Wie war er in diesen Schlamassel geraten?

Seine Eltern waren schuld. Sie weigerten sich, seine Wünsche zu erfüllen. Dabei konnten sie es sich leisten. Sein Vater verdiente gut mit seinem Friseursalon, die High Society brachte massig Kohle in den Laden. Und seine Mutter machte einen ordentlichen Reibach mit der Zucht dieser albernen Hunde, die nicht Boxer und nicht Labrador waren. Boxador. Welch ein Schwachsinn. Und die Hälfte am Finanzamt vorbei. Als ob er das nicht wüsste. Sich dann so anzustellen, als er ein Semester in Amerika studieren wollte, dem Mutterland der Late-Night-Shows.

Fernsehen, das war eine Branche mit Zukunft. Ohne

Auslandssemester in den USA konnte man sich die Traumjobs allerdings abschminken.

Der Fiat räusperte sich leicht, als er auf dem Parkplatz den Motor ausstellte. Hoffentlich sprang er später wieder an. Mit Schrecken dachte er an die Panne am Kemnader See. Schon war Karina Bessling wieder in seinen Gedanken. Warum hieß das Sprichwort eigentlich ›Aller guten Dinge sind drei‹, wenn es eher die schlechten Dinge waren, die in Serie auftraten?

Er gab den Namen ›Fleur Hendricks‹ in das Feld der Suchmaschine auf seinem Smartphone ein. Nichts tat sich. Ein Blick auf die Statusanzeige verriet ihm, dass er keinen UMTS-Empfang hatte. Mitten auf der Autobahn. Das konnte alles nicht wahr sein. Sollte er seine Fahrt fortsetzen oder zu seinen Eltern fahren und von dort aus versuchen, Fleur zu erreichen?

Die Dunkelheit um ihn herum, die nur durch vereinzelte Fahrzeuge erhellt wurde, gab den Ausschlag für seine Entscheidung. Es war schon spät und er würde Amsterdam nicht vor Mitternacht erreichen. Besser er verbrachte den Rest des Abends damit, einen vernünftigen Plan zu entwickeln. Es wurde Zeit, das Projekt auf die Zielgerade zu bringen.

Er besann sich, wie er von der Raststätte am besten wieder nach Hause kam, und fuhr los. Einen großen Teil der Strecke musste er auf schlecht beleuchteten Landstraßen zurücklegen, die rechts und links von hohen Bäumen oder weiten Feldern gesäumt waren. Das Ende der Welt. Wie oft hatte er darüber geschimpft, dass er am Ende der Welt aufwachsen musste. Jetzt war er froh darüber. Hier kannte er so viele Möglichkeiten, sich zu verstecken.

Er ging die Plätze seiner Kindheit durch für den Fall,

dass er ein Schlupfloch brauchte. Die Verstecke auf dem Kasernengelände gab es wohl nicht mehr. Jahrelang war der Zugang zum Wald dort verboten, nur er und seine Freunde wussten, welche Höhlen sich hinter dem hohen Zaun verbargen. Ob eine davon weiterhin existierte?

Er fuhr durch die dunklen Straßen seiner Heimatstadt. Welch ein Kontrastprogramm zu Münster, wo um diese Zeit unzählige Studenten unterwegs waren.

Das Haus seiner Eltern war dunkel. Er stellte sein Fahrzeug ab und schlich sich ins Haus. Erst einmal schlafen. Am liebsten würde er nur noch schlafen. Sollten doch alle tun, was sie wollten.

Dienstag, 16. Januar 1945

Liebe Kitty!

Eine Frau ist aus Auschwitz ins Lager gekommen. Sie hat gesagt, sie hätte Mutter vor ihrer Abfahrt noch in Auschwitz gesehen. Wird alles gut? Ich kann es nicht glauben. Margot wird immer schwächer. Wir müssen durchhalten. Es kann nicht mehr lange dauern. Griechenland und die Alliierten haben einen Waffenstillstand geschlossen. Die Russen haben die deutsche Front durchbrochen und sind auf dem Vormarsch nach Auschwitz. Heute ist Mutters Geburtstag.

Deine Anne

In eine dicke Decke gehüllt und mit angezogenen Beinen saß Karina auf dem Sofa in Martins Wohnzimmer. Sie nahm einen kräftigen Schluck aus der großen Tasse Tee, die Martin ihr zubereitet hatte.

Im Sessel auf der anderen Seite des Couchtisches saß Petra Uphoff. Die Kommissarin hatte sich unverzüglich auf den Weg gemacht, nachdem Martin ihr von dem Angriff berichtet hatte.

»Sie haben großes Glück gehabt«, stellte die Kommissarin fest.

Karina spürte den ernsten Blick, mit dem Petra Uphoff sie bedachte, bis in die Zehenspitzen. Die Frau hatte recht. Sie hatte mehr Glück als Verstand gehabt, so hätte ihr Großvater das formuliert. Sie hätte niemals gedacht, dass der Mailschreiber ihr etwas antun wollte. Schließlich sollte sie ihm helfen, und Helfer räumte man üblicherweise nicht aus dem Weg.

»Dieser Arne Konkamp kannte mich doch. Und er wusste, dass ich ihn mit Thomas Bergner in Verbindung bringen konnte. Warum hat er sich dann mit mir verabredet?« Karina schüttelte verständnislos den Kopf.

»Ich glaube, dass er immer mehr in Panik gerät«, antwortete die Kommissarin. »Durch das Bild in der Zeitung und den Artikel in der heutigen Ausgabe ist ein Druck entstanden, mit dem er nicht gerechnet hat und nicht fertig wird.«

»So, wie er sich heute verhalten hat, muss man ja davon ausgehen, dass dieser Journalist mit seinem Verdacht recht hat«, mischte Martin sich ein. Er hatte sich in den anderen Sessel gesetzt und das Gespräch der beiden Frauen bisher schweigend verfolgt. »Sie hätten den Typen schon längst verhaften müssen.« Er warf der Kommissarin einen finsteren Blick zu, der Karina zum Lachen brachte.

Petra Uphoff nickte beschwichtigend. »Sie haben leicht reden. Für eine Verhaftung brauchen wir Fakten, und die Tatsache, dass jemand zwei Menschen kennt, die unter ungeklärten Umständen ums Leben gekommen sind, reicht da nicht aus. Das habe ich gestern Nachmittag auf der Pressekonferenz auch erklärt. Zumal es durchaus ernsthafte andere Spuren gibt, die wir verfolgen. Aber dieser Kortenhoff hat es wieder geschafft, Indiz und Verdacht so aneinanderzureihen, dass ein falscher Eindruck entsteht.«

»Welche denn?« Karina sah die Kommissarin über ihre Teetasse hinweg neugierig an.

Petra Uphoff lachte auf. »Das kann ich Ihnen nun wirklich nicht verraten. Nur so viel, dass wir an dem Ohrstecker, den Sie gefunden haben, dieselbe DNA gefunden haben wie an dem Briefumschlag.« Sie beugte sich vor. »Seien Sie froh, dass Sie am Abend des Todes von Marianne Goldmann nicht in dem Seniorenheim waren. Sonst hätten wir auf den Gedanken kommen können, dass Sie etwas mit der ganzen Sache zu tun haben.«

Karina seufzte. Wie leicht man in solche Ermittlungen hineingeraten konnte.

»Und von wem stammt die DNA?« Martin zwinkerte Karina zu bei der Frage. Doch auch er erreichte nichts.

Als Antwort kam die Kommissarin auf den Anlass ihres späten Besuches zurück. »Was den Überfall auf Sie angeht, wissen wir nicht, ob er Sie mit Todesabsicht geschubst hat oder in einer spontanen Panikreaktion. Vermutlich ist das alles eine Verkettung unglücklicher Umstände.«

»Ich kann mir vorstellen, dass er Thomas Bergner loswerden wollte.« Karina dachte laut nach. »Aber warum musste diese alte Frau sterben?«

Petra Uphoff zuckte mit den Achseln. »Selbst wenn ich es wüsste, dürfte ich Ihnen dazu nichts sagen. Ich glaube, es ist besser, wenn ich jetzt gehe. Ich habe Ihre Aussage erst einmal notiert. Wenn Sie Anzeige erstatten möchten, müssten Sie sich an die Polizei hier wenden.« Sie erhob sich und strich den Rock ihres violetten Kostüms glatt. Karina war fasziniert, dass die Ermittlerin selbst um diese Tageszeit wirkte, als käme sie vom Shooting für ein Modemagazin.

»Ich werde versuchen, mit Arne Konkamp zu sprechen. Vielleicht klärt sich dann alles auf. Ich halte Sie auf jeden Fall auf dem Laufenden, was Sie betrifft«, verabschiedete sich die Kommissarin.

Martin brachte Petra Uphoff zur Tür. »Das Ganze ist wirklich merkwürdig«, sagte er, als er zurückkam und sich zu Karina auf das Sofa setzte. »Warum macht der Junge das?«

Karina lachte. »Junge ist gut. Der ist nicht viel jünger als ich, wenn ich dich daran erinnern darf.«

Martin legte seinen Arm um ihre Schulter und zog sie zu sich heran. »Du bist viel vernünftiger!«, murmelte er, ehe er sie küsste.

Karina erwiderte seinen Kuss, allerdings nur kurz. Sie konnte sich nicht entspannen. Nicht nach dem, was sie am Abend erlebt hatte. »Das Gespräch fing ganz harmlos an«, sagte sie eher zu sich als zu Martin. »Ich habe vielleicht etwas enttäuscht reagiert, als ich ihn erkannte, weil ich irgendwie gehofft hatte, dass ein völlig Unbekannter hinter allem steckte. Das ist Unsinn, ich weiß. Dann haben wir uns über die Briefe unterhalten.«

»Hat er gesagt, woher sie stammen?«, unterbrach Martin sie.

»Angeblich von seiner Großmutter, die in Celle aufgewachsen ist. Dann behauptete er, sie sei Aufseherin im Lager Bergen-Belsen gewesen«, antwortete Karina. »Das passt, denn Bergen-Belsen liegt nicht weit von Celle, da kann es durchaus Verbindungen gegeben haben. Allerdings ist die Großmutter Jahrgang 1934, da ist das alles sehr unwahrscheinlich.« Sie ging das Gespräch Wort für Wort durch. »Er wurde unruhig, als ich ihn auf diesen Widerspruch hinwies.«

»Interessant.« Martin setzte sich aufrecht hin und öffnete Karinas Laptop, der auf dem Tisch lag. »Nach dem, was ich über Bergen-Belsen weiß, war es das schlimmste Lager. Chaos pur.«

Karina sah, wie er ›Bergen-Belsen‹ in die Suchmaschine eingab und sich schüttelte, als er den ersten Bericht überflog.

»Das ist so unglaublich. Als hätten die Nazis die Menschen dorthin geschickt, um sie preiswert zu entsorgen. Da starben die Menschen nicht in Gaskammern, sondern an Krankheiten, Hunger und schlechter Hygiene.« Er hob Karinas Decke an und zog sie über sich. Karina spürte, dass er fror, obwohl der Kamin flackerte und viel Wärme von sich gab.

»Das waren keine Menschen!«, sagte Martin und Karina bemerkte die Tränen in seinen Augen. »Wie soll Anne Frank es geschafft haben, von dort Briefe oder Notizen zu schicken?«

Das fragte Karina sich ebenfalls, seit sie die Bücher über Anne Frank gelesen hatten. In jedem Buch gab es ein Kapitel über ihre Odyssee durch die Konzentrationslager. Von Westerbork nach Auschwitz, von Auschwitz nach Bergen-Belsen. Und immer die Hoffnung der Familie Frank und anderer Gefangener, nach Theresienstadt zu gelangen, wo vermeintlich alles besser war. Wenn sie gewusst hätten, was wir heute wissen.

»Charles ist übrigens 1948 geboren!«, riss Martin Karina aus den Gedanken. Was wollte er ihr damit sagen?

Anscheinend hatte ihr Gesicht genau diese Frage gespiegelt, Martin erinnerte sie daran, dass sie danach gefragt hatte.

»Das habe ich völlig vergessen!« Karina rückte näher an Martin heran. Sie zog den Laptop von seinem Schoß zu sich herüber und fand in Sekundenschnelle die Datei mit den vermeintlichen Briefen von Anne Frank. »Da steht es. Dass es in England einen Thronfolger gibt, der Charles heißt. Das konnte Anne Frank nicht wissen. Sie war längst tot, als Charles geboren wurde.«

Martin ging mit dem Laptop in sein Arbeitszimmer, um die Briefe erneut auszudrucken. Er kehrte mit zwei Papierstapeln und zwei Textmarkern zurück. »Wir gehen jeden einzelnen Satz durch und prüfen, was stimmt und was nicht!«, schlug er vor.

Karina verzog das Gesicht. Genau das hatte sie seit Langem tun wollen. Irgendwie war immer etwas dazwischengekommen. Das neue Projekt, der Besuch Jennys, der Ausflug nach Amsterdam. Hätte sie sofort alle Informationen geprüft und nicht nur die historischen Daten von Annes Leben, hätte sie sich das Bad im Kemnader See und die Angst ersparen können. Obwohl die Neugier sie vermutlich doch gepeinigt und ihr keine Ruhe gelassen hätte.

Martin saß über seinen Stapel gebeugt und markierte eine Textstelle nach der anderen.

Karina tat es ihm gleich. »Die Daten und Orte habe ich gecheckt!«, sagte sie zwischendurch, als sie bemerkte, dass Martin in einem Brief das Absenderdatum markierte.

Eine Viertelstunde später verglichen sie ihre Markierungen. Karina konnte Martin an einigen Stellen erklären, dass die Angaben richtig waren.

»In Anne Franks Tagebuch kommen ein- oder zweimal Joop ter Heul und Cissy von Marxveldt vor«, sagte sie und wollte seine Markierung durchstreichen.

Martin gab den Titel, der in dem Brief erwähnt wurde, in die Suchmaschine ein. Mit einem triumphierenden Lächeln sagte er: »Aber das Buch ist erst erschienen, als Anne Frank bereits gestorben war. Sie kann es nicht gelesen haben.«

Karina starrte die Briefe in ihrem Schoß an. Irgendwie hatte sie es vom ersten Augenblick an geahnt. Und trotzdem hatte sie sich gewünscht, dass die Tagebucheinträge echt wären. Je mehr sie über Anne Frank gelesen hatte, umso neugieriger wurde sie darauf, wie ihr Leben weitergegangen war. Es wäre einfach schön, wenn es mehr Zeugnisse ihrer letzten sieben Monate gäbe, die über die Berichte aus dem Film über Annes letzte Monate von Willy Lindwer hinausgingen.

»Ich geh dann schlafen«, verabschiedete Martin sich wenig später. Er wollte Karina vom Sessel ziehen, doch sie wusste, dass sie nicht einschlafen konnte. »Ich lese die letzten Wettbewerbsbeiträge«, sagte sie. »Die Jury-Sitzung ist am nächsten Wochenende, bis dahin muss ich alles durch haben.«

Martin gab ihr einen langen Gutenachtkuss und verschwand mit einem Seufzer. »Wenn nicht einmal ich dich umstimmen kann und das, was ich dir biete«, flüsterte er ihr ins Ohr.

Karina grinste. »Morgen wieder, heute wären meine Gedanken sowieso nur am See oder im Wasser.« Sie schob den Laptop beiseite und legte demonstrativ den Stapel mit den letzten Beiträgen zu dem Journalisten-Wettbewerb auf ihren Schoß. Sie betrachtete das Deckblatt des obersten Beitrags, ohne es genau zu lesen. Welche merkwürdigen Wege das Leben manchmal ging. Zuerst fand sie die Postkarten ihrer Großmutter, dann ereilte sie dieser Wettbewerb und nun tauchten angebliche Briefe von Anne Frank auf.

Ihre Augen wurden groß, als sie las, wer den nächsten Beitrag verfasst hatte: Thomas Bergner. Sie überflog den Text und sah, dass es die Examensarbeit war, die Martin ihr vor einigen Tagen von den Eltern des Verstorbenen mitgebracht hatte. Ein Schauer lief über ihren Körper, ihr wurde kalt. Sie entschied, dass es leichter war, in Martins Armen einzuschlafen, als die Arbeit eines Toten zu lesen, der nie mehr erfahren würde, ob sein Werk preiswürdig war. So wie Anne Frank nie erfahren hatte, dass ihr Tagebuch ein Weltbestseller wurde und sie zu einer der bekanntesten Schriftstellerinnen der Welt machte.

Sehr zum Ärger seiner Eltern hatte er den ganzen Mittwoch in seinem Zimmer verbracht. Nur, als er wusste, dass beide aus dem Haus waren, war er in die Küche geschlichen, um etwas zu essen. Sein Smartphone hatte fast stündlich geklingelt, einmal schellte jemand am Hauseingang. Er hatte die Decke über den Kopf gezogen und sich tot gestellt.

Nach Ladenschluss hatte sein Vater vor der Tür gestanden und ihn aufgefordert, herauszukommen. Da hatte er das Haus verlassen und war weggefahren. Stundenlang war er in der Gegend herumgecruist, um zu überlegen, wie es nun weitergehen sollte.

Immer wieder erschienen das blasse Gesicht von Marianne Goldmann, der reglos auf dem Wasser treibende Körper seines Kumpels Knolle und die rudernden Arme von Karina Bessling in seinen Gedanken. Was sollte er nur tun?

Er sah auf die Uhr. Tagesthemen-Zeit, da würden seine Eltern vor dem Fernseher sitzen. Eine gute Gelegenheit, sich wieder ins Haus zu schleichen. Er lenkte seinen Fiat nach Hause. Als er in die kleine Straße einbog, in der sich das Einfamilienhaus seiner Eltern befand, fiel ihm eine dunkle Limousine vor dem Haus auf.

Sie stand dort, wo er sonst immer sein Auto abstellte. Das war ärgerlich. In der Straße herrschte ständige Parkplatznot. Aber wenn man aus Münster in die Provinz kam, musste man keine Rücksicht nehmen.

Er betrachtete das Fahrzeug genauer. Es war mit einer Funkantenne ausgestattet, die sich nicht jeder leisten konnte. Das Kennzeichen war nichtssagend, trotzdem war er auf der Hut. Etwas sagte ihm, dass der Besuch nicht den Nachbarn, sondern ihnen galt. Besser gesagt: ihm.

Langsam fuhr er am Haus seiner Eltern vorbei. Er versuchte, an den Silhouetten, die sich hinter den Vorhängen abzeichneten, zu erkennen, ob seine Eltern allein waren oder Gäste hatten.

Er fuhr bis zum Wendehammer und parkte seinen Fiat dort, obwohl das verboten war.

Er stieg aus und schloss leise die Tür seines Fahrzeugs. Gut, dass er jahrelange Übung hatte, ins Haus zu gelangen, ohne dass seine Eltern mitbekamen, wie spät seine abendlichen Ausflüge endeten und wen er mitbrachte.

Vorsichtig berührte er das Fenster seines Zimmers, das zum Nachbarhaus lag. Aus alter Gewohnheit hatte er es nur angelehnt. Als ob seine Eltern ihm Vorhaltungen machen durften, wenn er spät aus der Kneipe oder von Freunden kam. Auch der Hocker, den er als Jugendlicher zusammen mit einem Blumentopf vor dem Fenster draußen deponiert hatte, stand an seinem Platz.

Er kam sich wie ein Einbrecher vor, als er in sein eigenes Zimmer kletterte.

Die Tür zum Flur war leicht geöffnet, dabei wusste er sicher, dass er sie geschlossen hatte. Das konnte ihm nur recht sein, so konnte er unbemerkt überprüfen, wer zu Besuch war. Er betrat den Flur und zog sich sofort zurück, als er die Stimme von Petra Uphoff hörte.

KAPITEL 24

Auf Zehenspitzen schlich er in den Flur und umging das lockere Holzstück im Parkett, das sein Vater längst hatte reparieren wollen. Er musste wissen, weshalb die Kommissarin so spät am Abend gekommen war.

»Ihr Sohn wurde zweifelsfrei identifiziert!«, hörte er Petra Uphoff sagen.

Er drückte sich gegen die Wand, damit seine Eltern und die Kommissarin ihn nicht entdeckten.

»Er hat gestern Abend eine junge Frau ins Wasser gestoßen. Mit viel Glück hat sie den Sturz in den See unversehrt überlebt. Wenn man von dem Schock absieht, den Ihr Sohn ausgelöst hat.«

Was hieß hier, er hätte einen Schock ausgelöst? Diese Karina Bessling war es gewesen, die nicht aufhörte nachzubohren. Woher er die Briefe hatte? Wie alt seine Großmutter gewesen war? – Warum hatte sie genau danach fragen müssen? Er hatte einfach rot gesehen. Er wollte nicht, dass ihr etwas passierte. Er wollte nur seine Ruhe und Zeit, um die weiteren Schritte zu überdenken.

»Bitte melden Sie sich bei uns, wenn Ihr Sohn auftaucht!«, sagte die Kommissarin.

Anstiftung zum Sohn-Verrat war das. Unglaublich. Wieso konnten sie ihn nicht einfach in Ruhe sein Ding machen lassen? Die Briefe schadeten niemandem. Sie hatten sich viel Mühe gegeben, die Fakten aus den letzten sieben Monaten von Anne Franks Leben zu recherchieren. Na gut, das war Knolle gewesen, aber er hatte die Briefe ins Niederländische übersetzt. Wenn er es genau bedachte, war das sein einziger Beitrag gewesen. Nein, die Idee, die stammte von ihm. Er war durch die alte Marianne darauf gekommen, als sie immer von ihrem Tagebuch sprach, wenn er ihr die Nägel schnitt.

Schuld an dem Ganzen war letztlich dieser Fernsehbericht über die Hitlertagebücher. Der hatte ihn auf den Gedanken gebracht, sich mit ein paar Briefen das Geld für ein Semester in den USA zu verdienen. Hätten seine Eltern ihm das Geld gegeben, wäre das alles nicht passiert.

Ein Geräusch aus dem Wohnzimmer schreckte ihn auf. Für einen kurzen Moment waren Schritte zu hören, dann war es ruhig. Was trieben seine Eltern und die Kommissarin da?

Er tat einen Schritt nach vorn.

Als Jugendlicher hatte er die Glastür zum Wohnzimmer gehasst. Er war fest davon überzeugt gewesen, dass seine Eltern sie eingebaut hatten, um ihn besser unter Kontrolle zu haben. Von der Couch aus konnten sie direkt bis zur Haustür blicken. Ihnen entging nichts. Ob er einen Freund oder eine Freundin mitbrachte, ob er nüchtern oder betrunken nach Hause zurückkehrte. Sie bekamen es mit.

Damals war er auf die Idee gekommen, durchs Fenster ein- und auszusteigen. Er hatte so lange gequengelt, bis er in dem kleinen Zimmer im Parterre schlafen durfte. Bis heute hatten seine Eltern keine Ahnung, dass sie ihm damit die Tür zur Freiheit geöffnet hatten.

»Das ist alles deine Schuld!«, hörte er die Stimme seines Vaters im Wohnzimmer.

Jetzt ging das wieder los. Wann immer er in der Schule schlecht gewesen war oder es sonst ein Problem gab, überschüttete der Alte seine Mutter mit Vorwürfen. Dabei war er es, der darauf beharrte, dass er regelmäßig zur Kirche gehen und pünktlich zu Hause sein musste. Er knauserte mit dem Geld, von dem er genug hatte. Das sollte keiner wissen. Nicht, dass es hieß: »Oh, die Konkamps können es sich leisten, ihren Sohn in den USA studieren zu lassen!«

Seine Mutter schwieg. Wie immer. Doch warum sagte die Kommissarin nichts? Warum hörte sie sich das Gejammer seines Vaters an? Hoffte sie, dadurch mehr über ihn zu erfahren?

»Wir hätten ihm das Studium nicht erlauben sollen!« Klar, dass sein Vater mit der Leier kam. Wie hatte er auf ihn eingeredet, er solle lieber eine Ausbildung zum Friseur machen und später in seinen Salon einsteigen. Seine Mutter war es gewesen, die ihn trotz ihrer Zweifel in seinem Studienwunsch bestärkt hatte, auch wenn sie sich seinem Vater gegenüber nicht durchsetzen konnte, was die Finanzierung des Studiums anging.

Schon als Jugendlicher war er der Clown auf jedem Familienfest gewesen und hatte jeden runden Geburtstag moderiert. Er hatte sogar einen Artikel für die Schülerzeitung geschrieben, doch der war den Mitschülern zu frech gewesen. Da hatte er gewusst, dass ein anderes Medium für ihn das richtige war. Das Fernsehen. Ein Medium, bei dem niemand etwas streichen konnte. Moderator einer Livesendung, das war sein großer Traum. Aber dazu benötigte er Erfahrungen in der Welt. Das Münsterland eignete sich als Sprungbrett nicht. Berlin, München oder Köln, das wären coole Unistädte gewesen. Stattdessen war er in Münster gelandet. Eine tolle Stadt, keine Frage. Da gaben die Studenten den Ton an. Für die Medienwelt war Münster allenfalls die Stadt des Westfälischen Friedens und dessen Glanzstunde lag sehr, sehr weit zurück.

Nun hatte er verpasst, was seine Mutter gesagt hatte. Petra Uphoff hatte sich bisher nicht gemeldet. Ob sie das Haus über die Terrasse durch den Garten verlassen hatte? Warum hätte sie das tun sollen?

Die Antwort darauf kam schneller, als ihm lieb war.

Freitag, 23. Februar 1945

Liebe Kitty!

Habe ich dir erzählt, dass ich Hanneli getroffen habe? Meine Freundin Hanneli. Seit dem Kindergarten waren wir immer zusammen. Wie oft haben wir auf der Straße Hickeln gespielt oder Wasser auf die Leute geschüttet, die auf dem Merwedeplein gingen. Manchmal durfte ich in den Ferien mit ihrer Familie verreisen. Das Bild vom Ferienhaus hing immer über meinem Bett.

Frau van Pels hat sie gehört, sie ist auf der anderen Seite des Zauns, da, wo die besseren Juden sind. Zuerst dachte ich, Frau van Pels wollte mich nur aufmuntern, weil es Margot so schlecht geht. Oder ich hätte das geträumt. Hier kommt mir alles wie ein schlimmer Traum vor. Nur, dass das Wahrheit ist.

Die besseren Juden! Was heißt besser? Hannelis Vater war vor Hitler ein wichtiger Mann im Ministerium. Ist es das?

Ich habe kaum gewagt, Margot allein zu lassen. Sie ist so krank. Vor einer Woche hatte sie Geburtstag.

Ich bin zum Zaun gegangen. Das war gefährlich. Ich musste aufpassen, dass die Wachen mich nicht erwischten. Wie enttäuscht war ich, als ich merkte, dass ich Hanneli nicht sehen konnte. Der Zaun war so dicht, dass kein Blick auf die andere Seite möglich war. Aber ich konnte sie hören. Sie hat genauso gepfiffen, wie wir es früher immer gemacht haben, wenn wir uns abholten. Und wir konnten miteinander sprechen.

Sie war erschrocken, weil ich hier war. Sie dachte, ich wäre in der Schweiz. Ich habe ihr erklärt, dass Pim und die anderen absichtlich eine falsche Fährte gelegt haben. Sie haben so getan, als wären wir in die Schweiz geflohen, damit niemand auf die Idee kam, uns zu suchen. Sie konnte nicht fassen, dass wir 25 Monate nicht weit von ihr entfernt im Hinterhaus von Pims Firma an der Prinsengracht untergetaucht gewesen waren.

Hannelis Mutter ist vor der Verhaftung gestorben und das neue Baby auch. Gabi, ihre kleine Schwester, ist bei ihr. Wenn ich daran denke, wie wir sonntags zuschauen durften, als Gabi gebadet wurde, und dann mit dem Kinderwagen spazieren gegangen sind. Ich kann kaum glauben, dass das in diesem Leben war.

Ich habe Hanneli unser Leben geschildert. Dass wir nichts zum Anziehen und zum Essen haben. Sie hat ein Päckchen für mich über den Zaun geworfen. Eine Frau hat es gefangen. Ich musste zusehen, wie sie eine Wolljacke, Zwieback, Ölsardinen und Zucker auspackte. Ich habe geschrien und um mich geschlagen, aber die Frau war stärker. Hanneli hat versprochen, es noch einmal zu versuchen. Ich habe sie gebeten, etwas über meine Eltern herauszufinden. Ich denke inzwischen, dass ich keine Eltern mehr habe.

Deine Anne

Karina war es wider Erwarten gelungen, in Martins Armen einzuschlafen. Am nächsten Morgen musste sie früh aufstehen, um pünktlich zu einer Besprechung in Düsseldorf zu sein. Erst am Abend kam sie dazu, mit Martin die restlichen Textstellen zu überprüfen.

»Das ist unglaublich!« Karina starrte einen der Briefe an. So ganz durchschaute sie nicht, wer welche Rolle in dieser Geschichte spielte. Sie ärgerte sich, dass sie die Schreiben nicht sofort genauer untersucht hatte.

»Es kommt auf die Kleinigkeiten an und die übersehen wir oft«, tröstete Martin sie.

»Das hätte mir auffallen müssen«, schimpfte Karina. Sie war sauer auf sich selbst. Wenn es um ihre Pläne und Bauprojekte ging, prüfte sie jede kleine Zeichnung und Rechnung. Und von diesen Typen hatte sie sich so hinters Licht führen lassen. »Hier. Anne Frank schreibt in ihrem Tagebuch immer von ihrer besten Lies. Das ist ihre Freundin Hanneli Pick-Goslar. Trotzdem ist mir nicht aufgefallen, dass in den Briefen, die ich bekommen habe, plötzlich von ›Hanneli‹ statt von ›Lies‹ die Rede ist.« Es war zum Aus-der-Haut-fahren. Jetzt fiel ihr ein, dass sie sich über die Bezeichnung ›Boxador‹ gewundert hatte, der Spur aber nicht nachgegangen war. So viel Zeit verschwendet für nichts.

Für nichts stimmte nicht, tröstete sich Karina. Sie hatte viel über Anne Frank und die Konzentrationslager gelernt. Ohne die Briefe hätte sie sich nie in das Thema vertieft. Es wären ihr viele bedrückende Informationen erspart geblieben, aber sie hätte nicht erfahren, was Menschen unter solchen Umständen leisten konnten. Es gab einiges, was der Verfasser aus dem Tagebuch übernommen hatte und was jemanden in die Irre führen konnte. Das Bild vom Ferienhaus der Familie Pick zum Beispiel, das wurde in dem Tagebuch erwähnt. So wie Anne Frank mit ihren Freundinnen den Film ›Rin Tin Tin und der Leuchtturmwärter‹ angesehen hatte. Ausführlich beschrieb sie die beiden Nikolaustage, die sie im Hinterhaus erlebte, ganz ähnlich wurden sie in den gefälschten Briefen erwähnt.

»Mit der Familie van Pels ist es das Gleiche«, unterbrach Martin ihre Gedanken. »Anne Frank hat auch den Namen der Familie, die mit ihnen zusammen untergetaucht war, verschlüsselt. Sie hat sie immer van Daan genannt.« Martin lachte und schüttelte gleichzeitig den Kopf. »Erstaunlich, mit welchem Optimismus das Mädchen zu Werk gegangen ist. Anne hat wirklich daran geglaubt, dass sie nach dem Krieg ihr Tagebuch veröffentlichen kann, nachdem der niederländische Minister Bolkestein im Sender Oranje die Bevölkerung dazu aufgefordert hat. Am 29. März 1944 denkt sie sogar darüber nach, einen Roman über das Hinterhaus zu schreiben.«

Karina nickte. Nachdenklich schaute sie auf die Ausdrucke in ihrer Hand. Das Tagebuch der letzten Lebenswochen von Anne Frank wäre eine Sensation gewesen. »Wenn man bedenkt, dass ihre Mutter nur zwei Wochen vor der Befreiung in Auschwitz starb und sie selbst fünf oder sechs Wochen, bevor die Alliierten in Bergen-Belsen einrückten.«

»Eine Tragödie von vielen. Und die meisten von ihnen sind gänzlich unbekannt. Guck mal, wie wenig Namen auf der Liste derjenigen, die in Auschwitz waren, stehen.« Martin scrollte die Internetseite, die er nebenbei geöffnet hatte, herunter. »Ich wusste gar nicht, dass Else Ury, die Autorin des ›Nesthäkchens‹, ebenfalls darunter war.«

»Man müsste eine Liste mit den Namen aller Opfer

erstellen«, sinnierte Karina, während sie die Briefausdrucke durchblätterte. »Es ist unfassbar, wie clever dieser Typ die Briefe aufgebaut haben«, bemerkte sie. »Die Daten genau wie im Tagebuch, die Anrede und die Grußformel sind identisch und alles, was Anne Frank betrifft, stimmt exakt mit dem überein, was ich in den Büchern gefunden habe. Aber dann diese Kleinigkeiten einzubauen. Das ist merkwürdig.« Ihr Blick blieb an einer Buchstabenkombination in dem Brief vom 9. August hängen. »Was ist denn der CNL?«

Martin gab die Abkürzung in die Suchmaschine ein. Er lachte auf. »Da haben sie tüchtig danebengelegen. Das ist die Abkürzung für den City-Night-Line, einen Zug, der von Kopenhagen, Prag, Zürich und München nach Amsterdam fährt. Nie gehört. Das ist fast Insiderwissen.«

»Thomas Bergner hat Verwandte in der Schweiz, deshalb wurde die Beerdigung verschoben. Vielleicht er hat den Zug einmal genutzt«, mutmaßte Karina, selbst wenn diese Information nicht mehr wichtig war. Es gab für sie keinen Zweifel mehr, dass dieser Arne Konkamp mit oder ohne Unterstützung von Thomas Bergner die Briefe gefälscht hatte. Er hatte versucht sie aus dem Weg zu räumen. Sie konnte die Texte verbrennen oder schreddern. Etwas in ihr sperrte sich dagegen. Abgesehen von den Marginalien, die für das Leben von Anne Frank unwichtig waren, spiegelten die Briefe die letzten Wochen und Monate der jungen Jüdin gut wider.

»Hat sich eigentlich von den anderen Institutionen, die sich mit Anne Frank beschäftigen, jemand gemeldet?« Martin hatte den Laptop beiseite gestellt und sich zurückgelehnt. Er legte den Arm um Karina und gähnte verstohlen.

Karina lachte. »Du Ärmster, musst morgen früh raus«, sagte sie und stockte im gleichen Moment. »Ich allerdings ebenfalls. Ich habe ein Treffen mit dem Bauherrn.« Sie sah auf ihre Armbanduhr. »Wenn wir jetzt schlafen gehen, schaffen wir fünf oder sechs Stunden. Ich muss um 10 Uhr in Düsseldorf sein.«

Martin nickte. »Könnten wir hinkriegen«, entgegnete er. »Kannst du wirklich schlafen?«

Er hatte recht. Sie würde kein Auge zutun. Der Schock über den gestrigen Angriff nagte an ihr. Sobald sie nichts mehr zu tun hatte, würde sich der Augenblick, als sie den Abhang hinunterstürzte und sich nicht halten konnte, wieder in ihre Erinnerung drängen. Da konnte sie genauso gut hier auf der Couch sitzen und versuchen, ihre Gedanken zu sortieren.

»Gut, dass du mich erinnerst«, dankte Karina Martin. »Es gab eine E-Mail von Theresa Wagner-Hänschel aus Basel. Die habe ich in der Hektik des Wochenendes völlig vergessen. Sie hat nur eine Datei geschickt. Die habe ich nicht geöffnet.«

Karina nahm den Laptop und sah die E-Mails durch. Da hatte sich einiges angesammelt in ihrem Posteingang. Die Spam-Mails löschte sie umgehend und hatte die Hand auf der Entfernen-Taste, weil der Absender ›Fleur‹ nach einer dieser üblichen Sex-Mails klang, als sie die Anrede sah.

»Liebe Karina Bessling«, las sie. »Ich habe Ihren Namen von Thomas Bergner bekommen.« Der Name des Verstorbenen ließ sie stutzen. Was hatte das nun wieder zu bedeuten?

»Martin, guck mal!«, bat sie ihren Freund.

Gemeinsam überflogen sie, was Fleur Hendricks aus Amsterdam schilderte.

»Das ist nicht zu fassen.« Martin konnte sich nicht beruhigen. »Das ist nicht nur ein bisschen, sondern richtig kriminell. Da beauftragen die beiden tatsächlich eine Stenografin, um die Fälschungen zu vertuschen.«

Karina konnte kaum glauben, was sie da las. Das Bild des stenografierten Briefes, das diese Fleur Hendricks ihr geschickt hatte, stimmte exakt mit dem Bild überein, das ›TH‹ ihr gemailt hatte.

»Lass mich mal eben was gucken«, bat Martin sie. Er öffnete die Informationen über das Bild und pfiff. »Dachte ich es mir doch. Die Exif-Daten sind identisch. Als Autorin ist Fleur Hendricks angegeben.«

Karina ärgerte sich, dass sie nicht daran gedacht hatte, die Fotos sorgfältig zu prüfen.

»Was will sie von mir?« Karina war nicht klar, weshalb Fleur Hendricks ihr diese Mail geschickt hatte.

»Es lohnt sich immer, Mails genau und bis zum Ende zu lesen«, flachste Martin und deutete auf den letzten Absatz, den sie überlesen hatte, weil sie sofort nach Erwähnung des Bildes den Anhang geöffnet hatte.

»Die Polizei glaubt, dass sie etwas mit der Fälschung zu tun hat, weil sie die Übertragungen in Steno vorgenommen hat.«

Und das war in den Niederlanden sicher auch kein Kavaliersdelikt, vermutete Karina. Sie dachte daran, was sie bei ihrem Besuch in Amsterdam erlebt hatte, als Polizisten die Demo auflösten, bei der Tagebuch-Gegner behaupteten, das Werk wäre gefälscht.

Das Tagebuch von Anne Frank war so etwas wie ein Heiligtum. Jedes Kind in den Niederlanden kannte das Buch und eine Verunglimpfung von Anne Frank war vermutlich genauso schlimm wie Majestätsbeleidigung.

Das hatten Pressereaktionen auf Ereignisse in den letzten Jahren gezeigt. Bei ihrer Recherche hatte sie Hinweise gefunden, dass Neonazis 2006 öffentlich ein Exemplar des Tagebuchs verbrannt hatten, und erst kürzlich ging durch die Medien, dass ein Verrückter in Japan 250 Exemplare aus dem Besitz einer Bibliothek beschädigt oder zerstört hatte.

Sie konnte sich gut vorstellen, was Fleur Hendricks erwartete, wenn bekannt wurde, dass sie an der Fälschung mitgewirkt hatte.

»Sie hat doch die Mails von Thomas Bergner!« Karina verstand nicht, wo das Problem sein sollte.

»Vielleicht hat sie sie nicht mehr«, entgegnete Martin. Er lächelte Karina an und deutete auf ihren Maileingang. »Nicht jeder hortet Mails wie du.«

Karina gab ihm einen Rippenstoß. »Du siehst doch, dass es hilfreich sein kann, wenn man alte Mails aufbewahrt.« Sie lächelte versonnen. »Und manche E-Mails kann man immer wieder lesen.« Dabei öffnete sie den Ordner im Mail-Archiv, der mit ›Martin‹ bezeichnet war.

»Du hast meine E-Mails gesammelt?« Martin wurde rot und sah sie mit großen Augen an. »Hoffentlich nicht alle!«

»Alle!«

Martin schüttelte den Kopf. »Dann kann ich nur hoffen, dass du mich nicht irgendwann verlässt und die Mails öffentlich machst.«

Das Grinsen auf Karinas Gesicht wurde breiter. In den ersten Monaten ihrer Beziehung hatten sie viele Mails ausgetauscht, als sie noch nicht zusammenlebten und sie häufig bei ihren Eltern in Stuttgart war. Nicht alle waren jugendfrei. Sie wusste, dass Martin sie immer sofort von seinem Rechner gelöscht hatte. Schon, weil seine Mitarbeiterin auf den Computer zugreifen musste. Aber sie hatte sie aufbewahrt. Zu ihrem Vergnügen.

»Was schreibt denn nun diese Baseler Institution?« Martin wusste genau, wie er sie ablenken konnte.

Sofort wechselte Karina zum Posteingang und öffnete die E-Mail von Theresa Wagner-Hänschel, der Mitarbeiterin des Anne-Frank-Fonds in der Schweiz. Ihre Augen wurden groß, als sie las, was in dem Dokument stand, das sich im Mail-Anhang befand.

KAPITEL 25

»Guten Abend, Herr Konkamp.« Das war eindeutig die Stimme der Kommissarin hinter ihm. Wo kam die auf einmal her? Die Antwort war eigentlich klar. Seine Eltern wussten von dem geheimen Ausstieg und hatten ihn Petra Uphoff verraten.

»Tja, manchmal entlarvt der Lauscher an der Wand sich anders, als er denkt«, meinte die Kommissarin mit einem süffisanten Unterton. Sie wies auf den Garderobenspiegel schräg gegenüber der gläsernen Wohnzimmertür. »Ihre Eltern waren nicht begeistert, als ich plötzlich durch die Terrassentür verschwand. Mir war aufgefallen, dass Ihr Fenster nur angelehnt war, als ich mir Ihr Zimmer angesehen habe.«

Dann hatten seine Eltern ihn wenigstens nicht verraten. Das machte das Ganze nicht besser. Er saß in der Falle wie die Kaninchen, die sein Vater mit der Lebendfalle aus dem Garten beseitigte. Selbst wenn die Haustür nicht wie sonst abgeschlossen war, würde er nicht weit kommen. Er musste damit rechnen, dass die Kommissarin eine Waffe bei sich trug.

In Gedanken scannte er das dunkelrote Kostüm ab, das sie heute trug. Platz für ein Holster war unter der figurbetonten Jacke nicht. Aber sie wäre die einzige Frau, die er kannte, die ohne Handtasche aus dem Haus ging. Seine Chancen standen schlecht. Er konnte nur versuchen, Zeit zu schinden.

»Was wollen Sie von mir?«, fragte er, als ob ihm nicht klar wäre, weshalb sie den Weg auf sich genommen hatte.

Die Kommissarin lachte. »Wenn Sie es genau wissen

wollen, ich nehme Sie zunächst einmal wegen versuchten Totschlags an Karina Bessling fest.«

Er hörte ein leises Klappern hinter sich. »Legen Sie die Hände auf den Rücken«, verlangte Petra Uphoff.

Inzwischen waren seine Eltern aus dem Wohnzimmer in den Flur gekommen. Sie standen da und starrten ihn stumm an. Sein Vater mit einem Blick voller Verachtung, seine Mutter mit Schrecken im Gesicht. Beide sagten nichts. Allerdings würden sie ihm nicht zu Hilfe kommen, das war ihm klar. Ergeben streckte er die Arme auf den Rücken. »Ich weiß zwar nicht, was das soll, aber bitte.« Das konnte er sich nicht verkneifen.

»Tu, was die Kommissarin sagt!«, befahl sein Vater.

Fast hätte er seine Hände wieder nach vorn gezogen und ihm eine reingehauen. Er war doch an allem schuld.

»Wenn du dich nicht so angestellt hättest und mir das Studium in den USA finanziert hättest, wäre das alles nicht passiert!«, brüllte er ihm entgegen, während die Kommissarin hinter ihm die Handschellen einrasten ließ.

»Darf ich das als Geständnis betrachten?«, fragte Petra Uphoff und stellte sich so vor ihn, dass sie ihn ansehen konnte. »Das Papier, das ich in Ihrem Zimmer gefunden habe, sieht auf jeden Fall genauso aus, wie das, auf dem der Brief geschrieben wurde, den Sie Frau Bessling gegeben haben.«

Diese Schlampe hatte den Brief an die Kommissarin weitergeleitet. Sie hatte ihn gelinkt. Hätte er nur fester zugestoßen, dann wäre sie für immer in dem See verschwunden.

»Das Anne-Frank-Haus, dem Frau Bessling den Brief gebracht hatte, war so freundlich, uns das Original zur Verfügung zu stellen«, bestätigte die Kommissarin seine Gedanken.

Das brachte ihn höchstens mit Karina Bessling in Verbindung. Vielleicht kam er irgendwie aus der Nummer raus. »Ich verstehe immer noch nicht, was Sie genau von mir wollen? Ich habe Frau Bessling einen der Briefe geschickt, die ich gefunden habe.« Mist. Im Beisein seiner Eltern konnte er die Geschichte mit der Großmutter nicht aufrechterhalten. »Einer der Bewohner des Seniorenheims hat sie mir gegeben.« Das war gut. Rasch ging er die Bewohner durch, die während seiner Tätigkeit dort gestorben waren. Johann Rensing, der passte perfekt. Er hatte keine Angehörigen, das Heim wurde vom Staat bezahlt.

»Oder war es eine Bewohnerin?« Die Kommissarin klang nicht so, als glaubte sie ihm seine Geschichte. »Marianne Goldmann vielleicht?«

Bei der Erwähnung der Alten, die ihm indirekt das Ganze eingebrockt hatte, zuckte er zusammen. Rasch antwortete er: »Nein, von Johann Rensing. Er war in dem Heim, während ich dort Bundesfreiwilligendienst geleistet habe. Als ich dann wiederkam, haben wir oft zusammen Schach gespielt.« Das war nicht einmal gelogen. Genial. Wie gut, dass er sich auf das Spiel eingelassen hatte, das unterstrich jetzt die Glaubwürdigkeit seiner Geschichte. »Er hat mir die Briefe gegeben, weil er nicht wollte, dass sie entsorgt werden, wenn er stirbt. Er hatte keine Angehörigen, wissen Sie?« Das klang so überzeugend, dass er sich wieder sicher fühlte. So könnte es gewesen sein.

»Das ist ja praktisch, dass er keine Angehörigen hatte. Haben Sie ihn ebenfalls aus dem Weg geräumt?« Die schneidende Stimme der Kommissarin riss ihn aus seiner Euphorie.

Es hätte so sein können, sagte er sich und suchte verzweifelt nach einer Antwort, die überzeugend klang.

Sein Blick fiel auf seine Mutter, die ebenso starr im Flur stand wie er und die Kommissarin. Sein Vater war zurück ins Wohnzimmer gegangen, als hätte er mit dem Ganzen nichts zu tun. Seine Mutter war blass. »Was hast du getan?«, fragte sie und verfiel dabei ins Niederländische wie immer, wenn sie zutiefst aufgewühlt war. Tränen liefen ihr über die Wangen. Sie schüttelte den Kopf.

Was sollte er darauf sagen? Er hatte die Fäden seiner Geschichten verloren. Selbst die Notizen, die er sich gemacht hatte, um eine überzeugende Story zu erfinden, würden ihm nicht helfen. Wo waren die überhaupt?

»Vielen Dank, dass Sie Ihre Aussagen so schön aufgeschrieben haben«, sagte in dem Moment Petra Uphoff. »Das hilft uns sehr, die anderen beiden Todesfälle aufzuklären.«

Er wusste, dass damit jede Chance, aus der Sache herauszukommen, zerstört war. Wie hatte er so blöd sein können und die Notizen in seinem Zimmer liegen lassen? Er starrte seine Mutter Hilfe suchend an und brach zusammen.

März 1945

Liebe Kitty!

Ich weiß nicht, welcher Tag heute ist und wie lange ich dir noch schreiben kann. Hannelis Packpapier ist das letzte, was ich habe. Sie hat es geschafft, mir Strümpfe und Zwieback über den Zaun zu werfen. Im Hinterhaus habe ich geträumt, Hanneli wäre tot, dabei bin ich es, die keine Eltern mehr hat und bald keine Schwester mehr. Mir ist immer kalt. Überall Flöhe und Läuse, ich habe Angst, dass sie in den Kleidern leben. Margot flüstert nur noch, sie hat hohes Fieber. Lientje und Janny flehen uns an, die Kran-

kenbaracke zu verlassen. Ich kann nur warten. Worauf auch immer. Vergiss mich nicht.

Deine Anne

Karina war von Borken direkt nach Münster gefahren. Die Kommissarin hatte ihr angeboten, an der Pressekonferenz teilzunehmen. Sie hatte es geschafft, einen Termin zu verlegen, aber Martin konnte sich so kurzfristig nicht freimachen. So saß sie allein zwischen den Journalisten und versuchte herauszufinden, wer dieser Andreas Kortenhoff war. Am Telefon hatte Petra Uphoff nur gesagt, dass sein Artikel es letztendlich gewesen war, der Arne Konkamp so nervös gemacht hatte. Der Angriff auf Karina war eine Kurzschlusshandlung gewesen. Danach hatte er fast lethargisch darauf gewartet, dass sich etwas tat. Mehr hatte die Kommissarin nicht herausgelassen.

»Arne Konkamp hat heute Nacht gestanden, dass er Marianne Goldmann ertränkt hat. Wir gehen hier wie bei Thomas Bergner eher von Totschlag aus. Er hat Gelegenheiten genutzt und sie vermutlich nicht aktiv geschaffen«, begann Petra Uphoff ihr Statement, nachdem der Pressesprecher der Polizei sie vorgestellt hatte.

Karina schmunzelte, als sie sah, wie die Kommissarin ein schwarzes Fädchen von ihrem knallgelben Kostüm zupfte.

»Die Motivlage ist etwas verzwickt, aber letztlich war es wohl sein Wunsch, in den USA zu studieren, der ihn in eine Situation gebracht hat, aus der er keinen anderen Ausweg sah«, fuhr die Kommissarin fort.

»Eines steht jedoch eindeutig fest, Herr Kortenhoff«, Karina folgte Petra Uphoffs Blick. Das war also der Journalist, der alles ins Rollen gebracht hatte, weil er einen

Groll auf die Heimleiterin hegte. »Leitung und Team des Seniorenheims haben mit beiden Todesfällen nichts zu tun.«

Karina sah, wie sich das Gesicht des Redakteurs verfinsterte.

»Können Sie etwas genauer schildern, wie es Ihnen gelungen ist, den Täter zu überführen?«, erscholl eine Frauenstimme hinter ihr.

Karina sah, wie Petra Uphoff sich wand.

»Letztlich war es die übliche Kleinarbeit. Spuren sammeln und auswerten, die uns ans Ziel gebracht hat«, erklärte die Kommissarin. »Wir haben zum Beispiel die E-Mails von Thomas Bergner mithilfe des Providers rekonstruiert. Der Anfangsverdacht, dass etwas nicht stimmte mit dessen Tod, ergab sich noch vor dem Ergebnis der Gerichtsmedizin. Den Kollegen von der Spurensicherung fiel auf, dass weder in der Kleidung noch im Zimmer des Toten ein Schlüssel und ein Handy zu finden waren und auch kein Computer. Beides eher ungewöhnlich. Vor allem aber das Fehlen des Schlüssels war ein deutliches Indiz dafür, dass es sich nicht um einen Unglücksfall handelte.«

Karina holte ihr Notizbuch aus der Tasche, um die wichtigsten Informationen für Martin festzuhalten. Im Kreis der Journalisten fiel es ohnehin auf, wenn sie nicht schrieb.

»Sind Sie sicher, dass die Tat nicht doch etwas mit den katastrophalen Verhältnissen in dem Heim zu tun hat?«

Dieser Andreas Kortenhoff ließ nicht locker. Karina sah ihn von der Seite an. Er wirkte sehr verbissen. Zu gerne hätte sie gewusst, was ihn antrieb. Katastrophale Zustände, das war ein harter Vorwurf. Am Tag der offenen Tür hatte weder das Heim heruntergekommen noch einer der Bewohner verwahrlost gewirkt. Und dass das Schwimmbad geschlossen gewesen war, hatte die Heimleitung nicht zu verantworten. Renate Lansmann war ihr nicht sympathisch, aber da gab es andere Menschen, mit denen sie ganz sicher nichts zu tun haben wollte. Diesen Andreas Kortenhoff zum Beispiel.

Obwohl Petra Uphoff seine Frage verneint hatte, bohrte er weiter: »Aber was ist denn genau das Motiv?«

Karina bewunderte die Geduld, mit der Petra Uphoff wiederholt darauf hinwies, dass sie derzeit nicht mehr Informationen herausgeben konnte.

»Damit sind wohl alle Fragen beantwortet«, schloss der Pressesprecher die Konferenz, nachdem es keine weiteren Wortmeldungen außer denen von Andreas Kortenhoff gegeben hatte. Und die schienen nicht nur Karina, sondern auch seine Kollegen zu nerven. Kaum hatte der Pressesprecher den Satz beendet, standen alle auf und verließen den Raum.

Karina ging zu Petra Uphoff hinüber. »Kann ich Sie noch einmal sprechen?«

Die Kommissarin verabschiedete sich von ihren Kollegen. »Ich brauche jetzt sowieso einen Kaffee«, sagte sie. »Kommen Sie mit.«

»Ich denke, Arne Konkamp hat nicht geplant, mich umzubringen«, sagte Karina, als sie Petra Uphoff gegenübersaß. »Ich habe ihn irgendwie aus dem Konzept gebracht.«

Die Kommissarin nickte. »Wenn ich ihn richtig verstanden habe, dann ist ihm bei Ihrem Gespräch klar geworden, dass er sich verrechnet hat mit dem Alter seiner Großmutter, die angeblich die Briefe besaß.« Sie nahm einen großen Schluck aus ihrer Kaffeetasse. »Gestern ist es ziemlich spät geworden«, entschuldigte sie sich. »Es dauerte ewig, bis der Mann sich wieder beruhigt hat. Mir hat er übrigens zunächst erzählt, die Briefe stammten von einem Bewohner des Seniorenheims, der vor einiger Zeit verstorben sei und ihm die Briefe übereignet hätte.«

Karina schüttelte den Kopf. An Fantasie mangelte es Arne Konkamp jedenfalls nicht. »Ich finde es trotz allem beeindruckend, wie sehr er sich in die Geschichte von Anne Frank eingearbeitet hat. Die Lebensdaten und die Einzelheiten aus den Lagern stimmen exakt mit dem überein, was ich in den letzten Wochen herausgefunden habe.«

»Die Brieftexte stammen nicht von ihm, sondern von Thomas Bergner, das hat er zugegeben. Bergner hat sich während des Studiums mit dem Thema beschäftigt, und als Arne Konkamp ihm von der Idee erzählt hat, Geld mit einem gefälschten Tagebuch zu machen, hat er die Texte verfasst«, berichtete die Kommissarin.

»Hätte Thomas Bergner ein Buch darüber geschrieben, hätte er die Chance gehabt, einen Bestseller zu landen«, überlegte Karina. »Wenn ich mir anschaue, wie viele Veranstaltungen und Aktionen es zum 85. Geburtstag von Anne Frank gibt.«

»Es war vermutlich Marianne Goldmann, die Arne Konkamp den Floh ins Ohr gesetzt hat. Sie hat wiederholt davon gesprochen, sie hätte wie Anne Frank Tagebuch geführt.« Die Kommissarin zog eine Mappe zu sich heran. »Wir haben das überprüft. Die Enkelin bestätigt, dass ihre Großmutter so etwas gesagt hat. Dabei war sie die Tochter eines Nazis, der dafür verantwortlich war, dass die Juden aus ihrem Heimatort deportiert wurden. Unter anderem ihre beste Freundin. Im Laufe des Lebens hat sie sich anscheinend diese Geschichte ausgedacht, um über den Verlust und die Enttäuschung über ihren Vater hinwegzukommen.«

Karina spürte, wie sich die Härchen auf ihrem Arm aufstellten und es kalt über ihren Rücken lief. Welch eine schreckliche Geschichte. Die beste Freundin wird vom eigenen Vater in den Tod geschickt. Wie konnte man damit fertigwerden? Kein Wunder, dass die alte Frau für sich die Geschichte geschönt hatte. Aber was hatte sie damit ausgelöst? Ihren eigenen Tod, den Tod eines jungen Mannes, und das Leben eines anderen jungen Mannes war zerstört.

»Arne Konkamp hatte zufällig einen Bericht über die gefälschten Hitler-Tagebücher gesehen. Hinzu kam der Streit mit seinen Eltern, vor allem mit seinem Vater, der sich weigerte, ein Auslandssemester zu finanzieren.«

Karina nickte. Beim letzten Stufentreffen hatten sie genau darüber gesprochen, dass in vielen Studiengängen die Berufschancen heute gering waren, wenn man kein Auslandssemester nachweisen konnte. »Was studiert er eigentlich?«, erkundigte sie sich.

»Kommunikationswissenschaften«, antwortete die Kommissarin. »Sein großer Traum ist, Moderator einer Talkshow zu werden.« Sie lachte. »Damit ist er nicht allein, wenn ich das so sagen darf.«

Karina nickte. »Ja. Ohne Auslandserfahrung hat er da null Chancen. Mit ein bisschen Glück könnte er bei einem der Lokalradios anfangen.«

»Das war ihm anscheinend klar, deshalb hat er seine Eltern bekniet, ihm das halbe Jahr vorzufinanzieren. Doch sein Vater blieb unerbittlich.« Die Kommissarin beugte sich zu Karina vor. »Unter uns. Ich wollte den Mann nicht zum Vater haben. Als ich seinen Sohn verhaftet habe, hat er sich ins Wohnzimmer gesetzt und ferngesehen. Seine

Frau hat mir erzählt, dass er gegen das Studium war, weil der Sohn den Friseursalon übernehmen sollte.«

Viel größer konnte die Kluft zwischen Traum und Wirklichkeit kaum sein: Moderator oder Friseur.

»Der Ärmste. Kein Wunder, dass er die Chance nutzen wollte.« Karina merkte, dass ihre Wut über den Täter in Mitleid umschlug. Sie schmunzelte, das wäre sicher ganz in Martins Sinne, der als Pfarrer immer versuchte, die wahren Gründe in allem zu erforschen. Auch wenn es in diesem Fall sicher keine tiefere Bedeutung gab. Oder doch?

»Was wird eigentlich aus den Briefen?«, fiel Karina ein.

»Manche Ausdrucke und die Abschriften kommen in die Asservatenkammer, sofern sie direkt mit den Taten zu tun haben. Die Dateien gehören zum Erbe, da müssen sie die Eltern von Thomas Bergner fragen.« Die Kommissarin sah Karina an. »Die Briefe sind wirklich interessant, sie haben mich dazu gebracht, unabhängig von den Ermittlungen ein wenig über Anne Frank zu recherchieren und mir die neue Ausgabe des Tagebuchs zu bestellen.«

»Willkommen im Club!« Karina lachte. »Mir ging es genauso. Deshalb verstehe ich nicht, warum der ganze Schwindel nicht früher aufgeflogen ist.« Sie zog den Ausdruck der E-Mail, die sie aus Basel bekommen hatte, aus der Tasche. »Diese Stenografin, Fleur Hendricks, nach der Sie mich gefragt haben, hat vor Wochen eine Anfrage an die Stiftung geschickt, ob es sein könnte, dass es weitere Briefe oder Tagebuch-Einträge von Anne Frank gibt.« Karina seufzte. »Die Mail wurde dort wegen Personalwechsel und Krankheit erst mit Verzögerung bearbeitet. Wäre das früher geschehen, würde Thomas Bergner vielleicht noch leben und Arne Konkamp würde nicht für Jahre hinter Gitter wandern.«

Fleur Hendricks hatte direkt, nachdem Thomas Bergner ihr die Anfrage wegen der Übertragung der Briefe in niederländisches Steno geschickt hatte, beim Anne-Frank-Fond in Basel und im Anne-Frank-Haus in Amsterdam nachgefragt. Deshalb waren die Mitarbeiter des Anne-Frank-Hauses hellhörig geworden und sofort zu einem Termin bereit gewesen, als Karina sich dort gemeldet hatte. Man ging allerdings davon aus, dass sie eine Komplizin des Täters war, das trübte ihr Verhältnis zu Liam van Barsten ein wenig. Obwohl er versucht hatte, das wieder auszugleichen, indem er ihr das Ergebnis der Papier- und Stift-Probe verriet. Beides stammte auf jeden Fall aus den 40er-Jahren und könnte theoretisch von Anne Frank genutzt worden sein. Sie wüsste zu gerne, wie Arne Konkamp an diese Materialien gelangt war. Aber das würde sie wohl nie erfahren.

Karina schilderte Petra Uphoff, wie sie die E-Mail von Theresa Wagner-Hänschel vom Anne-Frank-Fond gefunden hatte, in der sie darauf hingewiesen wurde, dass Fälschungen des Anne-Frank-Tagebuchs in Umlauf seien.

In der Summe war sie trotzdem froh, dass Arne Konkamp sie in die Geschichte hineingezogen hatte. Sie war Anne Frank auf ganz neue Art begegnet. Wären die Briefe nicht gewesen, hätte sie das Tagebuch sicher nicht neu gelesen, sie hätte das Buch von Willy Lindwer über die überlebenden Augenzeuginnen nicht entdeckt, sie wäre nicht nach Amsterdam gekommen und Jenny hätte niemals Liam van Barsten kennengelernt.

»Haben Sie noch Fragen?« Karina und Petra Uphoff lachten. Beide hatten die Frage im selben Augenblick gestellt. »Wir dürfen uns etwas wünschen.« Wieder sprachen sie gleichzeitig.

»Eines ist mir noch nicht klar«, meinte Karina. »Wer hat mir nun diese E-Mails geschickt? Ich dachte zuerst, es wäre Thomas Bergner, aber der ist 1992 geboren, das habe ich in der Todesanzeige gelesen. Dann hatte ich alle THs in Verdacht, denen ich begegnet bin.«

Petra Uphoff nahm den Stapel mit den ausgedruckten E-Mails, der noch vor ihr lag, und räumte ihn beiseite, während Sie Karina angrinste. »Diese Frage hatte unser Techniker ebenfalls, deshalb habe ich sie Arne Konkamp gestellt. Da waren Sie wohl ein bisschen auf dem Holzweg. Das ›TH‹ in der E-Mail stand tatsächlich für Thomas. Eine der ersten Mails hatte Thomas auf Arne Konkamps Laptop geschrieben, dieser hat das später einfach übernommen. ›TH‹ in der E-Mail-Adresse steht allerdings nicht für den Namen einer Person, sondern für die Band Die Toten Hosen.«

Karina schüttelte den Kopf. Auf die Idee wäre sie niemals gekommen. Alle um sie herum nutzten ihre Initialen oder Nonsens-Namen, aber nicht die Initialen einer Band. Wie abgefahren war das denn? Gespannt sah sie Petra Uphoff an. »Und was hat es mit der Jahreszahl auf sich?«

Die Kommissarin schmunzelte. »Unser Techniker wusste das sofort.«

Wofür konnte 1982 stehen? Sie zog die Schultern hoch, um Petra Uphoff zu zeigen, dass sie keine Ahnung hatte.

»In dem Jahr gab es das erste Konzert der Toten Hosen im Bremer Schlachthof«, klärte die Kommissarin sie auf.

Wer konnte das denn wissen? Sie war ebenfalls ein Fan der Band, aber so sehr kannte sie sich mit deren Geschichte nicht aus. Ein komischer Typ, dieser Arne Konkamp, dachte sie und hörte wie Petra Uphoff im gleichen Moment sagte: »Ein komischer Typ, dieser Arne Konkamp.«

Karina lachte, sie freute sich über diese Bekanntschaft und irgendwann würde sie ergründen, was es mit den Kostümen in vielerlei Farben auf sich hatte. Aber nicht mehr heute. Sie brannte darauf, Martin das Ende der Geschichte zu erzählen, und in Düsseldorf wartete ein spannendes Bauprojekt auf sie. Außerdem hatte sie ihre Teilnahme bei einigen Veranstaltungen zugesagt, bei denen sie die Postkarten ihrer Großtante vorlesen sollte. Sie freute sich darauf, in dem Zusammenhang von ihren Erlebnissen mit den vermeintlichen Briefen von Anne Frank zu berichten. Damit die Geschichte sich nicht wiederholte, war es wichtig, Menschen Geschichten zu erzählen.

NACHWORT

In meinem Regal mit Büchern über die NS-Zeit steht auch eine Taschenbuch-Ausgabe des ›Tagebuchs der Anne Frank‹. Sie stammt aus dem Jahr 1979, und als ich es zur Vorbereitung auf den Roman durchblätterte, fand ich viele Markierungen. Wie viele junge Menschen hat mich das Tagebuch fasziniert, deshalb war ich gleich bereit, mich erneut damit zu beschäftigen, als der Gmeiner-Verlag anfragte, ob ich Interesse hätte, einen Krimi rund um das Tagebuch zu schreiben.

Keine leichte Aufgabe, wie sich zeigte, als ich begann, intensiv zu recherchieren und Gespräche zu führen. Ich wollte weder die Geschichte verfälschen noch das Tagebuch oder die Leiden Anne Franks und der Millionen anderen Juden und Verfolgten unter dem NS-Regime verharmlosen. Vielmehr war es mir ein Anliegen, sowohl zu unterhalten als auch an Anne Frank zu erinnern.

Da entdeckte ich in meinem Bücherregal ein weiteres Buch: ›Anne Frank: Spur eines Kindes‹, und stellte fest, dass es einige Informationen über Annes Leben nach der Verhaftung enthielt. Diese Zeit wollte ich in den Mittelpunkt des Romans stellen, weil darüber wenig bekannt ist und ich wie in meinem Roman ›Brandbücher‹ ganz nebenbei die eine oder andere Information unterbringen konnte. Nachdem ich diesen Schwerpunkt gefunden hatte, begegneten mir plötzlich überall Hinweise auf Annes Zeit im Durchgangslager Westerbork und in den Konzentrationslagern Auschwitz und Bergen-Belsen. Besonders das

Buch ›Anne Frank: Die letzten sieben Monate‹ zu dem gleichnamigen Film von Willy Lindwer hat mir wertvolle Dienste geleistet.

Der Roman bleibt eine Fiktion, die Schilderungen der Erlebnisse von Anne Frank in den Tagebuch-Texten beruhen jedoch auf Beschreibungen von Augenzeuginnen, die das Mädchen zwischen dem 1. August 1944, dem Tag der Verhaftung, und März 1945, als sie in Bergen-Belsen an Typhus starb, getroffen haben. Auch Schilderungen aus den Interviews mit Otto Frank habe ich bei den erdachten Tagebuch-Einträgen berücksichtigt. Historisch belegt sind sämtliche Schilderungen über die Konzentrationslager und die Lebensdaten Anne Franks sowie die Rezeptionsgeschichte des Tagebuchs, das 2009 von der UNESCO in die Liste der Weltdokumentenerbe aufgenommen wurde.

Ich danke dem Gmeiner-Verlag für die Anregung und allen, die mich bei der Suche nach Informationen und Hintergründen unterstützt haben. Ein besonderer Dank geht an die Institutionen, die sich dafür engagieren, dass die Erinnerung an Anne Frank wachgehalten wird als Symbol für die Menschen, die im NS-Regime getötet und verfolgt wurden:

dem Anne-Frank-Fond in Basel
der Anne-Frank-Stiftung in Amsterdam
dem Familie-Frank-Zentrum in Frankfurt
der Gedenkstätte Bergen-Belsen
dem Anne-Frank-Zentrum in Berlin.

BRIGIT EBBERT
Brandbücher

978-3-8392-1448-0 (Paperback)
978-3-8392-4209-4 (pdf)
978-3-8392-4208-7 (epub)

»Ein dunkles Kapitel deutscher Geschichte spannend erzählt.«

Die junge Karina findet im Haus ihrer verstorbenen Großtante geheimnisvolle Postkarten. Die Suche nach deren Ursprung führt sie 70 Jahre zurück, in das Jahr 1933, als ihre Großtante Haushälterin bei einem jüdischen Buchhändler war. Hautnah musste ihre Großtante miterleben, wie der Einfluss der Hitler-Getreuen wuchs und in Münster die Bücherverbrennung vorbereitet wurde.
Karina taucht tief in die damaligen Geschehnisse ein und gerät schließlich in Lebensgefahr. Denn sie stößt auf Machenschaften, die bis heute unentdeckt blieben.